Kauf eines Reihen- oder Doppelhauses

Schlüsselfertig vom Bauträger

1. Auflage, Oktober 2011, 1.–8. Tausend
© **Verbraucherzentrale NRW,** Düsseldorf

ISBN 978-3-940580-83-2
Printed in Germany

Inhalt

5 Zu diesem Buch

7 **An welchem Punkt steigen Sie in das Projekt ein?**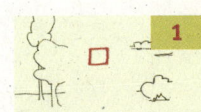

13 **Welche vertragliche Grundlage soll vereinbart werden?**

21 **Wie sehen Kaufverträge aus und was muss man dabei beachten?**

23 Die rechtlichen Grundlagen
37 Vertragsentwurf und Vertragsinhalte
46 Lesen des Vertragsentwurfs
49 Kaufvertragsbeispiel mit Erläuterungen
77 Hilfestellung bei der Vertragsprüfung
79 Die Kaufvertragsanlagen

87 **Was ist bei Bau- und Leistungsbeschreibungen sowie Planunterlagen zu beachten?**

88 Baubeschreibung und Wohnflächenberechnung
89 Die Baubeschreibung richtig lesen
91 Was häufig in Baubeschreibungen fehlt
129 Vertragspläne
137 Die Berechnung der Wohnfläche
143 Energetische Festlegungen und Energiebedarfsausweis

5

151   **Was ist ein Zahlungsplan und warum ist er so wichtig?**

158   Der Zahlungsplan

6

161   **Von der Theorie zur Praxis – vom Vorberatungstermin beim Notar bis zum Beurkundungstermin**

170   Versicherungsschutz

171   Beurkundungstermin

7

173   **Qualitätssicherung während des Bauablaufs**

174   Qualitätskontrolle in der Bauphase

176   Baukontrolle vor Ratenzahlung

176   Was tun bei mangelhafter Ausführung vor Abnahme?

177   Was tun bei mangelhafter Ausführung bei Abnahme?

178   Durchführung eines Blower-Door-Tests

182   Der Bauablauf im Überblick

8

189   **Abnahme und Gewährleistung**

191   Was müssen Sie bei der Abnahme beachten?

194   Richtiges Verhalten bei Mängeln

197   Typische sichtbare Mängel

201   Checklisten für die Abnahme

227   Was bedeutet Gewährleistungszeit?

228   Mängel im Gewährleistungszeitraum

231   Mängel nach Ablauf der Gewährleistungszeit

233   **Anhang**

Zu diesem Buch

In vielen Regionen, vor allem in beliebten Ballungsräumen, sind Grundstücke nur noch schwer zu bekommen und meist teuer. Eine Alternative zum Kauf eines Grundstücks und Neubau mit dem Architekten oder Fertighausanbieter ist da der Kauf eines Reihen- oder Doppelhauses als Neubau vom Bauträger. Mittlerweile ist dies einer der häufigsten Wege, um zum eigenen Haus zu gelangen.

Viele Bauträger werben mit den Worten „Schlüsselfertig zum Festpreis". Das verspricht Sicherheit. Nur in den seltensten Fällen ist diese Sicherheit aber gegeben.

Dieser Ratgeber zeigt die Gefahren und Risiken beim Kauf eines „schlüsselfertigen" Reihen- oder Doppelhauses vom Bauträger. Es zeigt aber auch Lösungswege und orientiert sich dabei konsequent an den Praxisschritten, die Verbraucher beim Kauf eines schlüsselfertigen Hauses vor sich haben.

Entscheidend sind dabei vor allem drei Punkte:
- der richtige Kauf- und ggf. Bauvertrag
- die richtige Bau- und Leistungsbeschreibung
- der richtige Zahlungsplan

Diese drei Eckpunkte bestimmen ganz wesentlich die rechtliche und finanzielle Sicherheit und technische Qualität Ihres Kaufvorhabens. Daher widmet sich der Ratgeber ausführlich und in dieser Reihenfolge vor allem diesen drei Themen.

1

An welchem Punkt steigen Sie in das Projekt ein?

Wenn Sie ein schlüsselfertiges Haus kaufen wollen, werden Sie schnell feststellen, dass die Angebote am Markt in sehr unterschiedlichen Projektstadien sind. Üblicherweise werden Sie auf folgende Projektstadien treffen:

- Der Bauträger hat ein Grundstück anvisiert, auf dem er Häuser errichten möchte, es ist aber noch nicht in seinem Eigentum.
- Das anvisierte Grundstück ist möglicherweise noch bebaut und die Bebauung muss erst abgerissen werden.
- Eine erste Planung ist erstellt.
- Die Baugenehmigung ist erteilt.
- Mit dem Bau der Häuser ist bereits begonnen worden.
- Der Bau der Häuser ist bereits abgeschlossen.

Den letzteren Fall werden Sie wahrscheinlich eher selten antreffen, aus einem ganz einfachen Grund: Dann nämlich müsste der Bauträger das Vorhaben komplett vorfinanzieren und würde erst nach Abschluss der Maßnahmen Einnahmen erzielen. Das ist für seine Finanzierung ausgesprochen ungünstig, daher versuchen Bauträger üblicherweise, so früh wie möglich zu verkaufen. Im Idealfall haben sie alle Wohneinheiten veräußert, bevor sie mit dem Bauvorhaben überhaupt beginnen. Dann sinkt das Risiko des Bauträgers gegen null. Viele notarielle Kaufverträge zum Beispiel werden noch vor der vorliegenden Baugenehmigung abgeschlossen.
Oder: Nicht immer kauft der Bauträger ein Grundstück und verkauft es dann weiter an Sie. Häufig vermittelt er es nur, sodass Sie dann ein Grundstück direkt vom Voreigentümer kaufen, sich aber zum Beispiel gleichzeitig vertraglich verpflichten, dieses mit dem Bauträger zu bebauen.

Je nachdem, in welchem Stadium Sie in ein Projekt einsteigen, ergeben sich daraus schwerwiegende und nachhaltige Konsequenzen, die Sie kennen sollten.

Situation 1: Der Bauträger hat ein Grundstück anvisiert, auf dem er Häuser errichten möchte, es ist aber noch nicht in seinem Eigentum.

In diesem Fall muss geklärt werden, wie der Grundstückskauf erfolgen soll: Kaufen Sie also das Grundstück vom Bauträger, der es zunächst erwirbt, oder kaufen Sie das Grundstück direkt vom gegenwärtigen Eigentümer? Wenn Sie das Grundstück oder einen Grundstücksanteil nicht vom Bauträger kaufen, dann werden Sie vom Hauskäufer zum Bauherrn. Denn dann errichten Sie auf Ihrem eigenen Grundstück ein Haus. Das ist etwas anderes, als wenn Sie Haus und Grundstück in einem Zug kaufen. Rechtlich sind Sie dann verantwortlich für die Baustelle auf Ihrem Grundstück (z. B. die Baustellensicherheit), außerdem müssen Sie die Voraussetzungen für die Bebaubarkeit des Grundstücks prüfen (lassen). Ist auf dem Grundstück zum Beispiel ein hoher Grundwasserstand zu befürchten und ist der vom Bauträgerunternehmen angebotene Keller dafür nicht geeignet, liegt es an Ihnen, das Bauträgerunternehmen darauf hinzuweisen, denn Sie sind Eigentümer des Grundstücks.

Der getrennte Kauf von Grundstück und Haus ist daher ein eher riskanter Weg. Denn meist verpflichtet man sich bereits beim Grundstückskauf vertraglich auch zum späteren Bauen mit dem betreffenden Bauträger. Das heißt: Man besitzt ein Grundstück und verpflichtet sich, mit einem bestimmten Unternehmen zu bauen. Das vereint zwei Nachteile: Man wird vom Hauskäufer eines fertigen Hauses zum Bauherrn und muss sich um vieles selber kümmern und man legt sich sehr früh fest, mit wem man auf seinem eigenen Grundstück baut. Für Bauträger wiederum ist diese Lösung sehr interessant. Sie wälzen zahlreiche Pflichten und Risiken auf den Hauskäufer ab und machen ihn zum Bauherrn. Ferner müssen sie die Zwischenfinanzierung des Grundstücks erst gar nicht übernehmen.

Situation 2: Das anvisierte Grundstück ist möglicherweise noch bebaut und die Bebauung muss erst abgerissen werden.

Immer wieder werden – gerade in Ballungsräumen – auch Projekte angeboten, bei denen auf dem zu bebauenden Grundstück noch ein Bestandsgebäude steht. Dann muss zunächst einmal ein Abriss erfolgen. Hier sollten vor allem zwei Dinge vorab geklärt werden: Liegt eine behördliche Genehmigung zum Abriss vor? Und sind Altlasten aus einem Altbau bzw. dessen Abriss zu befürchten? Wird zum Beispiel eine Tankstelle abgerissen, um Reihenhäusern Platz zu machen, können Sie davon ausgehen, dass im Boden erhebliche Altlasten zu finden sein werden und das Abrissverfahren sehr aufwändig wird. Aber auch bei intensiv genutzten landwirtschaftlichen Einrichtungen können hohe Bodenbelastungen auftreten. Problematisch wird es, wenn Sie als Käufer eines noch bebauten Grundstücks auftreten sollen. Im schlimmsten Fall kann dies heißen, dass Sie sich um den Abriss des Bestandsgebäudes selbst kümmern müssen und sich vertraglich verpflichten, dem Bauträger ein freigeräumtes Grundstück zur Bebauung zur Verfügung zu stellen.

Situation 3: Eine Entwurfsplanung ist erstellt.

Dies ist einer der häufigsten Fälle, die man bei Projekteinstieg antrifft. Es liegt eine Entwurfsplanung vor, aber noch kein Baugesuch. Oder das Baugesuch ist zwar schon eingereicht, aber noch nicht genehmigt. Der Bauträger sucht nun mit den Entwurfsplänen nach Kunden, um seine Finanzierung so früh wie möglich abzusichern. In diesem Stadium werden die Kaufverträge mit den Kunden häufig auch schon notariell geschlossen, mit sehr ungenauen Baubeschreibungen und teilweise auch noch ungenauen Plänen. Der Bauträger lässt sich dann häufig viele Vorbehalte in den Vertrag schreiben, um bei baulichen Änderungen ohne Rücksprache mit dem Käufer handeln zu können.

Situation 4: Die Baugenehmigung ist erteilt.

Wenn Sie in das Projekt einsteigen und die Baugenehmigung
ist bereits erteilt, dann hat das für Sie einige Vorteile. Denn
das heißt, dass der Bau, so wie er geplant ist, auch wirklich
errichtet werden darf. Es liegen Ihnen also nicht nur unverbindliche Entwürfe vor, sondern genehmigte Planungen, die
ohne behördliche Genehmigung auch nicht einfach wieder
beliebig geändert werden dürfen. Mit dem Baugesuch liegen
Ihnen ferner vermaßte Pläne vor, die Sie ohne Weiteres auch
zum Vertragsbestandteil machen können, um neben dem
Baubeschreibungstext auch zeichnerisch möglichst klar die
zu erbringende Leistung des Bauträgers festzuhalten.

Situation 5: Mit dem Bau der Häuser ist bereits
begonnen worden.

Wenn mit dem Bau der Häuser bereits begonnen wurde,
heißt dies, dass bestimmte Punkte, wie zum Beispiel die
Art der Kellerausführung (gemauert, betoniert oder auch
als wasserundurchlässige Ausführung), gar nicht mehr
verhandelbar sind, weil auf der Baustelle bereits Fakten
geschaffen worden sind, die Sie nicht mehr revidieren können. Steigen Sie zu einem solchen Zeitpunkt in ein Projekt
ein, ist es wichtig zu wissen, wie weit die Baustelle schon
vorangeschritten ist. Verhandlungen über Dinge, die längst
Fakt sind, können Sie sich dann sparen. Besser ist es, die
Zeit dann in die Klärung zu investieren, ob die geschaffenen
Fakten (z. B. gemauerter Keller) möglichen Problemen vor
Ort (z. B. hoher Grundwasserstand) gerecht werden, und mit
einem Fachmann zu überprüfen, ob die bisherigen Bauleistungen sach- und fachgerecht ausgeführt wurden. Wurde mit
dem Bau der Häuser bereits begonnen und Sie steigen zum
Beispiel zum Zeitpunkt der Fertigstellung des Rohbaus ein,
heißt dies in aller Regel auch, dass sofort größere Zahlungen
auf Sie zukommen (mehr dazu ⋯⟩ Seite 151).

Situation 6: Der Bau der Häuser ist bereits abgeschlossen.

Dieser Fall ist sehr selten, kommt hin und wieder aber vor. Er deutet allerdings meist darauf hin, dass der Abverkauf der Häuser nicht optimal verlief. Denn für den Bauträger ist dies die teuerste Variante des Hausverkaufs. Die Vorteile für Sie: Sie kaufen ein fertiges Haus, können es besichtigen und sehen, ob es Ihren Wünschen tatsächlich entspricht. Ein weiterer großer Vorteil ist: Wenn Sie den Kaufpreis bezahlen, erhalten Sie unmittelbar einen Gegenwert. Eine längere Bauphase mit höheren Zahlungsraten und dem Risiko der Bauträgerinsolvenz entfällt für Sie. Der Nachteil kann sein: Sie können eigene Wünsche nicht mehr einbringen. Viele Bauträger stellen daher solche Objekte noch nicht ganz fertig, sondern warten zumindest mit den Oberflächengewerken wie Wand- und Bodenbelägen sowie Sanitärgegenständen und Armaturen, bis sich ein Käufer gefunden hat. Das erhöht für den Bauträger meist die Chancen, das Objekt absetzen zu können, und reduziert seine Vorfinanzierungskosten.

2

Welche vertragliche Grundlage soll vereinbart werden?

Neben dem Projektstand, den Sie vorfinden, wenn Sie in das Projekt einsteigen, ist ein zweiter, ganz wesentlicher Aspekt, auf welcher vertraglichen Grundlage Sie in das Projekt einsteigen (sollen). Folgende typische Fälle gibt es:

Fall 1: Grundstück und zu bauendes Haus werden vom Bauträger nicht gemeinsam veräußert, sondern Sie sollen zunächst das Grundstück von einem Dritten erwerben, also nicht vom Bauträger selbst, sondern direkt vom bisherigen Eigentümer. Das kann eine Privatperson sein, eine Kommune oder auch ein Unternehmen etc. Das zu bauende Haus wird in einem separaten Bauvertrag vereinbart.

Dieser Fall kann zu erheblichen Rechtsnachteilen für Sie führen. Denn Sie werden dadurch vom Hauskäufer zum Bauherrn. Sie kaufen zunächst ein Grundstück und müssen sich dann um dessen Bebauung kümmern. Die Probleme beginnen meist schon damit, dass gar nicht klar ist, ob das Ihnen vom Bauträger angebotene Haus auf Ihrem Grundstück dann überhaupt gebaut werden kann. Dies zu prüfen und sicherzustellen ist dann auch Ihre Aufgabe. Der Bauträger wird durch einen solchen Vertrag vom Bauträger zum Generalunternehmer. Das heißt vor allem: Probleme mit dem Grundstück sind nicht mehr seine Probleme, sondern Ihre. Er wird sich auch durch entsprechende Vorbehalte im Bauvertrag absichern. Hat Ihr Grundstück also zum Beispiel einen hohen Grundwasserstand und passt der ursprünglich geplante Keller nicht mehr, ist das nicht das Problem des Generalunternehmers, sondern das ist dann Ihr Problem, heißt: Ihre Mehrkosten für einen aufwändigeren Keller.

Problematisch sind solche Verträge vor allem dann, wenn der Notar in den Grundstückskaufvertrag aufnimmt, dass eine Bauverpflichtung mit dem betreffenden Bauträger bzw. Generalunternehmer besteht. Denn dann sind Sie an diesen gebunden. Ist eine solche Bauverpflichtung nicht im Grundstückskaufvertrag, können Sie das Grundstück auch mit einem anderen Unternehmen bebauen und gewinnen dadurch zumindest Verhandlungsspielraum. Für einen solchen Fall lassen sich die Bauträger bzw. Generalunternehmer, die das Grundstück vermittelt haben, nicht selten aber vom Notar eine saftige Entschädigungsgebühr in den Grundstückskauf- vertrag setzen.

Fall 2: Grundstück und zu bauendes Haus werden zwar beide vom Bauträger veräußert, aber nicht in einem Vertrag, son- dern in zwei Verträgen: Zunächst sollen Sie das Grundstück kaufen und dann das zu bauende Haus.

Auch diese Regelung hat für Sie eigentlich nur Nachteile. Wenn der Bauträger bereits Eigentümer des betreffenden Grundstücks ist, besteht keinerlei Grund, Grundstück und Haus separat zu verkaufen. Das führt nur dazu, dass aus Ihnen als Käufer ein Bauherr wird mit wachsenden Risiken für Sie und aus dem Bauträger ein Generalunternehmer mit sinkendem Risiko für ihn.

Fall 3: Grundstück und zu bauendes Haus werden von Ihnen in einem notariellen Kaufvertrag gemeinsam erworben. Dies ist der klassische Fall des Bauträgerkaufvertrags.

Dieser Fall ist der eigentlich klassische Fall des Kaufs vom Bauträger. Bei diesem Vertragsmodell kaufen Sie vor dem Notar sozusagen „ein Grundstück samt einem fertigen Haus". Sie bleiben Käufer und werden nicht zum Bauherrn. Sie übernehmen erst nach der Fertigstellung Grundstück und Haus. Ist das Ihnen angebotene Haus auf dem Grund- stück nicht zu bauen, ist das zunächst einmal das Problem des Bauträgers. Sie haben Anspruch auf eine vollständige Leistung nach dem Werkvertragsrecht, also auf ein fertiges Haus nach der vorgelegten Baubeschreibung, wie immer der Bauträger dies bewältigt.

Fall 4: Sie erwerben kein Grundstück für sich allein, sondern nur sogenanntes „Miteigentum" an einem größeren Grundstück. Das kann zum Beispiel dann der Fall sein, wenn 10 Reihenhäuser auf ein gemeinsames Grundstück gebaut werden sollen, ohne dass dieses noch einmal in einzelne Grundstücke aufgeteilt wird, nach der sogenannten „Realteilung".

In diesem Fall verfügen Sie nicht über ein eigenes Grundstück nach der Realteilung, sondern haben ein gemeinsames Grundstück mit den anderen Miteigentümern. In einem solchen Fall ist es für Sie wichtig zu wissen, welche Gründe diese Form des Verkaufs hat. Dahinter können handfeste Gründe stehen, zum Beispiel eine gemeinsame Tiefgarage unter den Häusern, sodass eine Realteilung der Grundstücke gar nicht möglich wäre. Dahinter können auch schlicht Kosteneinsparungen stehen, um eine aufwändige Grundstücksvermessung und -aufteilung zu sparen. Dahinter kann aber auch stehen, dass die Häuser eher orientiert am Wohnungsbau denn am Häuserbau errichtet werden, z. B. mit einer gemeinsamen Heizungsanlage, hausdurchlaufenden Decken und Dachstühlen etc. Rechtlich kaufen Sie in einem solchen Fall Wohneigentum nach dem Wohnungseigentumsgesetz. Das heißt, rechtlich kaufen Sie eigentlich kein eigenständiges Haus, sondern eher eine mehrgeschossige Wohnung in Hausform. Konkrete Auswirkungen können sein, dass die Anlage gemeinsam verwaltet werden muss, durch einen sogenannten Wohnungseigentumsverwalter, und Sie zum Beispiel keinen wirklichen eigenen Garten haben, sondern nur ein „Sondernutzungsrecht" an der Grünfläche vor, neben oder hinter dem Haus.

Wenn Sie bei „Miteigentums"-Projekten Grundstück und Haus separat voneinander erwerben sollen, ist allerhöchste Vorsicht geboten. Denn dann werden Sie mit Ihren anderen Miteigentümern zunächst zu gemeinschaftlichen Grundstückseigentümern und dann zu einer Bauherrengemeinschaft. Das sollten Sie sich gut überlegen, denn das kann sehr hohen Aufwand und Abstimmungsbedarf mit Ihren Mitbauherren erfordern. Im Insolvenzfall des Bauträgers, der in diesem Fall ja Generalunternehmer ist, kann das in einer völlig unübersichtlichen Situation enden. Wer kann dann was und mit wessen Zustimmung zu Ende bauen oder nicht?

Fall 5: Der Erwerb von „Miteigentum" an einem Grundstück und einem zu bauenden Haus wird in einem Vertrag geregelt.

In diesem Fall bleiben Sie Käufer. Sie kaufen ein fertiges Haus bzw. Wohneigentum nach dem Wohnungseigentums-recht, aber fertig errichtet. Gerade bei „Miteigentums"-Projekten ist dies sehr wichtig. Aufpassen muss man bei diesen Verträgen u. a., wie der Baubeginn geregelt ist. Es gibt Verträge, die zum Beispiel den Baubeginn von 10 Reihen-häusern daran koppeln, dass vor Baubeginn mindestens 8 Häuser verkauft sein müssen. Wenn Sie dann einer der ersten Käufer sind und Pech haben, kann es sein, dass Sie sehr lange warten müssen, bis überhaupt begonnen wird zu bauen.

Fall 6: Das Grundstück wird gar nicht veräußert, sondern Ihnen im Rahmen des sogenannten Erbbaurechts zur Ver-fügung gestellt.

Im Fall des Erbbaurechts wird das Grundstück nicht an Sie verkauft. Sie werden also nicht Eigentümer des Grundstücks, sondern entrichten einen sogenannten Erbbauzins (eine Art Grundstücksmiete), meist jährlich, an den Grundstückseigen-tümer, der Ihnen das Grundstück sozusagen „vermietet". In der Regel für einen relativ langen Zeitraum, häufig 99 Jahre. Sie erlangen mit dem Vertrag das Recht, das Grundstück bebauen zu dürfen. Das Gebäude selbst ist dann auch Ihr Eigentum. Je nachdem, wie der Erbbaurechtsvertrag geregelt ist, fällt das auf dem Grundstück stehende Gebäude nach Ablauf des Vertrags entweder an den Grundstückseigentümer oder er erwirbt es für einen festgelegten Betrag.

Erbbaurechtsverträge zahlen sich langfristig nur sehr selten aus. Der große Vorteil scheint zunächst darin zu liegen, dass man das Grundstück nicht erwerben muss und einen hohen Betrag einsparen kann. Der jährlich zu entrichtende Erbbauzins übersteigt aber meist bereits nach relativ kurzen Zeiträumen den zunächst gesparten Betrag. Soweit Sie einen Erbbauvertrag mit einem Dritten schließen – häufig sind das zum Beispiel Einrichtungen mit kommunalem oder kirchlichem Hintergrund (z. B. Stiftungen) – und dann darauf mit dem Bauträger bauen, werden Sie zum „Grundstücksmieter" und Bauherrn, der Bauträger ist in diesem Fall Generalunternehmer. Sie haben dann die gleichen Probleme wie bereits unter Fall 1 beschrieben.

Fall 7: Der Bauträger ist Eigentümer des Grundstücks und verkauft es Ihnen nicht, sondern bietet es nur über einen Erbbauvertrag an.

Sie entrichten den Erbbauzins nicht an einen Dritten, sondern an den Bauträger. Sie haben hier die gleichen Kostennachteile wie unter Fall 6 beschrieben. Und auch in diesem Fall werden Sie Bauherr, während der Bauträger Generalunternehmer wird. Auch diese Konstellation ist für Sie nicht sehr günstig. Bei Erbbauverträgen muss zwingend auf die langfristigen Kosten geschaut werden. Was zunächst wie ein Schnäppchen aussieht, entpuppt sich langfristig fast immer als teurer als ein Grundstückskauf. Sie können Ihr Erbbaurecht zwar weiter veräußern, aber beim Wiederverkauf sind Erbbaurechte eher unbeliebt.

Fall 8: Sie haben bereits ein Grundstück unabhängig erworben und darauf soll ein Bauträger bauen.

In diesem Fall liegt kein Bauträgerkauf vor, sondern Sie beauftragen einen Generalunternehmer mit der Errichtung eines Hauses. Hier sind die Ratgeber „Kauf und Bau eines Fertighauses" oder „Richtig bauen: Ausführung" für Sie eher geeignet.

Fazit

In der Praxis kommen vor allem die Fälle 1, 2 und 3 sehr häufig vor. Wenn Sie ein Grundstück erwerben, werden Sie damit Eigentümer eines Grundstücks, das Sie bebauen wollen. Sie kaufen kein Haus mehr und sind rechtlich auch kein Hauskäufer mehr, sondern werden zum Bauherrn. Was auf Ihrem Grundstück passiert, liegt in Ihrer Verantwortung. Damit obliegen Ihnen schlagartig viele Verpflichtungen und Risiken, die normalerweise der Bauträger trägt, wenn Sie von ihm Haus und Grundstück zusammen kaufen – zum Beispiel die Absicherung des Grundstücks und die Sicherheit auf der Baustelle.

Von Tragweite ist aber vor allem die zulässige und mögliche Bebaubarkeit des Grundstücks. Wenn Ihnen ein Bauträger einen Entwurf vorlegt, der auf einem Grundstück, das Sie von einem Dritten erwerben, realisiert werden soll, ist das faktisch nicht mehr als ein vages Versprechen. Denn als Grundstückseigentümer müssen letztlich Sie dafür sorgen, die Voraussetzungen der Bebaubarkeit zu klären. Das sind vor allem die rechtlichen Voraussetzungen (z. B. die Vorgaben aus einem Bebauungsplan) sowie die technischen Voraussetzungen (z. B. die Bodenverhältnisse auf dem Grundstück).

Viele Bauträger ziehen sich an diesem Punkt elegant aus der Affäre, indem sie in ihre Bauverträge, die sie mit in die Grundstückskaufverträge nehmen, ganz einfach Voraussetzungen hineinschreiben lassen, die gegeben sein müssen, damit ein vorgelegter Entwurfsplan überhaupt gebaut werden kann. Sind diese Voraussetzungen nicht gegeben (z. B. Genehmigungsfähigkeit, bestimmte Bodenklassen, Bodenpressungen und Grundwasserstand), hat dies in der Regel Umplanungen und Mehrkosten für Sie als Bauherr zur Folge, bis hin zur möglichen Nicht-Umsetzbarkeit des Entwurfs.

Dies ist der Grund, warum man beim separaten Kauf von Grundstück und Haus unbedingt klären muss, ob das Grundstück überhaupt die rechtlichen und technischen Voraussetzungen erfüllt, die es zur Realisierung des Bauträgerentwurfs erfüllen muss. Der Bauträger sollte im notariellen Kaufvertrag des Grundstücks schriftlich bestätigen, dass das Grundstück alle rechtlichen und technischen Voraussetzungen für die Realisierung des von ihm vorgelegten Entwurfs erfüllt. Für den Fall, dass diese Fakten nicht gegeben sind, sollte Ihnen ein ausdrückliches Rücktrittsrecht vom Kaufvertrag des Grundstücks zugestanden werden (⋯→ Seite 129 ff.). Ist dies nicht möglich, müssen Grundstückskaufvertrag und Bauvertrag parallel ausverhandelt werden, damit sie aufeinander abgestimmt sind (⋯→ Kapitel 5, Seite 165 ff.).

Soweit Haus und Grundstück gemeinsam gekauft werden, erwerben Sie im Grunde ein „Stück Haus auf einem Grundstück". Dann muss sich der Bauträger darum kümmern, dass Hausplanung und Grundstück aufeinander abgestimmt sind. Sie haben dann in jedem Fall Anspruch auf die in Baubeschreibung und Plänen als Vertragsbestandteil festgehaltene Leistung. Aber auch dabei muss – wie Sie noch lesen werden – sehr viel beachtet werden.

3

Wie sehen Kaufverträge aus und was muss man dabei beachten?

Wie in Kapitel 2 dargelegt, gibt es die unterschiedlichsten vertraglichen Regelungen. Je nachdem, welchen Kaufvertrag man hat, müssen unterschiedliche Dinge beachtet werden. Denn einmal sind Sie in der Rolle des Käufers, ein anderes Mal in der Rolle des Bauherrn. Grundsätzlich aber gilt: Was im Kaufvertrag und Bauvertrag nicht ausreichend oder schlecht geregelt ist, werden Sie später nur noch schwer revidieren können.

Das zentrale Problem bei Vertragsverhandlungen mit dem Bauträger ist, dass er – wenn es sich um sein Grundstück handelt und er es Ihnen mitverkauft – am längeren Hebel sitzt. Denn an wen er das Grundstück veräußert, bestimmt er. Vor allem in beliebten Ballungsräumen, wie z. B. München, sind Vertragsverhandlungen mit dem Bauträger fast immer ein großes Problem. Trotzdem gibt es in einem gewissen Rahmen durchaus Möglichkeiten (⋯⟩ Seite 161).

Nur wenige Verbraucher sind in ihrem Alltag mit dem Thema Vertragsverhandlungen befasst, die meisten sind eher selten damit konfrontiert. Das heißt, strategisches Vorgehen und sinnvolle Taktiken bei Verhandlungen sind vielen nicht bekannt und geläufig. Der Bauträger wiederum macht dies täglich und kennt in der Regel viele Finessen. Er spürt meist auch sehr schnell, wie er einem Kunden begegnen muss, um zu seinem Ziel zu gelangen.

Zunächst sollen aber die rechtlichen und technischen Grundlagen beim Kauf eines Hauses vom Bauträger geklärt werden, bevor dann wichtige Hinweise für die Verhandlungspraxis gegeben werden. Es ist leider nicht möglich, dabei alle denkbaren Vertragskonstellationen zu berücksichtigen, weshalb sich die nachfolgenden Darlegungen auf den klassischen Fall eines Bauträgerkaufvertrags (⋯⟩ Fall 3 aus Kapitel 2, Seite 15) konzentrieren. Also auf den Fall, bei dem Grundstück und Haus in einem Kaufvertrag vor dem Notar vom Bauträger gegen Ratenzahlung erworben werden. Für

den Fall, dass bei Ihnen nicht der klassische Bauträgerkauf-
vertrag umgesetzt werden soll, sondern Sie zunächst das
Grundstück kaufen sollen, um es dann zu bebauen, Sie also
Bauherr werden, empfehlen wir Ihnen, zusätzlich den Ratge-
ber „Richtig bauen: Ausführung" durchzulesen, in dem diese
Konstellation (Sie als Bauherr) behandelt wird.

Die rechtlichen Grundlagen

Die drei wesentlichen rechtlichen Grundlagen für das Bauen
mit dem Bauträger sind:
- die Makler- und Bauträgerverordnung (MaBV)
- die Vergabe- und Vertragsordnung für Bauleistungen
  (VOB)
- das Werkvertragsrecht des Bürgerlichen Gesetzbuches
  (BGB)

Alle drei Grundlagen und ihre Bedeutung sollten Sie zumindest in Ansätzen kennen, bevor Sie in Vertragsverhandlungen
mit einem Bauträger einsteigen.

Die Makler- und Bauträgerverordnung (MaBV)

Mit der Makler- und Bauträgerverordnung (MaBV) hat der
Gesetzgeber ein Rechtswerkzeug geschaffen, mit dem er
Verbraucher vor allem bei der Zahlungsabwicklung mit Mak-
lern und Bauträgern schützen will. Dies gelingt der Verordnung allerdings nur sehr eingeschränkt und leider bleiben
sehr große Risiken für Verbraucher an der Tagesordnung.

Die Makler- und Bauträgerverordnung besteht aus 22 Paragraphen. Sie finden sie im vollständigen Wortlaut im Internet
unter **www.gesetze-im-internet.de**. Das ist das offizielle
Online-Gesetzesportal der Bundesregierung mit allen deutschen Gesetzen.

Die MaBV gilt gemäß § 1 für „Gewerbetreibende, die Tätigkeiten nach § 34 c Absatz 1 der Gewerbeordnung ausüben." Wer ist damit gemeint? Nach dem Wortlaut der Gewerbeordnung sind dies u. a.:

■ „Wer gewerbsmäßig den Abschluss von Verträgen über Grundstücke, grundstücksgleiche Rechte, gewerbliche Räume oder Wohnräume vermitteln oder die Gelegenheit zum Abschluss solcher Verträge nachweisen will (also Makler),

■ oder wer Bauvorhaben als Bauherr im eigenen Namen für eigene oder fremde Rechnung vorbereiten oder durchführen will und dazu Vermögenswerte von Erwerbern, Mietern, Pächtern oder sonstigen Nutzungsberechtigten oder von Bewerbern um Erwerbs- oder Nutzungsrechte verwenden will (also Bauträger),

■ oder wer als Baubetreuer im fremden Namen für fremde Rechnung wirtschaftlich vorbereiten oder durchführen will (also z. B. Baubetreuer)."

Das heißt, dass die MaBV nur für solche Unternehmen gilt,

■ die Ihnen entweder einen Grundstückskaufvertrag vermitteln, um darauf dann mit Ihnen zu bauen,

■ oder die selbst als Bauherr auftreten, ein Gebäude bauen und dieses an Sie verkaufen, auch ratenweise nach Baufortschritt,

■ oder die als Baubetreuer Ihr Bauvorhaben in Ihrem Namen und auf Ihre Rechnung betreuen, also z. B. eine Vollmacht über Ihr Baukonto haben.

Das heißt: Ein Fertighausanbieter, der gewerbsmäßig Fertighäuser herstellt und auf Grundstücken von Bauherren baut, unterliegt nicht der MaBV, ebenso wenig ein Hersteller von schlüsselfertigen Massivbauten, wenn er im Auftrag eines Bauherrn auf dessen Grundstück ein Haus errichtet. Für beide würde die MaBV nur dann gelten, wenn sie selbst Grundstücke kaufen würden, um diese dann samt Haus an Kunden zu verkaufen. In dem Moment würden beide Kaufverträge zu Grundstücken bzw. Grundstücke an sich vermitteln und Bauvorhaben als Bauherr für eigene oder fremde Rechnung umsetzen oder sie hätten komplette Kontovollmacht, wovon dringend abzuraten ist. Dann greift die MaBV. Es ist wichtig, dies zu unterscheiden, weil nicht immer, wenn jemand behauptet, er unterliege der MaBV, dies auch zutrifft.

Die wichtigste Regelung aus der MaBV ist für Sie der „§ 3 Besondere Sicherungspflichten für Bauträger". In diesem Paragraphen werden die Zahlungsraten, die für den Baufortschritt vom Kunden an den Bauträger zu entrichten sind, geregelt; ferner die Voraussetzungen, bevor Ratenzahlungen durch den Bauträger angenommen werden dürfen.

In diesem sehr wichtigen Punkt, der Sie im günstigsten Fall vor schweren Vermögensschäden schützen sollte, hat die MaBV deutliche Schwächen, was darin begründet liegt, dass die MaBV-Ratendefinitionen viel zu ungenau, oberflächlich und lückenhaft formuliert sind. Die exakte Definition, was mit welcher Rate gezahlt wird, ist bei Bauvorhaben aber entscheidend. Aus diesem Grund finden Sie in dem vorliegenden Buch auch ein spezielles Kapitel, das sich nur mit den Ratendefinitionen auseinandersetzt (⸱⸱⸳ Seite 151).

Der richtige Kaufvertrag, die richtige Baubeschreibung und der richtige Zahlungsplan sind die drei wesentlichen Voraussetzungen für eine gute und sichere Bauabwicklung.

Die MaBV sieht gemäß § 3 folgende Ratenzahlungen vor, mit denen Ihr Bauvorhaben schrittweise nach Baufortschritt abbezahlt wird:

„30 vom Hundert der Vertragssumme in den Fällen, in denen Eigentum an einem Grundstück übertragen werden soll, oder 20 vom Hundert der Vertragssumme in den Fällen, in denen ein Erbbaurecht bestellt oder übertragen werden soll, nach Beginn der Erdarbeiten, von der restlichen Vertragssumme

- 40 vom Hundert nach Rohbaufertigstellung, einschließlich Zimmererarbeiten,
- 8 vom Hundert für die Herstellung der Dachflächen und Dachrinnen,
- 3 vom Hundert für die Rohinstallation der Heizungsanlagen,
- 3 vom Hundert für die Rohinstallation der Sanitäranlagen,
- 3 vom Hundert für die Rohinstallation der Elektroanlagen,
- 10 vom Hundert für den Fenstereinbau, einschließlich der Verglasung,
- 6 vom Hundert für den Innenputz, ausgenommen Beiputzarbeiten,
- 3 vom Hundert für den Estrich,
- 4 vom Hundert für die Fliesenarbeiten im Sanitärbereich,
- 12 vom Hundert nach Bezugsfertigkeit und Zug um Zug gegen Besitzübergabe,
- 3 vom Hundert für die Fassadenarbeiten,
- 5 vom Hundert nach vollständiger Fertigstellung."

Bereits diese Prozent-Definition ist unglücklich gewählt, weil sie der Praxis selten entspricht. Nur wenige Bauträger setzen zunächst die Gesamtvertragssumme als 100 Prozent an, ziehen davon dann 30 Prozent ab (für den Grundstückserwerb) und setzen dann die verbleibenden 70 Prozent nochmals neu als 100 Prozent an. Das ist unübersichtlich und überflüssige Rechnerei. Üblicherweise wird die Gesamtvertragssumme als 100 Prozent angesetzt und dann direkt umgerechnet auf die einzelnen zu zahlenden prozentualen Anteile.

Das ergibt dann folgende Ratenzahlungsaufteilung, die Sie in der Praxis häufig antreffen werden, ausgehend von der Gesamtvertragssumme, die als 100 Prozent gesetzt ist:
- 30 vom Hundert nach Beginn der Erdarbeiten,
- 28 vom Hundert nach Rohbaufertigstellung, einschließlich Zimmererarbeiten,
- 5,6 vom Hundert für die Herstellung der Dachflächen und Dachrinnen,

- 2,1 vom Hundert für die Rohinstallation der Heizungsanlagen,
- 2,1 vom Hundert für die Rohinstallation der Sanitäranlagen,
- 2,1 vom Hundert für die Rohinstallation der Elektroanlagen,
- 7,0 vom Hundert für den Fenstereinbau, einschließlich der
  Verglasung,
- 4,2 vom Hundert für den Innenputz, ausgenommen Beiputzarbeiten,
- 2,1 vom Hundert für den Estrich,
- 2,8 vom Hundert für die Fliesenarbeiten im Sanitärbereich,
- 8,4 vom Hundert nach Bezugsfertigkeit und Zug um Zug
  gegen Besitzübergabe,
- 2,1 vom Hundert für die Fassadenarbeiten,
- 3,5 vom Hundert nach vollständiger Fertigstellung.

Die 13 definierten Zahlungsraten der MaBV dürfen jedoch
nicht in 13 einzelnen Raten in Rechnung gestellt werden,
sondern maximal in 7 Raten. Das heißt, die 13 Raten müssen in der Praxis zu 7 Raten zusammengefasst werden. Das
kann dann wie in der Tabelle „Beispiel für die Aufteilung der
Raten" auf Seite 28 dargestellt aussehen.

In seltenen Fällen kann es zum Hausbau im Rahmen des
Erbbaurechts kommen. Dann „mieten" Sie das Grundstück
sozusagen nur und erwerben es nicht käuflich. In diesem
Fall reduziert sich die erste Rate gemäß MaBV auf 20 Prozent
und es ergibt sich folgendes Ratenzahlungsbild:
- 20 vom Hundert nach Beginn der Erdarbeiten,
- 32 vom Hundert nach Rohbaufertigstellung, einschließlich
  Zimmererarbeiten,
- 6,4 vom Hundert für die Herstellung der Dachflächen und
  Dachrinnen,
- 2,4 vom Hundert für die Rohinstallation der Heizungsanlagen,
- 2,4 vom Hundert für die Rohinstallation der Sanitäranlagen,
- 2,4 vom Hundert für die Rohinstallation der Elektroanlagen,

- 8,0 vom Hundert für den Fenstereinbau, einschließlich der Verglasung,
- 4,8 vom Hundert für den Innenputz, ausgenommen Beiputzarbeiten,
- 2,4 vom Hundert für den Estrich,
- 3,2 vom Hundert für die Fliesenarbeiten im Sanitärbereich,
- 9,6 vom Hundert nach Bezugsfertigkeit und Zug um Zug gegen Besitzübergabe,
- 2,4 vom Hundert für die Fassadenarbeiten,
- 4,0 vom Hundert nach vollständiger Fertigstellung.

Beispiel für die Aufteilung der Raten

Aufteilung der Raten bei einer Kaufsumme von 250 000 Euro, wenn ein Grundstück von einem Bauträger mit übertragen werden soll			
1. Rate	30,0 %	nach Beginn der Erdarbeiten	75 000 Euro
2. Rate	28,0 %	nach Rohbaufertigstellung inkl. Zimmererarbeiten	70 000 Euro
3. Rate	11,9 %	Diese Gesamtrate würde sich aus folgenden Einzelraten zusammensetzen:	29 750 Euro
		5,6 % nach Herstellung der Dachflächen und Dachrinnen	
		2,1 % nach Rohinstallation der Heizungsanlage	
		2,1 % nach Rohinstallation der Sanitäranlage	
		2,1 % nach Rohinstallation der Elektroanlage	
4. Rate	11,2 %	Diese Gesamtrate würde sich aus folgenden Einzelraten zusammensetzen:	28 000 Euro
		7,0 % nach Fenstereinbau einschl. Verglasung	
		4,2 % nach Innenputz außer Beiputzarbeiten	
5. Rate	4,9 %	Diese Gesamtrate würde sich aus folgenden Einzelraten zusammensetzen:	12 250 Euro
		2,1 % nach Estrichverlegung	
		2,8 % nach Fliesenarbeiten im Sanitärbereich	
6. Rate	8,4 %	nach Bezugsfertigkeit gegen Besitzübergabe	21 000 Euro
7. Rate	5,6 %	Diese Gesamtrate würde sich aus folgenden Einzelraten zusammensetzen:	14 000 Euro
		2,1 % nach Fertigstellung der Fassadenarbeiten	
		3,5 % nach vollständiger Fertigstellung	
	100,0 %	Gesamt	250 000 Euro

Auch diese Raten der MaBV dürfen von Ihnen in insgesamt maximal sieben Teilraten angefordert werden (⋯⟶ Seite 151).

Nehmen wir nun an, in Ihr Haus sollen eine Holztreppe und eine Holzhaustür eingebaut werden. Beides Kosten von etlichen tausend Euro. Wann zahlen Sie diese dann? Mit der zweiten Rate bei den Zimmererarbeiten? Zu diesem Zeitpunkt wird die Treppe aber noch nicht in Ihrem Haus eingebaut sein, wenn es eine Holztreppe oder Stahl-Holztreppe und keine Betontreppe ist. Und auch Ihre Haustür wird zu diesem Zeitpunkt ganz sicher noch nicht eingebaut werden. Meist hat man eine provisorische Bautür und setzt eine Haustür erst ganz zum Schluss ein. Für beides müssen Sie aber viel Geld bezahlen. Also wollen Sie natürlich wissen, ob dem Geld, das Sie für eine Rate überweisen, auch eine angemessene Leistung auf der Baustelle gegenübersteht. Mit den in der MaBV aufgeführten Ratendefinitionen können Sie das nicht. Nehmen Sie andere Aspekte: Wann zahlen Sie Fensterbänke? Wann Tapezier- und Malerarbeiten? Wann bezahlen Sie Parkett oder Teppiche? Wann bezahlen Sie Rollläden oder eine geregelte Lüftungsanlage, die Sie vielleicht wollen?

Nun könnte man sagen, es ist doch egal, wann man welche Summe zahlt, am Ende muss man sowieso alles zahlen. Es ist aber aus einem ganz einfachen Grund nicht egal. Sie können sonst sehr schnell in die Situation der Überzahlung geraten. Schon die erste Rate der MaBV-Definition birgt dieses Risiko. Hier heißt es, dass 30 Prozent der Vertragssumme nach Beginn der Erdarbeiten zu zahlen sind. Was heißt „nach Beginn der Erdarbeiten"? Nach Beginn der Erdarbeiten heißt im ungünstigen Fall, der Bauträger packt einen Spaten ein, fährt zu Ihrem Grundstück, schaufelt eine Schippe Erdreich aus, fährt wieder ins Büro und stellt Ihnen eine Rechnung über 30 Prozent der Vertragssumme. Dies kann er und dies darf er. Wird er nun – aus welchen Gründen auch immer – am nächsten Tag insolvent, sind 30 Prozent Ihres

Geldes weg. Bei einer Kaufsumme von 300 000 Euro sind das 90 000 Euro. Sie werden in einem solchen Fall in Ihrem Leben sehr wahrscheinlich kein Haus mehr bauen, sondern Mieter bleiben.

Um Ihnen für solche Fälle eine gewisse Sicherheit zu bieten, trifft die MaBV unter § 3 zusätzlich folgende Voraussetzungen, die eingehalten werden müssen, bevor der Bauträger von Ihnen Geld annehmen darf:

■ Der Vertrag zwischen dem Bauträger und dem Käufer muss rechtswirksam sein und alle für seinen Vollzug erforderlichen Genehmigungen müssen vorliegen. Der Notar muss dies bestätigt haben und es dürfen keine Rücktrittsrechte des Bauträgers mehr bestehen.

■ Zur Absicherung des Anspruchs des Käufers auf Eigentumsübertragung muss eine Vormerkung im Grundbuch eingetragen werden.

■ Das Vertragsobjekt muss freigestellt werden von allen Grundpfandrechten, die dieser Vormerkung im Range vorstehen und nicht übernommen werden sollen.

■ Die Baugenehmigung muss vorliegen oder als erteilt gelten.

Was heißt das?

■ Der Kaufvertrag über ein Grundstück samt Haus vom Bauträger darf keine Klauseln enthalten, die seine Rechtswirksamkeit gefährden könnten und es müssen auch alle für den Vollzug des Vertrags erforderlichen Genehmigungen vorliegen, also etwa der Verzicht der Gemeinde auf ihr Vorkaufsrecht am Grundstück etc. Der Notar muss dies schriftlich bestätigt haben und dem Bauträger dürfen keine Rücktrittsrechte mehr eingeräumt sein, außer den gesetzlichen, die durch die MaBV nicht aufgehoben werden konnten.

■ Eine Vormerkung im Grundbuch ist ein Eintrag im Grundbuch des betreffenden Grundstücks, dass Sie das Grundstück erworben haben und es in Ihr Eigentum übergehen soll. Damit ist es noch lange nicht in Ihrem Eigentum (das ist es erst mit der Eigentumsumschreibung im Grundbuch), aber das Grundstück kann nicht mehr ohne Weiteres anderweitig veräußert werden. Jedes Grundstück in Deutschland hat ein eigenes Grundbuchblatt, das bei den Amtsgerichten bzw. den Kommunen oder bei den Amtsnotariaten (in Teilen Baden-Württembergs) geführt wird. In diesen Verzeichnissen wird exakt Buch geführt über die Eigentumsverhältnisse an Grundstücken und deren Belastungen, zum Beispiel mit Grundschulden oder Hypotheken oder auch mit Wege- oder Leitungsrechten. Mit der Vormerkung ist zwar noch kein Eigentumsübergang erfolgt, aber es kann auch nicht mehr einfach ein Dritter das Grundstück erwerben. Sie werden aber erst mit der Umschreibung des Eigentums im Grundbuch auch Eigentümer des Grundstücks.

■ Die Freistellung des Vertragsobjekts von allen Grundpfandrechten, die dieser Vormerkungseintragung im Rang vorgehen und nicht übernommen werden sollen, heißt, dass Ihr Anspruch auf den Erwerb des Eigentums nicht einfach durch vorrangige Grundpfandrechte anderer, die höher gewichtet werden, ausgehebelt werden kann. Dazu sollte man Folgendes wissen: Ein Grundbuch ist in drei sogenannte Abteilungen gegliedert, die nichts anderes sind als Blätter mit einer Art Tabelle, in der die notwendigen Daten erfasst werden:

☐ In Abteilung I sind die bisherigen und der aktuelle Eigentümer eingetragen.

☐ In Abteilung II sind Lasten und Beschränkungen eingetragen, also zum Beispiel Wegerechte Dritter über Ihr Grundstück (z. B. für Häuser in zweiter Reihe) oder Leitungsrechte einer Kommune (z. B. für eine Gasleitung etc.). Auch die Vormerkung Ihres Anspruchs auf Eigentumsübertragung wird dort eingetragen.

☐ Und in Abteilung III sind Grundpfandrechte wie zum Beispiel Hypotheken oder Grundschulden eingetragen. In Abteilung III ist es besonders wichtig, an welcher

Rangstelle Grundpfandrechte eingetragen sind. Denn die erste Rangstelle bedeutet, dass die dort gesicherten Grundpfandrechte im Fall des Falles (also z. B. der Zwangsversteigerung) auch als Erstes bedient werden. Über den Verkaufs- oder Zwangsversteigerungserlös des Grundstücks werden die Ansprüche einer Bank ausgezahlt, wenn es zu Problemen bei Kreditrückzahlungen durch den Bauträger kommt. Und zwar erhält zunächst die Bank Geld, die im ersten Rang eingetragen ist. Diese Rechte dürfen natürlich Ihren Rechten der Vormerkung auf Eigentumsübertragung nicht vorgehen. Wenn Sie ein Haus finanzieren, werden auch Sie dies über einen Kredit tun. Und auch Ihre Bank wird eine Absicherung im Grundbuch haben wollen. Das heißt konkret: Sie will in Abteilung III eingetragen werden, und zwar vorrangig. Sprechen Sie das Thema der Eintragung Ihrer Bank im Grundbuch also nicht nur mit dem Notar durch, sondern auch mit Ihrer Bank. Viele Banken wollen ohnehin die Kaufvertragsentwürfe sehen. Manchmal wird in Bauträgerkaufverträgen auch geregelt, dass im Fall des Untergangs des Bauträgers die Bank des Bauträgers entweder das Recht hat, das Bauvorhaben fertigzustellen, oder sie stellt es ein und Sie bzw. Ihre Bank erhalten alle geleisteten Zahlungen zurück (im Gegenzug geht Ihre Bank aus Abteilung III des Grundbuchs) oder aber die Bank des Bauträgers gewährt Ihnen die vorzeitige Eigentumsübertragung im Grundbuch und Sie können das Bauvorhaben dann selbst fertigstellen. Das ist bei Reihenhäusern mit mehreren Käufern aber natürlich immer etwas schwierig.

■ Die Baugenehmigung muss erteilt sein, d. h., dass die zuständige Kommune das bislang nur geplante Vorhaben baurechtlich auch genehmigt hat.

Bevor diese vier Bedingungen nicht erfüllt sind, darf der Bauträger von Ihnen keine Zahlungen annehmen. Er darf allerdings einen Kaufvertrag mit Ihnen abschließen. In diesem darf er sich – außer den gesetzlichen Regelungen – aber kein Rücktrittsrecht vorbehalten, das nicht bis zur ersten Zahlung von Ihnen ersatzlos entfällt.

Diese Festlegungen der MaBV zur Absicherung reichen aber bei Weitem nicht aus. Denn die Tatsache, dass Sie zu einem bestimmten Zeitpunkt eine hohe Rate an den Bauträger überweisen und unklar ist, was dafür auf der Baustelle konkret erbracht sein musste, führt – zum Beispiel im Fall einer Insolvenz des Bauträgers – unweigerlich zu dem Risiko, dass Sie ihn überzahlt haben, also für eine zu geringe Leistung auf der Baustelle zu viel Geld gezahlt worden ist. Dieser Unsicherheit der MaBV kann man, wie erwähnt, mit einem vernünftigen Zahlungsplan entgegentreten (⋯⋗ Kapitel 5, Seite 151 ff.).

Übrigens: Bei den Ratenzahlungsbeträgen der MaBV handelt es sich um Höchstbeträge, die auch unterschritten werden dürfen. Das ist aber eher juristische Theorie als gelebter Rechtsalltag. Denn die 7 Teilraten müssen ja am Ende 100 Prozent ergeben und die einzelne Rate darf nicht erhöht werden. Das heißt: Freiheit besteht nur bei der grundsätzlichen Aufteilung des Gesamtpreises in Grundstückskostenanteil und Gebäudekostenanteil. Aber selbst wenn der Grundstückskostenanteil im Verhältnis zum Gesamtkostenanteil sinkt, steigt dadurch letztlich nur der Gebäudekostenanteil. Die MaBV setzt 30 Prozent Gesamtkostenanteil für das Grundstück an. Weniger als 25 Prozent sind es in den meisten Regionen Deutschlands ohnehin nicht. In Hochpreisregionen kann der Grundstückskostenanteil an den Gesamtkosten sogar höher liegen als in der MaBV geregelt.

Die Vergabe- und Vertragsordnung für Bauleistungen (VOB)

Die Vergabe- und Vertragsordnung für Bauleistungen ist kein Gesetz und somit auch nicht vom Gesetzgeber verabschiedet, sondern ein Regelwerk, das vom Deutschen Vergabe Ausschuss (DVA) herausgegeben wird. In diesem Ausschuss sitzen Vertreter von Auftraggeber- und Auftragnehmerseite, u. a. von Kommunen und Bauunternehmen, die mit der VOB gemeinsam getragene allgemeine Vertragsbedingungen aushandeln, auf deren Basis sie dann ihre Bauverträge schließen können, zum Beispiel für öffentliche Bauten in Kommunen.

Die VOB besteht aus drei Teilen: Teil A, Teil B und Teil C.
- Teil A enthält im Wesentlichen Regelungen und Grundlagen zu öffentlichen Ausschreibungen von Bauleistungen, z. B. für Kommunen,
- Teil B enthält Allgemeine Vertragsbedingungen für Bauverträge und
- Teil C enthält technische Vertragsbedingungen, das sind vor allem DIN-Normen.

Anwendung bei Verträgen mit Verbrauchern fand häufig der Teil B der VOB, die sogenannte VOB/B. Diese können Sie sich vorstellen wie eine Allgemeine Geschäftsbedingung (AGB) mit 18 Paragraphen für Bauleistungen aller Art. Allerdings enthalten diese „AGBs" eine ganze Reihe von Abweichungen gegenüber den Regelungen des Bürgerlichen Gesetzbuches zu AGBs. Viele Jahre genoss die VOB/B eine Ausnahmestellung und ihre Regelungen konnten vereinbart werden, auch wenn sie dem BGB widersprachen. Dies hat sich nach einer Novellierung des BGB 2009 grundsätzlich geändert. Auch die VOB/B muss sich nun, wenn sie in Verträgen mit Verbrauchern abgeschlossen werden soll, der sogenannten Inhaltskontrolle nach dem BGB unterwerfen. Das heißt: Ihre Vertragsbestimmungen dürfen den Anforderungen an AGBs, die das BGB festlegt, nicht widersprechen.

Eine ganze Reihe von Bauträgern vereinbaren ungeachtet
dieser Regelung nach wie vor die VOB/B als Vertragsgrundlage. Sie wird sogar nach wie vor in Kaufverträgen noch
von Notaren beurkundet. Das kann ein Notar zwar tun, er
muss dann allerdings die Vertragspartner darauf hinweisen,
welche Regelungen der VOB/B in welcher Form überhaupt
vereinbart werden können, wenn sie nicht dem BGB widersprechen sollen. Wollte der Notar dies tun, müsste er alle getroffenen VOB/B-Regelungen auf ihre Gültigkeit hinsichtlich
der AGB-Anforderungen des BGB überprüfen. Das ist schon
deswegen eher illusorisch, weil dies bislang selbst gerichtlich noch nicht abschließend geklärt ist. Wenn Sie in Ihrem
Kaufvertrag oder der Baubeschreibung oder dem separat davon zu schließenden Bauvertrag die Buchstaben VOB lesen,
sollten Sie den Notar um ausführliche rechtliche Darlegung
zu diesem Sachverhalt bitten.

Das ist ein Grund, warum es auch sinnvoll ist, bei dem Ver-
tragsfall 1 oder 2 aus dem Kapitel 2 (der Fall, bei dem Sie
den Kauf des Grundstücks und den Bau des Hauses in zwei
separaten Verträgen vereinbaren sollen) dem Notar sehr wohl
auch den Bauvertrag zur Einschätzung vorzulegen. Denn
oft handelt es sich bei solchen Geschäften um sogenannte
„verbundene Geschäfte". So ist es zum Beispiel häufig so,
dass auch die Finanzämter in solchen Fällen nicht nur die
Grunderwerbssteuer für den Kostenanteil des Grundstücks-
kaufs haben wollen, sondern auch für den Kostenanteil des
Hauskaufs. Bei einem solchen „verbundenen Geschäft" kann
auch der Notar einen Bauvertrag nicht einfach außer Acht lassen, wenn dieser Bauvertrag klar in Zusammenhang mit dem
Grundstückskauf steht und ggf. unzulässige Regelungen enthält oder für den Käufer – bzw. in diesem Fall den Bauherrn –
stark benachteiligende Regelungen. Das ist auch der Grund,
warum Sie bei einem solchen Vorgehen des Bauträgers über
zwei separate Verträge, also den Grundstückskaufvertrag und
den Hausbauvertrag, zeitgleich parallel verhandeln sollten
und auch den Notar darauf hinweisen sollten, dass Sie eine

notarielle Beurkundung des Grundstückskaufvertrags erst vornehmen werden, wenn auch der Bauvertrag ausgewogen und abgestimmt auf den Grundstückskaufvertrag fertig verhandelt ist. Der Notar sollte dafür Verständnis haben und seinerseits darauf hinwirken, dass hier ein ausgewogenes Rechtsgeschäft in allen Teilen zustande kommt. So hat er zum Beispiel auch die Möglichkeit, den Bauvertrag in den Kaufvertrag zu integrieren.

Wir raten Ihnen, die VOB/B nicht zu vereinbaren, solange die rechtliche Situation, trotz BGB-Anpassungen, weiter unsicher ist. Der Verbraucherzentrale Bundesverband (VZBV) sieht weiterhin eine ganze Reihe von VOB/B-Regelungen als nicht BGB-konform an. Seine Abmahnung an den Herausgeber der VOB, den Deutschen Vergabe Ausschuss (DVA), war insofern erfolgreich, als der DVA die VOB/B Verbrauchern nicht mehr zur Anwendung empfiehlt. Weitere Klärung zur BGB-Konformität einzelner Regelungen der VOB/B dürften erst zukünftige Gerichtsentscheidungen bringen. Das Werkvertragsrecht des BGB ist daher auf absehbare Zeit für Verbraucher die bessere Alternative.

Das Werkvertragsrecht des Bürgerlichen Gesetzbuches (BGB)

Das Werkvertragsrecht des BGB ist in den Paragraphen 631 bis 651 des BGB geregelt. Allerdings unterliegen auch diese Regelungen immer mal wieder Änderungen, weshalb es sinnvoll ist, sich über die aktuellen Bestimmungen im Internet zu informieren, unter **www.gesetze-im-internet.de**.

Die 20 Paragraphen des Werkvertragsrechts des BGB regeln wesentliche Rechte und Pflichten für Vorhaben, bei denen keine Dienstleistung, sondern eine sogenannte Werkleistung erbracht wird, also zum Beispiel der Bau eines Hauses. Dazu gehören etwa Regelungen zu Leistung, Zahlung, Einbehalt oder auch Rücktritt vom Vertrag.

Das Werkvertragsrecht des BGB gilt in allen Fällen automatisch als vereinbart, in denen keine weitere Vertragsgrundlage benannt wird. Gegenüber der VOB/B bietet das BGB größere Sicherheit bei der Abnahme. Diese muss nach dem BGB grundsätzlich als sogenannte förmliche Abnahme erfolgen (⋯⟶ Seite 189 ff.) und auch die Gewährleistungsfrist des BGB ist im Regelfall um ein Jahr länger, als dies bei der VOB/B der Fall ist (5 statt 4 Jahre). Die Unterbrechung der Gewährleistungszeit im Fall eines Mangels ist allerdings beim BGB etwas schwieriger zu erreichen als bei der VOB/B.

Es ist sinnvoll, wenn Sie sich die 20 Paragraphen des Werkvertragsrechts des BGB einmal in Ruhe durchlesen, damit Sie die gesetzliche Grundlage eines Werkvertrags kennen. Vor allem für Vertragsverhandlungen ist es wichtig und hilfreich, das BGB-Werkvertragsrecht zu kennen, denn immer dann, wenn vertragliche Regelungen auftauchen, die vom Werkvertragsrecht des BGB abweichen, muss hinterfragt werden, warum das so ist und ob es für Sie zu einer Verschlechterung führt, bis hin zu der Tatsache, ob Regelungen, die getroffen werden sollen, unwirksam, da so nicht zulässig, sind.

Vertragsentwurf und Vertragsinhalte

Viele Bauträger lassen sehr früh Vertragsentwürfe von einem Notar ausarbeiten, auf deren Basis sie die betreffenden Objekte oder das betreffende Objekt verkaufen möchten. Falls zum Zeitpunkt des Kaufinteresses noch kein Vertragsentwurf vorliegt, kann man problemlos nachfragen, auf welcher vertraglichen Basis denn bislang verkauft wurde oder verkauft werden soll. Das ist deswegen sinnvoll, weil man sich möglichst früh sehr konkret mit den vertraglichen Vorstellungen des Bauträgers auseinandersetzen sollte. Denn sind dort sehr problematische Regelungen enthalten und kommt man in Gesprächen dazu nicht weiter, kann man sich üblicherweise die weiteren technischen Abklärungen sparen. Informationen dazu finden Sie ab Seite 49 im kommentierten Beispiel aus der Praxis.

Ein Bauträgerkaufvertrag enthält u. a. Regelungen zu folgenden Punkten:

■ Kaufobjekt (Grundstück und Haus) und Belastungen
■ Bautenstand/Projektstand
■ Fertigstellungseinbehalt oder Fertigstellungsbürgschaft
■ Bezugsfertigkeit, Abnahme, Übergabe
■ Gewährleistung
■ Kaufpreis
■ Kaufpreiszahlung
■ Auflassungsvormerkung
■ Benennung der Anlagen (zusätzliche Unterlagen, die zum Vertrag gehören: Baubeschreibung, vermaßte Baupläne, darunter nach Möglichkeit die Bauantragspläne des Baugenehmigungsgesuchs und die Ausführungspläne, Wohnflächenberechnung nach der Wohnflächenverordnung, Energieausweis)
■ ggf. Regelungen zu Eigenleistungen

Kaufobjekt (Grundstück und Haus) und seine Belastungen

Das Kaufobjekt sollte beschrieben werden (für das Grundstück Kopien des Grundbuchs und des Baulastenverzeichnisses, für das Objekt die Bau- und Leistungsbeschreibung und die vermaßten Planunterlagen, mindestens im Maßstab 1:100). Das Grundbuch sollte eingesehen worden sein und es sollten in Abteilung II keine Belastungen eingetragen sein. Wenn doch, müssen diese detailliert geklärt werden. Gleiches gilt für Grundpfandlasten in Abteilung III. Auch das Baulastenverzeichnis sollte eingesehen worden sein. Letzteres gehört nicht zu den Standardaufgaben des Notars, Sie können ihn aber damit beauftragen oder den Bauträger auffordern, eine aktuelle und beglaubigte Kopie beizubringen. Sollten im Baulastenverzeichnis doch Baulasten eingetragen sein, müssen diese im Kaufvertrag erwähnt werden. Achten Sie dann darauf, ob Ihnen diese Eintragungen Nachteile bringen können (eine Baulast kann beispielsweise verhindern, dass Sie zu einem späteren Zeitpunkt einen Anbau an Ihrem Haus vornehmen können). Waren Ihnen diese Dinge nicht bekannt, sollten Sie überdenken, ob der Kaufpreis noch angemessen ist. Bezüglich des Objekts, also des zu bauenden Hauses, sollten auch Sonderwünsche, die nicht in der Baubeschreibung enthalten sind, oder vereinbarte Abweichungen von der Baubeschreibung (z. B. eine hochwertigere Sanitärausstattung oder ein zusätzlicher Kamin) unbedingt mit in den Vertrag aufgenommen werden. Was bei der Prüfung der Baubeschreibung zu beachten ist, wird im Kapitel Baubeschreibung und Wohnflächenberechnung ausführlich erläutert (⸱⸱⸱⸱ Seite 137 ff.).

Die **Bauantragspläne** sind zwar keine optimale Rechtsgrundlage für den Kaufvertrag, da es oft Abweichungen bei der Ausarbeitung der Ausführungsplanung gibt. Aber sie sind bereits deutlich besser als meist nicht einmal vermaßte Pläne aus einem Verkaufsprospekt. Wurde die **Ausführungsplanung** bereits erstellt, sollte sie Vertragsbestandteil sein. Existiert noch keine Ausführungsplanung, sind die Bauantragspläne eine hilfreiche Alternative. Vor allem die Maßangaben in den Planunterlagen sollten vollständig sein, also exakte Maßangaben aller Wand-, Fenster-, Tür- und Höhenmaße, sodass Sie später auch überprüfen können, ob die Ihnen zugesicherten Raumlängen und Breiten und der Sitz von Fenster und Türen auch korrekt ist. Dazu gehört auch eine Schnittzeichnung durch das Gebäude, die insbesondere auch die Raumhöhen der fertig ausgebauten Räume zeigt. Besonders wichtig ist hierbei die sogenannte „lichte Raumhöhe". Das ist die Höhe des Raums zwischen Oberkante Fertigfußboden und

Unterkante Fertigdecke, also das Maß, das Ihnen später zum Wohnen bleibt. Sehr häufig werden nur „Geschosshöhen", „Rohbauhöhen" oder ähnliches angegeben. Das nutzt Ihnen wenig. Denn Dämmungen, Estriche und Bodenbeläge machen ganz schnell 15 und mehr cm Höhenunterschied aus. Ein Wohnraum darf grundsätzlich nicht unter 2,40 m Höhe sein, in Berlin darf er nicht unter 2,50 m Höhe sein. Nur in Baden-Württemberg sind auch 2,30 m zugelassen, das ist aber eine unangenehme, weil niedrige Raumhöhe.

Wenn eine **Teilungserklärung** Bestandteil des Kaufvertrags ist, muss darauf Bezug genommen werden. Das ist zum Beispiel der Fall, wenn Reihenhäuser auf einem gemeinsamen Grundstück mit gemeinsamer Tiefgarage verkauft werden.

Bautenstand/Projektstand

Wie weit ist die Planung bei Vertragsabschluss fortgeschritten? Welchen Bautenstand hat das Kaufobjekt bei Vertragsabschluss erreicht? Ist der Bauantrag schon eingereicht worden oder liegt die Baugenehmigung bereits vor? Wenn mit dem Bau bereits begonnen wurde, sollte hier der genaue Stand der Arbeiten definiert werden.

Bezugsfertigkeit, Fertigstellung, Abnahme

Wichtig ist ein genauer Zeitpunkt, wann das Objekt bezugsfertig ist und was genau unter **Bezugsfertigkeit** zu verstehen ist. Welche Arbeiten müssen abgeschlossen sein, welche Arbeiten können noch nach Bezugsfertigkeit ausgeführt werden? Ferner sollte grundsätzlich ein **fester Fertigstellungstermin** vereinbart werden, zu dem sämtliche Arbeiten fertiggestellt sind. Außerdem sollte die Art der Abnahme festgelegt werden – am besten ist hier eine **förmliche Abnahme** (⋯› Seite 189 ff.).

Gewährleistung

Der **Gewährleistungszeitraum**, die entsprechende Rechtsgrundlage (z. B. 5 Jahre nach BGB) und der Beginn der
Gewährleistungszeit (z. B. nach förmlicher Abnahme) müssen genannt werden. Falls vom Bauträger **Gewährleistungsausschlüsse** gewünscht werden und diese auch zulässig
sind, sind diese hier durch den Notar genau zu beschreiben.
Generelle Gewährleistungsausschlüsse, wie zum Beispiel
generelle Gewährleistungsausschlüsse für Rissbildungen an
Bauteilen, sind nicht zulässig (BGB § 309, Abs. 8b aa). Gerne
packen Bauträger solche generellen Gewährleistungsausschlüsse ans Ende der Baubeschreibung. Notare überprüfen
den Inhalt der Baubeschreibungstexte nur selten. Im Zweifel
werden dadurch aber vertragliche Widersprüche bzw. unwirksame Regelungen mit beurkundet. Dass die Regelungen
unwirksam sein können, wissen Verbraucher aber häufig gar
nicht. Haben Sie bezüglich genereller Gewährleistungsausschlüsse des Notars oder Bauträgers Zweifel, bitten Sie den
Notar um detaillierte rechtliche Erläuterung dazu.

Kaufpreis

Bei der Nennung des Kaufpreises sollte genau beschrieben
sein, was dieser enthält und was nicht (z. B. Erschließungskosten, Hausanschlusskosten). Berücksichtigen Sie dabei
auch Kosten eventueller Sonderwünsche und die Währung,
in welcher der Kaufpreis beglichen wird.

Kaufpreiszahlung

Die **Zahlungsweise** muss detailliert festgelegt werden. Bei
Ratenzahlungen betrifft das jede einzelne Rate, außerdem
die **Fälligkeitsvoraussetzung** für die Freigabe der Gelder. Sie
sollten hier die Möglichkeit einer Baustellenbegehung vor

jeder Ratenzahlung vereinbaren, außerdem die Möglichkeit, bei festgestellten Mängeln einen Teil der Rate bis zur Behebung der Mängel zurückzubehalten (ein Recht, das Ihnen nach § 641 BGB ohnehin zusteht – Sie dürfen üblicherweise das Zweifache des zur Mangelbeseitigung notwendigen Betrags zurückbehalten). Wichtig ist auch, genau festzulegen, welche Leistungen als Fälligkeitsvoraussetzung für die einzelnen Raten erbracht werden müssen. Vereinbaren Sie außerdem **feste Termine** für die Fertigstellung der Leistungen und die entsprechenden Zahlungsraten.

Bürgschaften

Sowohl der Bauträger kann von Ihnen Bürgschaften verlangen wie auch Sie von ihm. Bauträger wollen häufig Bürgschaften von Käufern zur Sicherstellung der Ratenzahlungen. Bei Bankbürgschaften ist allergrößte Vorsicht geboten, sowohl bei Bürgschaften, die Sie – bzw. Ihre Bank für Sie – abgeben wie auch umgekehrt bei Bürgschaften, die Ihnen der Bauträger bzw. dessen Bank stellt. Wenn Ihre Bank für Sie bürgt, müssen Sie darauf achten, dass eine Bankbürgschaft von der Gegenseite niemals „auf erstes Anfordern" gezogen werden kann und auch niemals unter „Verzicht auf Einrede der Vorausklage" oder ähnliche Formulierungen. Ihre Bankbürgschaft sollte immer deutlich gekennzeichnet sein mit dem Zusatz „Nicht auf erstes Anfordern".

Im Streitfall zwischen Ihnen und dem Bauträger würde das Geld dann ggf. zunächst beim zuständigen Gericht hinterlegt. Der Bauträger hätte keinen direkten Zugriff darauf, sondern dies wäre abhängig vom Ausgang eines Verfahrens.

Stellt umgekehrt der Bauträger bzw. dessen Bank Ihnen eine Bürgschaft, sollte diese grundsätzlich unwiderruflich, unbefristet, unbedingt und selbstschuldnerisch sein.

Außerdem ist bei Bankbürgschaften zu beachten, dass die Kosten hierfür nicht unerheblich sind. Sinnvoll ist es daher, auch die Kostenfrage zu klären. Die Bankbürgschaftskosten sollten nach Möglichkeit beim Bauträger verbleiben.

Sie können auch Ihrerseits vom Bauträger eine **Fertigstellungsbürgschaft** verlangen. Eine solche Fertigstellungsbürgschaft ist eine der wichtigsten Vertragsregelungen für Sie. Daher gehört sie unbedingt in jeden Kaufvertrag mit einem Bauträger. Das Bestehen einer Fertigstellungsbürgschaft sollte grundsätzlich durch eine schriftliche Bestätigung der ausstellenden Versicherung oder Bank, die direkt an Sie gesendet wird, sichergestellt werden. Eine solche Sicherheitsbürgschaft kann Ihnen zum Beispiel im Insolvenzfall helfen, den Schaden zu begrenzen.

Sprechen Sie dieses Thema ruhig bei Ihren Kaufverhandlungen an und nehmen Sie es in den Vertrag auf. Manche Bauträger haben mittlerweile auch Versicherungen gegen Insolvenz in der Gewährleistungszeit abgeschlossen. Damit wird sichergestellt, dass Mängel auch in diesem Zeitraum kostenfrei beseitigt werden.

An dieser Stelle wird auch der Bauträger Wünsche einbringen, häufig zum Beispiel die Finanzierungszusage Ihrer finanzierenden Bank gegenüber Ihnen und eine Verpflichtungserklärung Ihrer Bank, die Auszahlung nach Baufortschritt direkt an den Bauträger zu leisten.

Es kann sogar sein, dass der Bauträger bei Vertragsabschluss eine **Bankbürgschaft** verlangt, damit die Bezahlung sichergestellt ist. Durch die Ausstellung einer Bankbürgschaft kann der Bauträger für den Fall, dass der Erwerber aus irgendwelchen Gründen nicht zahlt, einen direkten Auszahlungsanspruch gegen die Bank geltend machen.

Auflassungsvormerkung

Um den Anspruch auf Eigentumsübertragung zu sichern, muss eine Auflassungsvormerkung im Grundbuch beantragt werden. Damit verhindern Sie, dass der Verkäufer das Objekt noch einmal oder anderweitig weiterveräußern könnte.

Sonstiges

Neben der üblichen salvatorischen Klausel (teilweise Nichtigkeit des Vertrags macht nicht den ganzen Vertrag nichtig) und der Beauftragung des Notars, die Urkunde zu vollziehen, sollte unbedingt auch Folgendes vereinbart werden:

Der Bauträger muss zusichern, dass das **Grundstück frei von Altlasten** ist, und Ihnen den Nachweis hierfür vorlegen (z. B. eine Baugrunduntersuchung). Dennoch auftretende Altlasten muss er auf seine Kosten beseitigen.

Vereinbaren Sie, dass Ihnen neben einer **Kopie des kompletten, genehmigten Bauantrags** mit Stempel der Genehmigungsbehörde stets der **aktualisierte Stand der Ausführungsplanung** (Werkplanung des Architekten und der Fachingenieure für Heizung, Sanitär und Elektro) zur Verfügung gestellt wird. Vor allem bei Planänderungen bleiben Sie so auf dem neuesten Stand. Außerdem sollten Sie folgende Unterlagen erhalten:

- sämtliche statischen Berechnungen und Planunterlagen (Positionspläne, Bewehrungspläne)
- die vollständige Energiebedarfsberechnung und den Energiebedarfsausweis für das Gebäude inklusive der Berechnungsgrundlagen
- den Schallschutznachweis
- die Baugrunduntersuchung, die u. a. Auskunft über die Tragfähigkeit des Untergrunds und den Grundwasserstand gibt.

Diese Unterlagen enthalten äußerst wichtige Informationen, wenn Sie später einmal umbauen möchten. Aber auch wenn Sie zum Beispiel eine Finanzierung haben, die über ein bestimmtes KfW-Darlehen läuft, mit festgelegten energetischen Grenzwerten, ist es sehr wichtig, dass Sie die energetischen Nachweise in Form eines von einem Ingenieur unterzeichneten Energiebedarfsausweises in der Hand haben (⸱⸱⸱> Seite 143 ff.).

Darüber hinaus sollte die Durchführung eines Blower-Door-Tests vereinbart werden, um die Winddichtigkeit der Gebäudehülle sicherzustellen (⸱⸱⸱> Seite 178 ff. „Durchführung eines Blower-Door-Tests"). Dabei sollte auch ein Höchstwert für die Luftwechselrate vereinbart werden, der nicht überschritten werden darf (ein guter Wert ist kleiner als 1,5/h, bei einer Lüftungsanlage mit Wärmerückgewinnung sollte er unter 1,0/h liegen).

Am Schluss des Vertrags stehen die Unterschriften der Vertragsparteien und vom Notar, der als Letzter unterschreibt.

Eigenleistungen

Wenn Sie Eigenleistungen erbringen möchten, sollten diese im Vertrag genau benannt und ihre Durchführung geregelt werden. Am besten beginnen Sie mit den Eigenleistungen erst, wenn alle Arbeiten fertiggestellt und abgenommen wurden.

So können Sie sicherstellen, dass Ihnen bei der Abnahme keine Schäden, zum Beispiel an Fliesen, Sanitärgegenständen oder der Verglasung, angelastet werden können. Das kann schnell geschehen, wenn Sie Arbeiten im Haus vor der Abnahme durchgeführt haben und man nun nicht weiß, ob die Schäden durch Sie oder durch die Handwerker verursacht wurden. Eigenleistungen sind meist nur in begrenztem Umfang möglich und betreffen häufig die Malerarbeiten und die Verlegung der Oberböden. Wenn Eigenleistungen optional vereinbart werden, sollte außerdem die genaue Höhe des Preisnachlasses festgelegt werden, für den Fall, dass Sie sich doch für die Durchführung der Arbeiten durch den Bauträger entscheiden (damit Sie die dann eintretenden Mehrkosten kennen).

Zu dem Vertrag hinzu kommen dann noch die sogenannten **Vertragsanlagen** (⤳ Seite 79 ff.), die mit beurkundet werden. Das sind vor allem die Baubeschreibung (⤳ Seite 87 ff.) und die Bauantragspläne (⤳ Seite 129 ff.). Mehr dazu im kommentierten Vertragsbeispiel ab Seite 49.

Lesen des Vertragsentwurfs

An einem konkreten Vertragsbeispiel soll Ihnen das alles nun verdeutlicht werden. Nehmen wir an, Sie waren zu einem ersten Gespräch bei einem Bauträger und haben ihn gebeten, Ihnen einen Vertragsvorschlag zum Objektkauf zukommen zu lassen. Üblicherweise haben Bauträger kein Problem damit, Ihnen einen Vertragsentwurf vorzulegen. Nehmen wir weiter an, der Bauträger hat Ihnen seinen vom Notar gefertigten Vertragsentwurf zugesandt oder mitgegeben und Sie müssen diesen nun durcharbeiten. Wie gehen Sie vor?

Zunächst einmal lesen Sie sich den Vertragsentwurf in Ruhe und sehr aufmerksam durch, damit Sie einen ersten Eindruck und Überblick haben. Dann nehmen Sie sich den Vertrag vor und gehen ihn im Detail durch. Dafür bietet es sich an, eine Kopie des Vertrags anzufertigen und dann alles anzustreichen, was Sie entweder nicht verstehen oder für fragwürdig halten. Diese Punkte müssen dann vor einer notariellen Unterzeichnung besprochen und erklärt bzw. geklärt werden.

Da der Vertragsentwurf für den Kaufvertrag eines zu bebauenden Grundstücks grundsätzlich von einem Notar entworfen sein sollte, kann der Notar auch Ihr erster Ansprechpartner für die Klärung der offenen Fragen sein – und nicht
der Bauträger. Denn wenn Sie rechtliche Fragen mit dem
Bauträger erörtern, kann dies schnell dazu führen, dass der
Bauträger komplett abwinkt und sich einen anderen Käufer
sucht. Außerdem sind natürlich nur die wenigsten Bauträger
Juristen und es ist wenig hilfreich, mit einem Nicht-Juristen
juristische Inhalte und vor allem Konsequenzen daraus für
Sie zu diskutieren. Hinzu kommt auch, dass der Notar als
neutrale Amtsperson zwischen Ihnen und dem Bauträger
steht. Er kann Emotionalitäten herausnehmen und für eine
sachgerechte Auseinandersetzung sorgen. Das kann ein
großer Vorteil sein.

Schalten Sie den Notar zur Klärung dieser Fragen ein, ist dies
Ihr gutes Recht und der Notar muss Ihnen zuhören. Notare
sind gemäß § 17 Abs. 1 des Beurkundungsgesetzes dazu verpflichtet, den Willen der Vertragsbeteiligten zu „erforschen".
Das heißt, der Notar sollte vor Vertragserstellung eigentlich
mit Ihnen gesprochen haben. Er sollte Ihnen zumindest aber
den Entwurf direkt und persönlich mit Begleitschreiben und
Hinweisen, auch zu Ihren Rechten im Zuge eines solchen
Kaufs, zusenden und den Vertragsentwurf auf dem Deckblatt
auch ganz deutlich als Entwurf kennzeichnen. In der Praxis
erhalten Sie in der Regel einen Vertragstext, ohne dass der
Notar sich zuvor nach Ihren Vorstellungen erkundigt hat. Sie
erhalten den Vertragstext meist auch nicht vom Notar, sondern vom Bauträger, ohne jedes Begleitschreiben des Notars
und häufig auch ohne dass der Entwurf deutlich sichtbar auf
dem Titelblatt als solcher gekennzeichnet ist. Das führt oft
dazu, dass Verbraucher ihre Rechte im Zuge eines Bauträger-
kaufs gar nicht kennen und erfahren. Neben anderem sehr
häufig zum Beispiel das Recht auf eine Gewährleistungsbürgschaft, die in der weit überwiegenden Zahl der Notarver-
tragsentwürfe vollständig fehlt. Verbraucher können daher

ihre Rechte oft gar nicht erkennen und angemessen wahr-
nehmen. Da die gesetzlichen Regelungen den Notar aber als
neutrale Amtsperson sehen, können Sie auch eine angemessene Beachtung der gesetzlichen Regelungen einfordern.

Viele Verbraucher wissen zum Beispiel gar nicht, dass ihnen
das Recht zusteht, mit dem Notar über Probleme, die sie im
Vertrag sehen, zu sprechen. Der Notar kann ein solches Vorgespräch nicht in Rechnung stellen, denn es gehört zu seinen
Beratungspflichten im Zuge einer Beurkundung. Erwerben Sie
Grundstück und Immobilie am Ende doch nicht, kann Ihnen
der Notar auch in diesem Fall das Gespräch nicht in Rechnung
stellen, da er nur bei einer erfolgten Beurkundung für diese
vergütet wird und nur diese in Rechnung stellen kann.

Wie Sie diesbezüglich im Einzelnen vorgehen und wann Sie
ggf. auch die Hilfe eines externen Juristen benötigen, erfahren Sie in Kapitel 6, Seite 161 ff. Hier geht es zunächst um
Ihre Durchsicht des Vertrags.

Verträge, die Ihnen vorgelegt werden, können sehr unterschiedlich aussehen. Manche sind sehr umfangreich, andere
weniger. Die Aspekte, um die es geht, sind aber immer die
gleichen. Anhand unseres Vertragsbeispiels, das durchgängig erläutert wird, bekommen Sie einen Eindruck von den zu
regelnden Aspekten und Fragen, die dazu auftauchen.

Sie werden schnell erkennen, dass das nachfolgende Vertragsbeispiel an vielen Stellen einseitig zugunsten des
Bauträgers formuliert ist und eine ganze Reihe von Dingen
auch gar nicht geregelt sind (siehe Erläuterungen). Dieses
Beispiel ist bewusst gewählt, um Ihnen anhand solcher Defizite aus der Praxis aufzeigen zu können, auf was Sie bei der
Durchsicht eines Vertragsentwurfs achten müssen. An vielen
Stellen müsste der Notar noch erhebliche Überarbeitungen
vornehmen, wenn er Ihnen in einem Folgeentwurf ein ausgewogenes Vertragswerk vorlegen wollte.

Kaufvertragsbeispiel mit Erläuterungen

Vor mir, dem Notar Alfons Amtmann, sind heute, am (Datum) erschienen:

Herr Bernd Baumann, als Verkäufer persönlich bekannt, handelt nicht im eigenen Namen, sondern für die

Musterwohnbau GmbH
Baustraße 1
10101 Musterhausen
mit vorgelegter Vollmacht vom (Datum)

sowie als Käufer

Karla Kaufmann, geborene Mietheimer, geboren am (Datum) und
Karsten Kaufmann, geboren am (Datum), beide wohnhaft
Mieterallee 100
10101 Musterhausen
jeweils ausgewiesen durch Lichtbildausweis.

Die Käufer erklären, dass sie den Entwurf zur Urkunde vom heutigen Tage seit mindestens zwei Wochen vorliegen haben und ausreichend Zeit hatten, sich mit dem Gegenstand der heutigen Beurkundung auseinanderzusetzen.

Die Erschienenen erklären zur notariellen Niederschrift folgenden **Bauträgerkaufvertrag**:

Erläuterung

Dies sind übliche Eingangsformulierungen, um zu wissen, wer mit wem einen Vertrag schließt und dass die Personen sich vor dem Notar ausgewiesen haben. Der Passus, dass Sie zwei Wochen Zeit hatten, sich mit dem Vertrag zu beschäftigen, ist hier aufgenommen worden, weil diese Bedenkzeit nach dem Beurkundungsgesetz zwingend vorgeschrieben ist. Beachtet der Notar diese nicht, kann eine Amtspflichtverletzung durch ihn vorliegen. Er schreibt hier auch nicht, dass er dies überwacht hat, sondern er lässt sich dies von Ihnen bestätigen. Damit schützt er zunächst einmal vor allem sich selbst. Wollte er Sie schützen, könnte er Ihnen seinen Vertragsentwurf ja ganz einfach direkt zusenden, um Eingangsbestätigung bitten und die Zeitabläufe seinerseits überwachen.

§ 1 Gegenstand des Vertrages

Gegenstand des Vertrages ist ein Reihenhaus samt Grundstück.

Als Grundstückseigentümer im Grundbuchblatt Nr.: 12345 für das Flurstück Nr. 678910, Musterweg 1, 101010 Musterhausen ist eingetragen die Musterwohnbau GmbH.

Das Grundstück ist wie folgt belastet:

In Abteilung II

Dienstbarkeit Nr. 1: Grunddienstbarkeit für den Eigentümer des Grundstücks Flurstück-Nr.: 678910, Duldung eines Sichtschutzelements im Erdgeschoss und im Obergeschoss.

Dienstbarkeit Nr. 2: Grunddienstbarkeit für den Eigentümer des Grundstücks Flurstück-Nr.: 678910, Duldung von Stützen und Trennwand für eine Carportanlage.

In Abteilung III

200 000 Euro Grundschuld zu Gunsten der Musterkreditbank, 10101 Musterhausen.

Erläuterung

Hier wird der Gegenstand des Vertrags mit seiner exakten Grundbucheintragung benannt. Das ist natürlich wichtig, um unzweifelhaft klarzustellen, welches Grundstück veräußert wird.

Ferner werden die Belastungen aus Abteilung II und III des Grundbuchs benannt. Auch dies ist für Sie wichtig zu erfahren, denn es könnte ja sein, dass Ihnen aus den Belastungen erhebliche Nachteile erwachsen. Im vorliegenden Fall sind die Belastungen allerdings eher relativ. Es sind in Abteilung II zwei Grunddienstbarkeiten, die man bei dichten Reihenhausbebauungen häufig vorfindet. Auch die Belastung in Abteilung III ist durchaus üblich. Sie dient der Absicherung der Bank des Bauträgers, die üblicherweise das Vorhaben des Bauträgers finanziert. Allerdings wird hier nicht klar benannt, welche Eintragungen Sie übernehmen und welche nicht. Das ist im vorliegenden Fall aber vor allem bezüglich Abteilung III des Grundbuchs sehr wichtig. In der Praxis ist es meist nur schwer möglich, dass Ihre Bank unter Abteilung

III eine Grundschuld eintragen kann, die der Grundschuld
der Bank des Bauträgers im Range vorsteht.

Wenn die Bank des Bauträgers vorrangig abgesichert bleibt,
muss gemäß Makler- und Bauträgerverordnung (§ 3 Abs. 1
Ziffer 3 MaBV) geregelt werden, dass eine sogenannte Freistellung von allen Grundpfandrechten, die Ihrer Vormerkung
im Range vorgehen und die von Ihnen nicht übernommen
werden sollen, sichergestellt ist, und zwar auch für den Fall,
dass das Bauvorhaben nicht vollendet wird. Das heißt, dass
die Bank des Bauträgers zwar vorrangig abgesichert bleibt,
aber Sie als Käufer freigestellt werden von der Übernahme
dieser Grundschulden, wenn Sie diese nicht übernehmen
wollen. Und nur in den seltensten Fällen soll diese übernommen werden. Daher sollte das ausdrücklich im Vertrag festgestellt sein. Die Grundschuld der Bank des Bauträgers wird
dann gelöscht, wenn Sie den Kaufpreis gezahlt haben und
Eigentumsumschreibung im Grundbuch erfolgt.

Einziges Kriterium für den Nachweis Ihrer Kaufpreiszahlung
sollte die Bestätigung Ihrer Bank über den Zahlungsausgang
sein und nicht die Bestätigung des Bauträgers, ob der Kaufpreis gezahlt ist oder nicht.

Kommt es nicht zur Fertigstellung des Gebäudes (z. B. aufgrund von Insolvenz des Bauträgers), muss für diesen Fall
geregelt sein, dass dann entweder der Kaufpreisanteil, der
dem Bautenstand entspricht, von Ihnen zu zahlen ist und
im Gegenzug Eigentumsumschreibung auf Sie im Grundbuch erfolgt. Dann gehört das in Teilen errichtete Gebäude
samt Grundstück Ihnen und Sie können das Gebäude fertig
bauen. Oder aber es wird geregelt, dass die Bank des Bauträgers Ihnen unverzüglich Ihre bereits gezahlten Raten zu-
rückzahlt und Sie im Gegenzug Ihre Auflassungsvormerkung
im Grundbuch löschen lassen.

Wenn es hierzu gar keine Regelungen gibt, bestimmen im ungünstigsten Fall die Bank oder der Insolvenzverwalter des Bauträgers das weitere Vorgehen in einer solchen Situation. Dann kann es Ihnen passieren, dass Sie sehr lange Ungewissheit haben, wie es überhaupt weitergeht und womöglich gleichzeitig Miete zahlen und den Kredit an Ihre Bank bedienen müssen. Daher sollte diese Situation mit dem Notar besprochen werden, um auch eine für Sie günstige Lösung zu finden. Diese bestünde zum Beispiel darin, das weitere Vorgehen frei wählen zu können, also zwischen der Rückabwicklung des Vertrages und Rückvergütung an Sie oder dem Erwerb des unfertigen Gebäudes und Fertigstellung durch Sie.

Bei Reihenhausanlagen mit vielen Eigentümern muss man sich immer überlegen, ob ein Weiterbau auf eigene Rechnung überhaupt erfolgversprechend umgesetzt werden kann. Denn dazu benötigt man meist ein abgestimmtes Vorgehen mit den Nachbarn. Bei einer Doppelhaushälfte sieht das schon etwas besser aus, da man dann nur einen direkten Nachbarn hat und der Abstimmungsbedarf sinkt. Dann kann der Weiterbau in Eigenregie gelingen.

Es ist grundsätzlich sinnvoll, wenn auch die Sie finanzierende Bank Einblick in die vertraglichen Regelungen vor notarieller Beurkundung erhält, sodass sie diese zumindest gesehen und ihnen zugestimmt hat. Denn würden in den vertraglichen Regelungen größere Gefahren für Ihre Bank stecken, könnte das unter Umständen sogar zu neuen Bewertungen für Ihren Kredit führen.

§ 2 Kauf

Der Verkäufer verkauft hiermit an Frau Karla Kaufmann und Herrn Karsten Kaufmann zu gleichen Teilen das unter § 1. benannte Grundstück mit einem darauf zu errichtenden Reihenhaus gemäß der Baubeschreibung mit einer Wohnfläche von ca. 130 m² in schlüsselfertigem Zustand inklusive einem Carport.

Erläuterung

Dies ist nur die Kaufvorgangsbeschreibung. Das beschriebene
Objekt soll also von A an B verkauft werden.

§ 3 Kaufpreis und Finanzierung

1. Der Kaufpreis beträgt 315 000 Euro (in Worten: Dreihundertfünfzehntausend Euro). Der Kaufpreis ist ein Festpreis. Im Festpreis enthalten sind die anteiligen Grundstückskosten und die schlüsselfertige Erstellung des Reihenhauses sowie des Carports. Anlieger- und Erschließungskosten, die erst nach grundbuchmäßiger Umschreibung des Eigentums auf den Käufer von der Gemeinde Musterhausen angefordert werden, trägt der Käufer. Ebenso Erschließungsbeiträge, die über den heute bekannten und benannten Umfang hinausgehen.

2. Der Kaufpreis ist wie folgt zur Zahlung fällig:

   1. Rate: 30 % des Kaufpreises nach Beginn der Erdarbeiten.

   2. Rate: 33,6 % nach Rohbaufertigstellung einschließlich Dachflächen und Dachrinnen.

   3. Rate: 13,3 % nach Rohinstallation der Heizungs-, Sanitär- und Elektroanlagen und Fenstereinbau.

   4. Rate: 6,3 % nach Innenputz und Estrich.

   5. Rate: 11,2 % nach Fertigstellung der Fliesenarbeiten und aller Arbeiten, die vom Verkäufer geschuldet werden, um die Bezugsfertigkeit herzustellen, und Zug um Zug gegen Besitzübergabe.

   6. Rate: 2,1 % nach Fertigstellung der Fassadenarbeiten.

   7. Rate: 3,5 % nach vollständiger Fertigstellung.

3. Die einzelnen Raten werden vom Verkäufer innerhalb von 7 Tagen nach Bekanntgabe durch den Verkäufer fällig (Eingangsdatum Konto Verkäufer). Ist in dieser Zeit kein Zahlungseingang zu verzeichnen, gerät der Käufer ohne weitere Mahnung in Verzug. In diesem Fall sind die Zahlungsraten des Käufers mit 5 Prozentpunkten über dem Basiszinssatz zu verzinsen.

4. Die Fälligkeitsvoraussetzungen überwachen die Beteiligten selbst.

5. Der Verkäufer hat seine Ansprüche an die Musterkreditbank AG Musterhausen abgetreten. Alle Zahlungen sind daher unmittelbar und direkt auf deren Konto zu überweisen:
   Kto.-Nr.: (...)
   BLZ: (...)

6. Der Käufer tritt schon jetzt seine Auszahlungsansprüche gegen seinen Grundschuldgläubiger bis zur Höhe des Kaufpreises an den dies annehmenden Verkäufer ab und weist schon jetzt den Grundschuldgläubiger an, diese Beträge bis zur Höhe des Kaufpreises ausschließlich auf das in dieser Urkunde genannte Konto des Verkäufers zu überweisen.

Derartige Grundpfandrechte dürfen bis zur vollständigen Kaufpreiszahlung, längstens aber bis zur Umschreibung des Pfandbesitzes auf die Käufer, nur zur Sicherung des tatsächlich an den Verkäufer ausbezahlten und von den Gläubigern finanzierten Kaufpreises verwendet werden. Anderweitige Zweckbestimmungserklärungen – auch soweit sie sich aus den allgemeinen Geschäftsbedingungen des Gläubigers ergeben sollten – werden entsprechend eingeschränkt.

Dem Verkäufer steht für den Fall, dass er wegen Zahlungsverzugs des Käufers von diesem Vertrag zurücktritt, ein Anspruch gegen die Gläubiger auf Löschung dieser Grundpfandrechte zu, Zug um Zug gegen Rückzahlung der an den Verkäufer von den Gläubigern tatsächlich ausbezahlten und finanzierten Beträge.

Erläuterung

In diesem Paragraphen finden sich sehr wichtige Regelungen zu Finanzierung, Erschließungskosten, Kaufpreisraten, Auszahlungsansprüchen und Grundpfandrechten.

Zunächst einmal wird die Höhe des Kaufpreises festgestellt und erläutert, dass dies ein Festpreis ist. Die zentrale Frage ist dabei immer: Ein Festpreis wofür? Festpreise sind keinesfalls Festpreise für ein schlüsselfertiges und betriebsfertiges Haus. **Festpreise** sind immer nur Preise für die beschriebene Leistung. Die Leistung wird üblicherweise in der Baubeschreibung festgelegt. Diese sind leider sehr häufig ausgesprochen dürftig in ihren Festlegungen. Was man also letztlich für sein Geld wirklich bekommt, ist häufig nur sehr lückenhaft geklärt. Notare sind Juristen, keine Ingenieure. Sie entwerfen daher immer nur den Kaufvertrag und lassen sich dessen Anlagen, in diesem Fall die Baubeschreibung, vom Bauträger oder Makler geben. Dies ist für den Käufer schwierig. In zahlreichen Notarverträgen werden auf diese Weise zum Beispiel technisch gar nicht mehr zulässige Standards vereinbart. Dass Notare überhaupt solche Vertragsanlagen ungeprüft ihren Vertragsentwürfen hinzufügen dürfen, ist ein Problem an sich. Eigentlich sollten Notare die Käufer zumindest auf die Gefahren aus ungeprüften Baubeschreibungen aufmerksam machen. Die Verbraucherzentrale hat eine Musterbaubeschreibung entwickelt, die als Empfehlungshinweis eigentlich in jeden Notarvertrag gehört. Wie Sie eine Baubeschreibung richtig lesen und prüfen und welche Beratungsangebote es hierzu bundesweit gibt, erfahren Sie ab Seite 77.

Der nächste Punkt, der angesprochen wird, sind die **Erschließungskosten der Gemeinde** für das Grundstück. Hier heißt es lapidar, dass der Käufer alle Erschließungsbeiträge zu entrichten habe, „die über den heute bekannten und benannten Umfang hinausgehen": Damit ist klar, dass man sich unbedingt erkundigen muss, welche Beiträge das sind. Man kann dann mit der zuständigen Baubehörde der Kommune auch gleich abklären, welche Kosten darüber hinaus noch zu erwarten sind. Erschließungskosten können ganz schnell fünfstellige Summen erreichen. Daher ist deren Klärung im Vorfeld wichtig, um nicht eine Baufinanzierung zu gefährden.

Als Nächstes folgen Regelungen zu den **Zahlungsraten**. Die hier gewählte Aufteilung ist durchaus typisch und sie entspricht der MaBV. Fachlich-inhaltlich ist sie nicht ausreichend. Auch hierauf weisen Notare viel zu selten hin. Es empfiehlt sich daher in jedem Fall, hier eine gesonderte Zahlungsvereinbarung zu treffen, die ebenfalls als Vertragsbestandteil mit in den notariellen Kaufvertrag aufgenommen wird. Wie das geht, erfahren Sie in Kapitel 5 (⸱⸱⸱› Seite 151 ff.).

Es folgen Detailregelungen zur **Zahlungsweise**. So soll jede der Raten binnen 7 Tagen gezahlt werden. Es ist nicht von Werktagen die Rede, sondern von „Tagen". Auch der Sonntag ist ein Tag, damit reduziert sich die Frist faktisch auf 6 Werktage. Binnen dieser 6 Werktage muss das Geld auf dem Konto des Verkäufers eingegangen sein. Völlig ungeklärt ist hier zunächst einmal, wie Sie über den Baufortschritt unterrichtet werden. Mündlich? Schriftlich? Wenn schriftlich, wie? Erhalten Sie eine SMS vom Bauträger: „Rate 3 fällig!"? Und wann beginnt die Frist? Mit dem Datum eines Briefes des Bauträgers oder mit dem Telefondatum, zu dem er Ihnen auf den Anrufbeantworter sprach? Seien Sie sich immer dessen bewusst, dass es bei diesen Raten um sehr viel Geld geht. Das dürften die mit Abstand größten Summen sein, die Sie jemals in Ihrem Leben überweisen werden. Grundsätzlich gilt: Hier sind sehr exakte Regelungen zu treffen.

Zunächst einmal sollte Sie Ihr Bauträger über den Baufortschritt zwingend schriftlich informieren müssen, ggf. sogar per Einwurf-Einschreiben. Als Nächstes sollte die Zahlungsfrist klar definiert und deutlich verlängert werden. Entweder ist das Startdatum das Datum des Poststempels oder besser das Eingangsdatum bei Ihnen. Dann sollten Sie mindestens 14 Werktage Zeit haben zur Zahlung. Das BGB gesteht Ihnen gemäß § 286 übrigens 30 Tage zu. Diese werden durch den Notar in unserem Beispielvertrag auf 7 Tage zusammengestrichen, dazu sollte er sich erklären. Selbst 14 Werktage können sehr knapp sein. Nehmen wir an, Sie sind im Urlaub und kommen zurück, wenn das Schreiben bereits eine Woche in Ihrem Briefkasten liegt. Auch bei 14 Werktagen Zahlungsfrist bleiben Ihnen dann nur wenige Tage, um zur Baustelle zu fahren, sich zu überzeugen, dass der behauptete Baufortschritt auch tatsächlich erreicht ist, und die Rate anzuweisen.

Es ist nachvollziehbar, dass der Bauträger seine Vorfinanzierungszeit so kurz wie möglich halten will, aber sinnvolle Grundsätze des BGB sollten dabei nicht vollkommen über den Haufen geworfen werden. Hinzu kommt hier ein weiteres Problem. Gemäß Vertrag gilt das Eingangsdatum des Betrags auf dem Verkäuferkonto als in der Frist erbrachte Zahlung. Auch diese Regelung ist ungünstig, denn darauf haben Sie keinen Einfluss. Grundsätzlich sollte das Ausgangsdatum von Ihrem Konto maßgeblich sein. Nur das können Sie wirklich kontrollieren. Halten Sie sich nicht an die Vorgaben, kommen Sie gemäß dem vorliegenden Vertrag automatisch in Verzug. Eine Zahlungserinnerung oder Mahnung ist nicht mehr notwendig. Auch das sollte mit dem Notar besprochen werden.

Bei Zahlungsfristen sollten übrigens grundsätzlich immer „Werktage" vereinbart werden, nicht „Tage". Denn selbst am Samstag, der als Werktag gilt, können Sie wenig ausrichten (Sie erreichen weder Banken noch den Bauleiter oder ggf. notwendige Sachverständige) und die Zahlungsfrist läuft dennoch.

Weiter wird geregelt, dass nicht der Notar, sondern die Beteiligten die **Fälligkeit der Raten** selbst überwachen. Ein Notar kann eine solche Fälligkeit üblicherweise auch nicht überwachen. Dafür fehlt ihm – vor allem bei dieser unklaren Ratendefinition – jede Möglichkeit und das technische Fachwissen. Wollte er eine Fälligkeit mit der gebotenen Sorgfalt überwachen, müsste er schon deutlich exaktere Raten definieren und einen bautechnischen Sachverständigen mit der Fälligkeitsfeststellung beauftragen.

Der Notar lässt mit der hier getroffenen Regelung den Käufer leider völlig alleine. Dieser ist in aller Regel bautechnischer Laie und kann den Bautenstand nicht ohne Weiteres beurteilen. Vor allem dann nicht, wenn die Ratendefinition derart allgemein ist. Das heißt, am Ende überwachen nicht die Beteiligten die Fälligkeit, sondern der Bauträger diktiert sie mehr oder minder. Dies können Sie durch deutlich exaktere Ratendefinitionen und eine externe Baukontrolle aber verhindern. Mehr dazu in Kapitel 5, Seite 151 ff.

Unter § 3, Punkt 5 wird weiter festgelegt, dass nicht nur der Verkäufer seine finanziellen Ansprüche gegenüber Ihnen abgetreten hat an seine Bank, sondern auch, dass Sie Ihrerseits Ihre Auszahlungsansprüche, die Sie aus dem Kreditvertrag mit Ihrer Bank erworben haben, abtreten an den Verkäufer. Beim Abtreten von Ansprüchen ist immer allergrößte Vorsicht geboten. Grundsätzlich sollte der Vertrag ohnehin mit der Sie finanzierenden Bank durchgesprochen werden. Hinzu kommt ferner, dass alle Rechnungen und deren Freigabe grundsätzlich und zwingend über Ihren Tisch laufen sollten. Denn ein Banker wird sich niemals Gummistiefel anziehen und auf einer Baustelle nachsehen, ob geforderte Raten tatsächlich zur Zahlung fällig sind und ob die Arbeiten mangelfrei ausgeführt wurden, was er fachlich ja auch gar nicht könnte. Er wird einen geforderten Betrag einfach anweisen. Daher gilt: Vorsicht mit der Abtretung von Auszahlungsansprüchen.

Die Regelungen zu den Grundpfandrechten und deren Zweckbestimmung unter Punkt 6 dienen der Absicherung des Verkäufers, der zu diesem Zeitpunkt noch Eigentümer des Grundstücks ist. Die Regelungen verhindern, dass der Käufer hohe Hypotheken ins Grundbuch eintragen lässt, die dem Gegenwert, den der Verkäufer von der finanzierenden Bank des Käufers erhalten hat, gar nicht entsprechen und die ggf. auch zur Absicherung anderer oder zusätzlicher Geschäfte des Käufers dienen.

Was fehlt, ist die ausdrückliche Formulierung einer Vollmacht, die Ihnen der Verkäufer gewährt, mit der Sie als Käufer das Grundstück mit Grundpfandrechten für Ihre Bank belasten können.

§ 4 Auflassungsvormerkung

Zur Sicherung des Anspruchs der Käufer auf Eigentumsübertragung aus diesem Vertrag beantragen die Käufer und bewilligt der Verkäufer die Eintragung einer Auflassungsvormerkung ins Grundbuch.

Die Vormerkung darf in Abteilung II des Grundbuchs den nach diesem Vertrag zu übernehmenden Belastungen im Range vorstehen, ebenso in Abteilung III den in diesem Vertrag benannten Grundpfandrechten.

Bereits jetzt beantragen und bewilligen die Käufer die Löschung dieser Vormerkung bei Eigentumsumschreibung im Grundbuch, vorausgesetzt, dass keine nachrangigen Zwischeneinträge im Grundbuch beantragt oder erfolgt sind.

Erläuterung

Hier wird die wichtige Auflassungsvormerkung geregelt. Diese Absicherung des Anspruchs auf Eigentumsübertragung ist jedoch noch nicht die Eigentumsübertragung selbst. Allerdings wird mit der Eintragung dieser Vormerkung ins Grundbuch sozusagen auch grundbuchöffentlich Ihr Anspruch auf Eigentumsübertragung dokumentiert. Und: Dieser Anspruch geht den Belastungen in Abteilung II des Grundbuchs und den Grundpfandrechten in Abteilung III, soweit sie in diesem Vertrag erwähnt sind, vor. Wenn Ihre Vormerkung nachrangig eingetragen wird, liegt Ihre Sicherung darin, dass gemäß § 3 Abs. 1 der MaBV vor der ersten Ratenzahlung eine Freistellung des Grundstücks von solchen Belastungen gesichert sein muss, wenn Sie diese nicht übernehmen wollen. Dann sollte der Notar diesen Sachverhalt auch in den Kaufvertrag aufnehmen.

Gleichzeitig wird bereits hier die Löschung dieser Vormerkung beantragt und bewilligt, durch Sie und den Verkäufer, nämlich dann, wenn die Eigentumsumschreibung auf Sie erfolgt. Allerdings wird hier vorausgesetzt, dass keine „nachrangigen Zwischeneinträge im Grundbuch beantragt oder erfolgt sind". Es fragt sich hier allerdings, warum der Notar nur „nachrangige Zwischeneinträge" benennt. Die Regelung sollte für alle Zwischeneinträge gelten, die Sie nicht übernehmen wollen.

§ 5 Bauverpflichtung

Auf dem unter § 1 benannten Grundstück wird der Verkäufer gemäß der dieser Urkunde als Anlage beigefügten Baubeschreibung ein Reihenhaus errichten. Auf die genannte Baubeschreibung wird verwiesen. Dort sind auch Lageplan, Grundrisszeichnungen, Ansichtszeichnungen und Schnittzeichnungen enthalten. Die Beteiligten erklären, dass ihnen der Inhalt der Anlage bekannt ist und sie auf das Vorlesen in der heutigen Beurkundung verzichten.

Bei Zweifeln über den Leistungsumfang geht die Baubeschreibung den Bauplänen vor. In den Plänen eingezeichnete Möblierungen sind lediglich unverbindliche Vorschläge und nicht Leistungsbestandteil des Verkäufers. Garantien werden nicht abgegeben.

Der Verkäufer hat die Leistungen nach den anerkannten Regeln der Technik unter Beachtung der einschlägigen DIN-Vorschriften und unter Verwendung normgerechter Baustoffe zu erbringen. Abweichungen sind zulässig, wenn sie rechtlich oder behördlich geboten sind oder wenn sie sich als technisch oder wirtschaftlich notwendig erweisen und dem Käufer zumutbar sind.

Risse aufgrund von Kriechen oder Schwinden von Baustoffen stellen keinen Mangel dar. Dies gilt auch für die sichtbare Holzkonstruktion. Solche Risse beeinträchtigen in keiner Weise die Tragfähigkeit bzw. statische Konstruktion. Auch Verfugungsrisse, zum Beispiel aufgrund des Setzens von Estrich unter dem Badboden, stellen keinen Mangel dar. Auffüllungen, u. a. im Arbeitsraumbereich, können sich im Laufe der Jahre ebenfalls setzen, ebenso Zuwegungen und Terrassen. Dies stellt keinen Mangel dar.

Die laufende Wartung solcher Risse und Fugen ist Aufgabe des Eigentümers.

Witterungsbedingte Verschleißerscheinungen fallen nicht unter die Gewährleistung.

Gewährleistung für mechanische Anlagen wie die Heizungsanlage kann nur übernommen werden, wenn für diese ein Wartungsvertrag mit einer Fachfirma abgeschlossen wird.

Der Verkäufer haftet nicht für Mängel an Sonderwünschen, deren Ausführung vom Käufer selbst beauftragt oder ausgeführt wurde.

Das Gebäude ist bezugsfertig, wenn dem Käufer der Bezug zugemutet werden kann.

Das Betreten des Grundstücks während der Bauphase ist nur nach vorheriger ausdrücklicher Zustimmung durch den Bauträger möglich und erfolgt auf eigenes Risiko. Der Käufer ist nicht weisungsbefugt.

Mit Schreiben vom (...) hat das Bauordnungsamt der Gemeinde Musterhausen mitgeteilt, dass das Bauvorhaben im Kenntnisgabeverfahren gemäß LBO durchgeführt werden kann.

Erläuterung

Der § 5 des Vertrags geht auf das zentrale Anlagedokument fast aller Bauträgerkaufverträge, die Baubeschreibung, ein. Der Notar beschreibt einige Inhalte der Baubeschreibung und setzt voraus, dass diese bekannt ist und auf deren Vorlesung verzichtet werden soll. Dies wird deshalb vermerkt, da der Notar gemäß § 13 Beurkundungsgesetz dazu verpflichtet ist, den vollständigen Vertragstext im Beurkundungstermin vorzulesen. Auf das Vorlesen der Baubeschreibung kann der Notar verzichten, wenn diese bereits notariell beurkundet wurde.

Der Notar verweist darauf hin, dass die Baubeschreibung den Bauplänen vorgeht. Dies kann zum Beispiel dann der Fall sein, wenn in den Bauplänen ein Doppelwaschbecken eingezeichnet ist, in der Baubeschreibung aber nur von einem Einzelwaschbecken die Rede ist. Dann haben Sie auch nur Anspruch auf ein Einzelwaschbecken.

Der Notar weist darauf hin, dass der Bauträger das Bauwerk nach den anerkannten Regeln der Technik und den einschlägigen DIN-Normen zu errichten habe. Das hört sich schön an, hilft Ihnen aber nur sehr bedingt. Ein typisches Beispiel ist die DIN 4109 zum Schallschutz. Sie ist bereits relativ alt und die in ihr festgelegten Grenzwerte gelten schon lange nicht mehr als ausreichend. Das ist zwischenzeitlich auch vielfach gerichtlich bestätigt worden. Trotzdem wird sie bis heute in zahlreichen Bauträgerbaubeschreibungen als vereinbart aufgeführt. Die meisten Notare kennen das Problem gar nicht. Bei einem Reihenhaus müssten mindestens die Empfehlungen für erhöhten Schallschutz nach dem Beiblatt II der DIN 4109 vereinbart werden oder aber Schallschutz nach der VDI-Richtlinie 4100 des Vereins Deutscher Ingenieure (→ Musterbaubeschreibung der Verbraucherzentrale, Seite 256). Praktisch kein Notar weist darauf hin. Das heißt: Der Notar wählt in seinem Kaufvertragsentwurf Formulierungen, die im Zweifel bereits durch die von ihm selbst beigefügte Vertragsanlage, nämlich die Baubeschreibung des Bauträgers, torpediert werden.

Notare verweisen mitunter darauf, dass technische Vereinbarungen Sache der Vertragsparteien seien. Dies mag sein.

Wenn allerdings technische Regelungen durch Gerichte längst als nicht ausreichend beurteilt wurden, steht selbstverständlich die Frage im Raum, ob ein Notar auf diese Rechtssachverhalte nicht hinweisen muss. Das führt sonst dazu, dass in notariell beurkundeten Baubeschreibungen Regelungen enthalten sind, die nach aktueller Rechtsprechung nicht ausreichend sind. Das kann im Endeffekt zu Nachteilen für beide Vertragsparteien führen. Der Verkäufer müsste Schadensersatzklagen fürchten und der Käufer müsste Prozesse führen, um zu seinem Recht zu kommen.

Der Notar geht im vorliegenden Fall noch weiter und schreibt: „Abweichungen (von der Baubeschreibung) sind zulässig, wenn sie rechtlich oder behördlich geboten sind oder wenn sie sich als technisch oder wirtschaftlich notwendig erweisen und dem Käufer zumutbar sind." Mit diesem einen Satz ist im Grunde die gesamte Vertragsanlage Baubeschreibung Makulatur. Denn mit dem sehr dehnbaren Begriff **„wirtschaftlich notwendig"** lässt sich allzu viel allzu leicht begründen und rechtfertigen. Das sind leider sehr typische Formulierungen in Kaufverträgen von Bauträgerobjekten. Sie haben dort nichts verloren. Selbstverständlich kann jederzeit das Problem auftauchen, dass man wirtschaftlich notwendige Entscheidungen treffen muss. Aber was ist wirtschaftlich notwendig? Für den Bauträger mit Sicherheit etwas ganz anderes als für Sie. Weder der Notar noch Sie kennen die Gewinnspanne des Bauträgers beim vorliegenden Objekt. Wer soll wirtschaftliche Notwendigkeit beurteilen? Das wird ausschließlich der Bauträger tun. Entweder wird eine solche Formulierung ganz einfach ersatzlos gestrichen oder es wird formuliert, dass Abweichungen von der Baubeschreibung nach Ihrer schriftlichen Zustimmung möglich sind.

Auch die **technischen Notwendigkeiten** sind allzu dehnbar formuliert. Auf dem Bau kann es immer zu notwendigen technischen Änderungen kommen, zum Beispiel weil ein Bauprodukthersteller insolvent wird und das betreffende

Produkt – eine bestimmte Fliese oder Sanitärgegenstände – nicht mehr liefern kann. Dann wird man eine Alternative suchen müssen. Mit der vorliegenden Regelung sucht diese Alternative aber allein der Bauträger. Grundsätzlich sollten Sie aber eingeschaltet werden und der Alternative auch zustimmen müssen. Denn eine technische Notwendigkeit könnte letztlich auch sein, dass in der Woche, in der die Fliesen verlegt werden sollten, die vereinbarten Fliesen statt in Weiß nur noch in Grün lieferbar waren, sodass hier zugunsten des technischen Bauablaufs für die grünen Fliesen entschieden werden musste.

Weiter werden weitreichende und pauschale Mangelausschlüsse vereinbart. Der Notar legt u. a. fest: „Risse aufgrund von Kriechen oder Schwinden von Baustoffen stellen keinen Mangel dar." Solche generellen Ausschlüsse sind mitunter nichtig und können so nicht ohne Weiteres vereinbart werden. Der Notar schreibt weiter: „Dies gilt auch für die sichtbare Holzkonstruktion. Solche Risse beeinträchtigen in keiner Weise die Tragfähigkeit bzw. statische Konstruktion." Hier lehnt sich der Notar weiter aus dem Fenster, als es jeder Statiker tun würde. Denn inwieweit ein Riss ungefährlich ist oder nicht und inwieweit er die Tragfähigkeit beeinträchtigt oder nicht, ist üblicherweise eine Frage der Einzelfallprüfung. Weiter legt der Notar Ausschlüsse fest: „Auch Verfugungsrisse, zum Beispiel aufgrund des Setzens von Estrich unter dem Badboden, stellen keinen Mangel dar." Auch dies ist fragwürdig. Denn es ist technisch bekannt, dass sich ein Bad-Estrich eines Neubaus, wenn er sich mit der Zeit auf der Trittschallschutzdämmung leicht setzt, Abrisse im Bereich der Bodenfliesen-Wandfliesen-Anschlüsse hervorrufen kann. Abgesehen davon, dass es dafür mit Bewegungsschienen längst technische Lösungen gibt, kann man aber auch ganz einfach das zeitversetzte Nachverfugen von Silikonfugen vereinbaren. § 309 Abs. 8 BGB zieht für Mangelausschlüsse enge Grenzen. Es ist fraglich, ob der Notar dies hier beachtet hat.

Der Notar legt weiter fest: „**Gewährleistung** für mechanische Anlagen wie die Heizungsanlage kann nur übernommen werden, wenn für diese ein **Wartungsvertrag** mit einer Fachfirma abgeschlossen wird." Auch das funktioniert so nicht ohne Weiteres. Denn selbstverständlich muss Gewährleistung übernommen werden. So kann zum Beispiel bereits in der Zeit bis zu einem ersten Wartungsintervall an der Heizung ein Defekt auftreten, den der Käufer nicht zu vertreten hat.

Weiter geht es mit der Regelung: „Der Verkäufer haftet nicht für Mängel an Sonderwünschen, deren Ausführung vom Käufer selbst beauftragt oder ausgeführt wurde." Hierzu ist festzuhalten, dass entscheidend ist, ob die Ausführung der **Sonderwünsche** über den Bauträger beauftragt wurde oder nicht. Nach diesem Vertrag will sich der Bauträger diesem Verfahren generell entziehen (⋯‣ § 7), was für Sie aber haftungstechnisch sehr ungünstig wäre (⋯‣ Erläuterung zu § 7).

Auch die Regelung „Das Gebäude ist **bezugsfertig**, wenn dem Käufer der Bezug zugemutet werden kann" ist nicht besonders kundenfreundlich. Denn das heißt, dass vieles im Zweifel dann noch nicht erledigt ist, zum Beispiel der Außenputz oder die Zuwege zum Haus, soweit sie überhaupt Vertragsbestandteil sind. Auch hier sollte mit dem Notar besprochen werden, warum er solche Formulierungen wählt.

Ferner ist die Regelung zur **Zustimmung des Bauträgers bei Baustellenbesichtigungen**, die Sie durchführen wollen, wenig hilfreich und kann für Sie zu ernsten Problemen des Überwachens nur schon allein des Baufortschritts führen, ganz abgesehen von möglichen Mängeldokumentationen. Grundsätzlich sollten Sie die Baustelle betreten dürfen, wann und mit wem immer Sie wollen. Schließlich finanzieren Sie das Vorhaben und werden absehbar Eigentümer, da benötigen Sie schon die Freiheit, das Bauobjekt ohne Zustimmungsveto eines Dritten betreten zu können.

§ 6 Rechts- und Sachmängel sowie Baulasten

Alle Ansprüche und Rechte des Käufers wegen Rechts- oder Sachmängeln am Grundstück werden hiermit ausgeschlossen, es sei denn, das Gebäude kann auf dem Grundstück nicht errichtet oder bestimmungsgemäß genutzt werden. Der Käufer schuldet weder ein bestimmtes Flächenmaß des Grundstücks noch die Eignung des Kaufgegenstands zur Erreichung steuerlicher Ziele der Käufer.

Die Käufer übernehmen alle Baulasten. Ausgeschlossen werden alle Rechte und Ansprüche der Käufer wegen etwaiger altrechtlicher Dienstbarkeiten und Baulasten.

Erläuterung

Hier wird die Haftung des Verkäufers für Rechts- und Sachmängel des Grundstücks geregelt. **Rechtsmängel** können rechtliche Einschränkungen sein, die den Wert eines Grundstücks beeinträchtigen können, zum Beispiel schwerwiegende Baulasten oder ungeklärte Vorkaufsrechte Dritter. **Sachmängel** können geographische oder physische Mängel sein, eine abweichende Grundstücksgröße oder Altlasten auf dem Grundstück. Die Haftung für solche Mängel am Grundstück werden mit der im Vertragsentwurf gewählten Formulierung weitestgehend ausgeschlossen. Es ist zwar durchaus üblich, dass die Haftung des Verkäufers für Rechts- und Sachmängel am Grundstück ausgeschlossen wird.

Was bei einem bereits seit langen Jahren bebauten Grundstück, das von Privat an Privat verkauft wird, in Ordnung sein mag, ist hier etwas anderes. Hier handelt es sich um den Grundstückskauf für einen Neubau und es wäre sehr ärgerlich, wenn sich nach dem Grundstückskauf zum Beispiel eine Bodenbelastung herausstellen würde. Dieses Problem wäre dann nicht das Problem des Bauträgers, sondern Ihres.

Sein Problem beginnt erst dort, wo eine Bebaubarkeit nicht gegeben ist (z. B. aufgrund eines Bebauungsplans, der das geplante Gebäude nicht zulässt, oder aufgrund von Bodengegebenheiten, die die geplante Bebauung nicht zulassen). Diese Fälle sind allerdings recht selten, denn die prüft der

Bauträger zuvor meist ab. Häufiger ist schon der Fall, dass das Grundstück zum Beispiel später viel kleiner ist als ursprünglich gedacht. Ansprüche gegen den Bauträger hat man mit dieser Formulierung dann keine mehr. Auch dies wäre ein Fall, den Notar zu fragen, wieso er kein **exaktes Flächenmaß** festlegt. Selbst wenn die Grundstücke noch nicht eingemessen sind, kann man das trotzdem tun. Auch Mindervergütungen im Fall von Abweichungen nach unten können vereinbart werden.

Der Notar regelt hier auch, dass die Käufer alle Baulasten übernehmen. Da der Notar nirgendwo erwähnt, ob er das **Baulastenverzeichnis** eingesehen hat oder nicht, sollte dies bei solchen Regelungen in jedem Fall eingesehen werden. Der Notar ist dazu nicht verpflichtet, sondern müsste dazu gesondert beauftragt werden. Dies ist aber sinnvoll. Alternativ können Sie auch den Bauträger auffordern, einen beglaubigten Auszug aus dem Baulastenverzeichnis dem Notar vorzulegen. Natürlich können Sie auch selbst einen Blick in das Baulastenverzeichnis nehmen. Wenn Sie allerdings bestimmte Eintragungen nicht verstehen, sollten Sie den Notar fragen, was diese bedeuten und welche Konsequenzen sie haben. Denn nach den hier getroffenen Regelungen würden Sie sämtliche Baulasten übernehmen.

Das Gleiche gilt für die **Dienstbarkeiten**. Diese sind allerdings im Grundbuch eingetragen. Gemäß dem Beurkundungsgesetz soll der Notar das Grundbuch bei Grundstücksgeschäften einsehen. Immer mehr Notare verzichten allerdings darauf und setzen entsprechende Klauseln in die Kaufverträge. Auch bei dem hier vorliegenden Vertrag weist der Notar in § 12 darauf hin, dass er auf Grundbucheinsicht verzichtet hat (⤳ Erläuterung zu § 12).

§ 7 Sonderwünsche

Sonderwünsche können nur berücksichtigt werden, wenn sie die Gesamtplanungen und den Gesamtablauf nicht stören. Sie müssen spätestens 8 Wochen vor Baubeginn angezeigt werden. Der Verkäufer muss ihnen schriftlich zustimmen. Die Ausführung von Sonderwünschen übernehmen im Auftrag und für Rechnung des Käufers die beteiligten Handwerksunternehmen direkt.

Erläuterung

Sonderwünsche sind beim vorliegenden Vertrag alle Wünsche, die von der Baubeschreibung abweichen. Auch die Baubeschreibung, die Vertragsbestandteil werden soll, wird noch ausführlich kommentiert (⋯⟩ Seite 87 ff.). Dort wird auch schnell ersichtlich werden, dass es für Laien gar nicht einfach ist, alle Sonderwünsche bereits sehr früh zu äußern. Viele Sonderwünsche betreffen Oberflächengewerke, also Wandoberfläche, Deckenoberflächen, Böden, Sanitäreinrichtungen oder auch Treppen und Türen.

Mehrere Probleme tauchen bei der oben getroffenen Regelung auf: Sie wissen gar nicht, wann Baubeginn ist, wann also letztes Anmeldedatum für Ihre Sonderwünsche ist. Aber auch wenn Sie dieses Datum einhalten würden, entscheidet grundsätzlich allein der Bauträger darüber, ob die Sonderwünsche umgesetzt werden oder nicht. Gleichzeitig übernimmt er für diese aber keine Verantwortung. Denn Sie müssen alle Sonderwünsche direkt mit den beteiligten Handwerkern vereinbaren.

Nehmen wir also zum Beispiel an, Sie wollen eine andere Treppe, andere Türen und andere Fliesen und Sanitärgegenstände. Dann müssen Sie für diese Dinge direkte Vereinbarungen mit den Handwerkern treffen, sprich auch Handwerkerverträge abschließen. Sie werden aber nicht irgendwelche Handwerker oder Handwerker Ihrer Wahl nehmen können, sondern nur die Handwerker, die für den Bauträger ohnehin vor Ort sind. Ob das die günstigsten sind, ist offen. Sie werden dann separate Verträge mit diesen Handwerkern haben. Je nachdem, wie Sie beauftragen, haben Sie dann mündliche oder schriftliche Verträge. Sie werden eigene Abnahmen der Sonderleistungen mit den betreffenden Handwerkern durchführen müssen und die Sonderleistungen haben eigene Gewährleistungsfristen.

Ferner entstehen Haftungsschnittpunkte: Reißen Fliesen oder Fugen, weil sich ein Estrich senkt, ist die Frage, liegt es wirklich am Estrich oder doch an der Fliese bzw. der Fuge und wer haftet für die Fliese und wer für den Estrich oder gar für beides? Wenn man schlüsselfertig baut, will man meist gerade solchen Fragen und Folgen aus dem Weg gehen. Man möchte nur einen Ansprechpartner, auch im Haftungsfall. Daher ist auch hier die Frage, warum Sonderwünsche nicht vor Vertragsabschluss verhandelt werden können, dann mit in die Baubeschreibung aufgenommen werden und auch im Festpreis berücksichtigt sind, damit nicht nachher Kostensteigerungen auftauchen, bei denen Sie wenig Verhandlungsspielraum haben. Damit wären die Sonderwünsche auch mit im Vertragspaket des Bauträgers und nicht bei einem weiteren Handwerker.

Auch in diesem Punkt müssten also mit dem Notar Lösungen gesucht werden, die Ihre Interessen berücksichtigen und nicht nur die des Bauträgers.

§ 8 Abnahme

Die Abnahme erfolgt durch gemeinsame Begehung des Vertragsobjekts von Käufer und Verkäufer. Hierbei wird ein Protokoll angefertigt, das von beiden unterzeichnet wird. Der Verkäufer wird dem Käufer 7 Tage vorher den Abnahmetermin mitteilen. Erscheint der Käufer zu dem Termin nicht, gilt das Objekt als abgenommen. Gleiches gilt, wenn der Käufer das Objekt vor dem Abnahmetermin bezieht oder auch in Teilen – auch einzelnen Räumen – bezieht.

Erläuterung

Zunächst einmal wird hier eine sogenannte **förmliche Abnahme** vereinbart. Das heißt, Sie treffen sich vor Ort am Bauobjekt mit dem Bauträger, gehen gemeinsam durch das Gebäude und nehmen es ab. Was heißt „abnehmen"? Das heißt, dass Sie das Gebäude ansehen und die Arbeiten beurteilen. Haben Sie an den sichtbaren Elementen, Flächen, Ein- und Anbauten nichts auszusetzen und lassen Sie dazu nichts ins Protokoll aufnehmen, heißt dies, Sie erkennen die Arbeiten des Bauträgers als mangelfrei erbracht an. Entdecken Sie später einen Mangel, den Sie bereits bei der Abnahme hätten sehen können, weil er zum Beispiel nicht verdeckt unter einem anderen Bauteil lag, haben Sie keinen Anspruch mehr auf Nachbesserung. Mit dem Abnahmetermin beginnt auch die **Gewährleistungsfrist** zu laufen. Nach dem BGB sind dies 5 Jahre. Außerdem kehrt sich mit dem Abnahmetermin die Beweislast um.

Musste vor der Abnahme der Bauträger Ihnen nachweisen, dass ein von Ihnen behaupteter Baumangel kein Baumangel ist, müssen nach der Abnahme umgekehrt Sie dem Bauträger nachweisen, dass ein von Ihnen behaupteter Baumangel tatsächlich ein Baumangel ist. Die Abnahme ist also ein außerordentlich wichtiger Termin. Die Regelungen, die der Notar für diesen Termin trifft, berücksichtigen in unserem Beispiel Ihre Interessenlage aber praktisch gar nicht. Zunächst einmal sind 7 Tage für eine Vorinformation, wann der Termin stattfindet, viel zu knapp. Denn üblicherweise müssen Sie sich für einen solchen Termin einen Tag Urlaub nehmen.

Ferner dürfen Sie zu diesem Termin nicht gerade zufällig abwesend sein, damit nicht die Gefahr besteht, dass Sie die Information zur Abnahme gar nicht erreicht hat und Sie die Abnahme verpassen. Der Notar regelt vorliegend auch nicht, wie Sie informiert werden sollen. Das muss exakter geregelt werden. Also z. B. dass Sie schriftlich per Brief informiert werden und dass das Datum des Poststempels zur Wahrung der Frist ausschlaggebend ist.

Problematisch ist ferner die Regelung zum Bezug auch einzelner Räume. Hier fragt sich, was unter Bezug zu verstehen ist. Ist Bezug bereits, dass in einem einzelnen Raum Möbel eingestellt werden? Dies wäre dann problematisch für Sie. Denn nur schon mit diesem Bezug eines Raumes würde das gesamte Gebäude dann als abgenommen gelten. Daher sollte dieser Punkt mit dem Notar dezidiert durchgesprochen werden.

Generell empfiehlt sich aber ohnehin, das Gebäude keinesfalls vor Abnahme zu beziehen. Die rechtlichen Risiken dabei sind viel zu hoch.

§ 9 Auflassung

Der Verkäufer einerseits und die Käufer andererseits erklären, dass sie sich über den Eigentumsübergang am Vertragsobjekt nach Maßgabe dieser Urkunde einig sind. Diese Auflassung beinhaltet aber keine Bewilligung der Eigentumsumschreibung im Grundbuch und keine Einwilligung zur Weiterverfügung der Käufer.

Der Notarvertreter, sein Amtsnachfolger und sein Vertreter im Amt wird allseits unwiderruflich bevollmächtigt und beauftragt, nach vollständiger Bezahlung des Kaufpreises den Vollzug des Eigentumswechsels beim Grundbuchamt zu bewilligen und zu beantragen.

Der Verkäufer verpflichtet sich, dem Notar unverzüglich schriftlich den Eintritt dieser Bedingungen mitzuteilen.

Erläuterung

§ 9 beinhaltet die Auflassung, also die Erklärung, dass sich Verkäufer und Käufer über den Eigentumsübergang am Vertragsobjekt einig sind. Ausdrücklich hält der Notar aber fest, dass diese Auflassungserklärung keine Bewilligung der Eigentumsumschreibung im Grundbuch ist. Diese Umschreibung erfolgt erst, wenn der vollständige Kaufpreis gezahlt ist. Der Verkäufer, also der Bauträger, muss die vollständige Kaufpreiszahlung dann dem Notar umgehend mitteilen, da-

mit der Notar dann die Umschreibung im Grundbuch veranlassen kann. Dazu ist er unwiderruflich bevollmächtigt.

Das Problem ist jetzt nur: Was ist, wenn Sie den Kaufpreis
nicht vollständig zahlen? Das kann mehrere Gründe haben:
Zum Beispiel können Mängel vorliegen, die Ihnen das Recht
geben, einen Geldeinbehalt zu machen. Nach dem BGB
(§ 641) macht das in der Regel das Doppelte des für die Beseitigung des Mangels notwendigen Geldbetrags aus. Da vor
der Abnahme der Bauträger Ihnen nachweisen muss, dass
ein von Ihnen behaupteter Baumangel keiner ist, können Sie
einen entsprechenden Betrag auch tatsächlich zurückbehalten. Der Notar müsste die Eigentumsumschreibung dann
trotzdem veranlassen. Die Frage ist nur, ob der Bauträger
dem Notar in diesem Fall die vollständige Kaufpreiszahlung
mitteilt.

Ein weiteres, erhebliches Problem ist, dass der Notar im vorliegenden Vertrag die Möglichkeit eines Gewährleistungsein-
behalts von 5 Prozent der Vertragssumme über die gesamte
Dauer der Gewährleistungszeit (also nach BGB 5 Jahre) gar
nicht erwähnt. Eine solche Vereinbarung sollte üblicherweise in jedem sorgfältigen Kaufvertrag enthalten sein. Diese
Vereinbarung gibt Ihnen die Möglichkeit, dem Bauträger die
restlichen 5 Prozent der Bausumme erst nach 5 Jahren, wenn
die Gewährleistungszeit wirklich vorbei ist, auszuzahlen.

Nehmen wir an, Sie erwerben ein Haus mit Grundstück für
300 000 Euro, dann sind das immerhin 15 000 Euro, die
zunächst einmal bei Ihnen verbleiben. Diese Sicherheit soll
dazu dienen, dem Bauträger auch einen Anreiz zu verleihen,
Mangelbeseitigungsaufforderungen während der Gewährleistungszeit nachzukommen bzw. diese nötigenfalls auch
mit anderen Handwerkern auf Rechnung des Bauträgers
durchführen zu können. Und schließlich soll die Summe
auch eine Absicherung sein für den Fall, dass der Bauträger
während der Gewährleistungszeit Insolvenz anmelden muss.

Bauträger können solche Sicherheiten auch über Bankbürgschaften stellen. Dann ist allerdings wichtig, dass die
Bürgschaft auf erstes Anfordern gezogen werden kann und
dass sie insolvenzfest ist, sonst nutzt Ihnen das nichts und
Sie behalten lieber das Geld direkt zurück, auf Ihrem Konto.
Da im vorliegenden Vertrag der Notar hierzu aber gar nichts
regelt, können Sie einen solchen Einbehalt nicht mehr machen. Sie müssen zahlen, sonst erfolgt keine Eigentumsumschreibung. Auch dieser Punkt muss also mit dem Notar sehr
sorgfältig besprochen werden.

In diesem Zusammenhang sollte mit dem Notar auch besprochen werden, warum er das Ihnen sogar gesetzlich zu-
stehende Recht des Einbehalts von 5 Prozent der Bausumme
bis zur Baufertigstellung (§ 632a Abs. 3 BGB) nicht erwähnt.
Dieser Einbehalt sollte ausdrücklich erwähnt werden und
bei den Ratenzahlungen Eingang finden (siehe hierzu auch
Kapitel 5). Soweit der Bauträger hier Regelungen über Bankbürgschaften wünscht (d. h., dass Sie ihm die 5 Prozent
komplett auszahlen, seine Bank aber dafür bürgt, Ihnen diese Summe zu erstatten, falls er mit dem Bauvorhaben nicht
rechtzeitig und nicht mangelfrei fertig wird), müssen auch
solche Bürgschaften auf erstes Anfordern gezogen werden
können und insolvenzfest sein. Ob dies der Fall ist, kann
nach Bürgschaftsvorlage der Bank dann zum Beispiel der
Notar überprüfen.

§ 10 Vollmacht

Alle Vertragsteile erteilen hiermit unabhängig von der Wirksamkeit des Vertrages den Nota-
riatsangestellten Frau Traute Treu und Susanne Sorg je einzeln unter Ausschluss jeglicher
Eigenhaftung und unter Befreiung von § 181 BGB die übertragbare, durch den Tode nicht
erlöschende Vollmacht

1. Die Auflassung zu erklären, Eintragungsbewilligungen zum Grundbuch abzugeben, Eintra-
   gungsanträge zu stellen und alle Erklärungen abzugeben und entgegenzunehmen, die mit
   diesem Vertrag in Zusammenhang stehen und die Löschung der für den Käufer bestellten
   Vormerkung zu beantragen,

2. Rangrücktrittserklärungen zu Gunsten von noch einzutragenden Rechten betreffend der Erwerbsvormerkung abzugeben,

3. Urkundsnachträge aller Art zum Wirksamwerden und Vollzug der Urkunde zu erklären.

Von allen Vollmachten darf nur vor dem Urkundsnotarvertreter oder seinem Vertreter im Amt Gebrauch gemacht werden.

Die Vollmacht erlischt mit der Eigentumsumschreibung, vorher abgegebene Erklärungen behalten ihre Wirksamkeit.

Die Käufer erteilen dem Verkäufer folgende Vollmachten:

A. Für die Durchführung aller Geschäfte und Aufgaben des Verkäufers als Bauherrn insbesondere zur Abgabe sämtlicher zur Durchführung dieses Vertrages erforderlichen Erklärungen gegenüber Behörden und Privatpersonen.

B. Zur Änderung des Kaufvertrages hinsichtlich der Grundstücksgrößen und zur Abgabe aller hierzu erforderlichen Erklärungen und Anträge, sofern dies durch Einmessung des Gebäudes veranlasst ist.

Die Vollmachten erlöschen ohne weitere Erklärung mit der Eigentumsumschreibung auf die Käufer.

Sämtliche aufgeführten Vollmachten werden im Außenverhältnis unbeschränkt erteilt.

Erläuterung

Es ist üblich, dass sich der Notar bereits im Kaufvertrag bestimmte Vollmachten, die zur Umsetzung des Vertrages notwendig sind, erteilen lässt. Man muss nur darauf schauen, welche Vollmachten er sich erteilen lässt. So kommt es zum Beispiel im Fall von Eigentum nach dem Wohnungseigentumsrecht häufig vor, dass sich der Notar noch im Kaufvertrag zu umfangreiche Vollmachten für Änderungen von Eigentumsrechten geben lässt. Das heißt, der Notar kann zum Beispiel auch im Nachhinein noch Rechte zum Sondereigentum, gemeinschaftlichen Eigentum oder Teileigentum umgestalten. Solche Vollmachten sind kritisch zu sehen. Auch Vollmachten, mit denen er beliebige Erklärungen im Namen der Eigentümer zum Beispiel gegenüber der Stadt oder Gemeinde, in der gebaut wird, abgeben kann, sind kritisch zu sehen, und man sollte genauer hinsehen, um welche Vollmachten es sich handelt.

Problematisch beim vorliegenden Beispiel ist die Vollmacht zur Löschung der für den Käufer bestellten Vormerkung. Das kann zwar sinnvoll sein im Zuge der angestrebten Eigentumsumschreibung. Dann sollte das aber exakter – und nur für diesen Fall – formuliert werden. Denn wird eine solche Löschung isoliert vorgenommen, ist das ein großes Problem. Denn in diesem Fall könnte es Ihnen passieren, dass Sie keinen gesicherten Anspruch auf Eigentumsumschreibung mehr haben, aber den Kaufpreis bereits gezahlt haben. Das muss mit dem Notar geklärt werden.

Kritisch ist im vorliegenden Vertrag auch, dass der Verkäufer sich unter Punkt B die Vollmacht geben lässt zur Änderung des Kaufvertrags hinsichtlich der Grundstücksgröße. Die Grundstücksgröße ist im Vertrag gar nicht definiert. Mit der hier vereinbarten Vollmacht hat der Verkäufer freie Bahn, eine wie groß auch immer bleibende Grundstücksfläche dann auch im Grundbuch eintragen zu lassen. Das sind Vollmachten, die man nicht akzeptieren sollte, sondern in einem solchen Fall oder im Fall, dass ein Grundstück noch nicht eingemessen ist, muss mit dem Notar besprochen werden, wie Sie als Käufer zumindest eine angemessene Sicherheit über eine Grundstücksmindestgröße erlangen oder bei Verringerung dieser Größe die Möglichkeit einer entsprechenden Preisreduktion.

Zu hinterfragen ist auch die Regelung, dass die Vollmachten auch dann als erteilt gelten, wenn die Wirksamkeit des Vertrags nicht vorliegt.

§ 11 Salvatorische Klausel

Sollte eine Bestimmung dieses Vertrages unwirksam sein oder werden, so bleibt die Gültigkeit der übrigen Bestimmungen unberührt. Im Fall der Unwirksamkeit einer Bestimmung sind die Vertragsparteien verpflichtet, die unwirksame Bestimmung durch eine dem wirtschaftlichen Gehalt der unwirksamen Bestimmung weitestgehend entsprechende wirksame Formulierung zu ersetzen. Entsprechendes gilt, wenn sich bei Durchführung des Vertrages eine ergänzungsbedürftige Lücke ergeben sollte.

Erläuterung

Salvatorische Klauseln sind in Kaufverträgen üblich. Die hier gewählte Formulierung lässt zumindest keine einseitigen Bevorteilungen erkennen.

§ 12 Schlussbestimmungen

Der Notar hat die Grundbücher nicht eingesehen. Die Beteiligten verzichten trotz Risikobelehrung durch den Notar auf weitergehende Grundbucheinsicht durch diesen und bestehen auf sofortige Beurkundung.

Auf die Bedeutung der Unbedenklichkeitsbescheinigung des Finanzamts wurde hingewiesen, ebenso auf das Baulastenbuch.

Änderungen oder Ergänzungen dieses Vertrages bedürfen der notariellen Beurkundung.

Beantragt wurden:

1. Unbedenklichkeitsbescheinigung des Finanzamts Musterhausen – Grunderwerbssteuerstelle

2. eine Kopie an den Gutachterausschuss der Gemeinde Musterhausen

3. eine beglaubigte Abschrift an den Käufer

4. eine beglaubigte Abschrift an den Verkäufer

5. Bestätigung der Gemeinde Musterhausen, dass sie ihr Vorkaufsrecht nicht ausübt

Vorstehende Urkunde wurde den Erschienenen vorgelesen, von ihnen genehmigt und allseits eigenhändig unterschrieben.

Erläuterung

Die Schlussbestimmungen sind durchaus üblich. Auch die Kopie des Kaufvertrags an den Gutachterausschuss ist nicht unüblich, da dieser den gesetzlichen Auftrag hat, die regionale Grundstücks- und Gebäudewertentwicklung zu beobachten.

Ein Problem taucht hier allerdings gleich im ersten Satz auf. Der Notar weist deutlich darauf hin, dass er das Grundbuch nicht eingesehen hat. Gemäß § 21 des Beurkundungsgesetzes soll er dies aber tun. Die Vergütung dafür ist allerdings sehr gering, sodass immer mehr Notare darauf verzichten und solche Formeln in ihre Verträge aufnehmen. Das sollten Sie klar ablehnen. Selbstverständlich sollte der Notar aktuell das Grundbuch einsehen und Sie zu den dortigen Eintragungen und eventuellen Risiken informieren.

Fazit

Sie haben gesehen, dass der vorgelegte Vertragsentwurf des Notars keinesfalls so unterzeichnet werden kann, sondern zu erheblichem Gesprächsbedarf führt. Es ist als zweifelhaft anzusehen, wenn Notare beim Vertragsentwurf zunächst nur eine Seite hören. Das ist fast immer die Bauträgerseite. Das führt dazu, dass bereits der Vertragsentwurf fast immer und teils erhebliche „Schlagseite" zu Ungunsten von Verbrauchern hat. Das zeigt die jahrelange Beratungserfahrung der Verbraucherzentralen. Für Verbraucher, die vertraglich meist viel weniger versiert sind als Bauträger, schon weil sie einen Bauträgervertrag in der Regel nur einmal in ihrem Leben abschließen, entsteht dadurch das Problem, dass Sie die Defizite selbstständig erkennen müssen. Das ist sehr schwierig und ohne Rechtsberatung fast nicht möglich.

Der Notar hat sehr wichtige Dinge gar nicht in den Vertrag aufgenommen:
- So fehlen z. B. Regelungen, dass Sie die Grundpfandrechte aus Abteilung III des Grundbuchs nicht übernehmen und Ihre Freistellung von diesen Grundpfandrechten.
- Es fehlen Vereinbarungen darüber, was passiert, wenn das Gebäude nicht fertig gebaut wird.
- Mögliche Einbehaltrechte während der Bauzeit (Fertigstellungssicherung) sind nicht geregelt.
- Auf die Möglichkeit einer Gewährleistungsbürgschaft nach Baufertigstellung wird gar nicht hingewiesen und es fehlen Regelungen hierzu.
- Es fehlt im Vertrag ein Fertigstellungstermin für das Bauvorhaben und Regelungen, was passiert, wenn der Termin

nicht gehalten wird (u. a. Kostenersatz). Sie haben dann das Problem, dass Sie Ihre Miete und Ihre Baufinanzierung parallel tragen müssen. Passiert dies über mehrere Monate hinweg, kann das im schlimmsten Fall das Aus Ihrer finanziellen Möglichkeiten bedeuten.

■ Es fehlen Regelungen zur Grundstücksgröße.

Das sind alles sehr wichtige Punkte, die in einem sorgfältigen Vertrag nicht fehlen sollten. Viele Verträge, die Ihnen von Bauträgern vorgelegt werden, sind leider nicht immer sorgfältig und berücksichtigen sehr häufig allzu einseitig die Interessen des Verkäufers, also des Bauträgers. Ein großes Problem dabei ist, dass der Notar seine Kunden vom Bauträger zugeführt bekommt. Verkauft ein Bauträger zehn Reihenhäuser und lässt diese alle beim selben Notar beurkunden, ist das für den Notar ein interessantes Geschäft.

Sie können also am besten in Ihrem Sinne handeln, wenn Sie Ihre Rechte kennen und diese auch deutlich gegenüber dem Notar vertreten, damit sie im Vertrag berücksichtigt werden. Wie Sie das konkret umsetzen, erfahren Sie in Kapitel 6.

Hilfestellung bei der Vertragsprüfung

Wenn Sie bei einer Vertragsprüfung allein nicht weiterkommen, können Sie auch externen Rat hinzuziehen. Es gibt unterschiedliche Organisationen, die eine Bauberatung anbieten, bei der Vertrag und Baubeschreibung überprüft werden.

Baubeschreibung und Bauvertrag können Sie bei folgenden Verbraucherzentralen überprüfen lassen (Stand: 01. 09. 2011):

■ In **Baden-Württemberg** gibt es an mehreren Beratungsstandorten eine persönliche Bauberatung. Bei dieser können Bauleistungsbeschreibungen und Bauverträge durch Ingenieure und Anwälte überprüft werden. Die Beratung wird an den Standorten Stuttgart, Ulm, Karlsruhe und Freiburg angeboten.

- In **Berlin** gibt es eine Bauberatung zu Bauleistungs-beschreibungen und Bauverträgen.
- **Brandenburg** bietet ein Beratungsangebot zum Thema Wohneigentum an.
- In **Bremen** gibt es ein umfassendes Beratungsangebot für Bauleistungsbeschreibungs- und Bauvertragsprüfung.
- In **Niedersachsen** gibt es das Angebot von Baubeschrei-bungs- und Bauvertragsprüfung.
- In **Nordrhein-Westfalen** gibt es das Angebot der Prüfung von Bauträgerverträgen.
- In **Rheinland-Pfalz** gibt es eine telefonische, eine persön-liche und eine schriftliche Beratung zu den Themen Bauen und Baurecht. Die persönliche Beratung läuft am Standort Mainz.
- In **Sachsen** gibt es an den Standorten Chemnitz, Leipzig und Dresden ein umfassendes Beratungsangebot zum Thema Bauen und Baurecht.

Die exakten Rahmendaten und Kosten zu den Beratungs-angeboten finden Sie im Internet unter **www.verbraucher-zentrale.de**. Dort gehen Sie auf das jeweilige Bundesland und sehen unter dem Menüpunkt „Service" und dann „Beratungsangebote" nach.

Viele Verbraucherzentralen bieten darüber hinaus auch eine Baufinanzierungsberatung an, bei der man die geplante Baufinanzierung überprüfen lassen kann. Auch das ist meist sehr sinnvoll und kann viel Geld sparen.

Neben den Verbraucherzentralen bieten auch der Bauherren-schutzbund (**www.bsb-ev.de**) und der Verband privater Bau-herren (**www.vpb.de**) Bauberatungsangebote an. Bei beiden muss man in der Regel aber zunächst Mitglied werden.

Außerdem bietet das Institut Bauen und Wohnen (**www.institut-bauen-und-wohnen.de**) eine bundesweite telefonische Prüfung von Bau- und Leistungsbeschreibungen an.

Eine weitere Möglichkeit, zumindest den Bauvertrag unabhängig überprüfen zu lassen, ist die Einschaltung eines freien Anwalts. Da das Baurecht ein äußerst komplexes Rechtsgebiet ist, sollte er unbedingt Erfahrung auf diesem Fachgebiet haben. Dies haben zum Beispiel „Fachanwälte für Bau- und Architektenrecht". Im Telefonbuch „Gelbe Seiten" finden Sie fachbezogene Adressen von Anwälten. Sie können auch auf der Internetseite der Arbeitsgemeinschaft Baurecht des Anwaltvereins einen Anwalt suchen: **www.arge-baurecht.de**. Klären Sie im Vorfeld, auf welcher Basis der Anwalt arbeitet (z. B. Stundenbasis oder Honorar nach Rechtsanwaltsvergütungsgesetz/RVG) und wie hoch das Honorar voraussichtlich ist. Treffen Sie hierzu vorab möglichst schriftliche Vereinbarungen.

Die Kaufvertragsanlagen

Ein Kaufvertrag hat neben dem Vertrag selbst fast immer auch Anlagen:
- möglicherweise eine Teilungserklärung,
- die Bau- und Leistungsbeschreibung (⇢ Seite 87 ff.) inklusive aller Sonderwunsch- und Bemusterungsvereinbarungen
- Planzeichnungen (⇢ Seite 129 ff.) sowie den Energiebedarfsausweis (⇢ Seite 143 ff.).

Auf die Bau- und Leistungsbeschreibung wird noch eingegangen (⇢ Seite 87 ff.). Hier geht es zunächst um die sogenannte Teilungserklärung. Mit einer solchen können Sie konfrontiert werden, wenn Sie ein Haus kaufen, z. B. ein Reihenhaus, das nicht auf einem eigenen Grundstück – nach Realteilung – steht, sondern sich ein gemeinsames

>> **Begriffsbestimmungen nach § 1 Wohnungseigentumsgesetz**

Wohnungseigentum: Sondereigentum an einer Wohnung in Verbindung mit dem Miteigentumsanteil am gemeinschaftlichen Eigentum.

Teileigentum: Sondereigentum an nicht zu Wohnzwecken dienenden Räumen eines Gebäudes in Verbindung mit dem Miteigentumsanteil am gemeinschaftlichen Eigentum (z. B. ein Kellerabteil oder ein Tiefgaragenstellplatz).

Gemeinschaftliches Eigentum: Grundstück sowie die Teile, Anlagen und Einrichtungen des Gebäudes, die nicht im Sondereigentum oder Eigentum Dritter stehen (z. B. das Treppenhaus).

Grundstück mit mehreren Häusern teilt. Kaufen Sie also ein Reihenhaus, das gemeinsam mit den Nachbarreihenhäusern rechtlich nach dem sogenannten Wohnungseigentumsrecht organisiert ist, dann wird auch die Teilungserklärung Vertragsbestandteil. Das kann zum Beispiel die gemeinsame Nutzung einer Tiefgarage oder Gartenfläche betreffen. Es kann auch sein, dass zum Beispiel alle Reihenhäuser über eine gemeinsame Heizbrenneranlage verfügen, deren Wartungs- und Reparaturkosten alle Hausbesitzer auch anteilig bezahlen müssen. Auch das muss dann gemeinsam verwaltet und unterhalten werden.

Teilungserklärung als Anlage zum Kaufvertrag

In solchen Fällen muss eine Teilungserklärung erstellt werden. Die Teilungserklärung ist eine Urkunde, die der Notar entwirft, die beurkundet wird und mit der durch den Notar die grundbuchrechtliche Aufteilung eines Gebäudes oder einer Gebäudeanlage beantragt wird. In der Teilungserklärung wird die rechtliche Aufteilung des Gebäudes oder der Gebäudeanlage in Sondereigentum und gemeinschaftliches Eigentum getroffen. Fast immer werden zusätzlich Gebrauchs- und Verwaltungsregelungen mit aufgenommen. Das betrifft z. B. Gebrauchsregelungen, Instandhaltungsregelungen, Versicherungsregelungen oder Regelungen zur Eigentümerversammlung. Teilungserklärungen können z. B. Regelungen zu folgenden Punkten enthalten:

A) Regelungen zur Teilung

Die Teilung

In der Erklärung zur Teilung selber werden die Grundflächen des Wohngebäudes üblicherweise in 1/1 000er-Anteile (Miteigentumsanteile) – mitunter auch 1/10 000er Anteile – aufgeteilt und den verschiedenen Wohneigentumsparteien zugeordnet und beschrieben.

Begriffsbestimmungen

Oft werden in der Teilungserklärung auch die Begriffe Wohnungseigentum, Teileigentum, Gemeinschaftliches Eigentum, Sondereigentum klar definiert (⸱⸱⸱➔ Kasten, Seite 80), um Missverständnisse auszuschließen.

B) Regelungen zu Gebrauch und Verwaltung

Gemeinschaftsordnung

Wichtig ist, nach welcher Grundlage das Verhältnis der Eigentümer untereinander bestimmt wird (z. B. die Vorschriften der §§ 10 – 29 Wohnungseigentumsgesetz, WEG).

Gebrauchsregelung

Weiter können Sonderregelungen, z. B. Sondernutzungsrechte einzelner Eigentümer, festgelegt werden, Nutzungen ausgeschlossen oder zugelassen werden.

Eigentümerversammlung

Es sollten alle Regelungen zur Eigentümerversammlung exakt formuliert werden (z. B. zur Stimmenverteilung und Beschlussfähigkeit).

Wirtschaftsplan und Abrechnung

Es muss geregelt werden, dass ein Wirtschaftsplan aufgestellt wird und eine jährliche Abrechnung erfolgt, über die die Eigentümergemeinschaft beschließt.

Zahlungsverpflichtung der Eigentümer

Die Verpflichtung der Eigentümer, Vorauszahlungen zur Instandhaltungsrücklage gemäß Festsetzung zu leisten, muss geregelt werden.

Mehrheit von Berechtigten an einem Eigentum

Wenn Wohnungs- oder Teileigentum an mehrere Personen übergeht, sollte geregelt sein, dass ein Bevollmächtigter zu bestellen ist.

Versicherungen

Es muss festgelegt werden, welche Versicherungen abzuschließen sind, zum Beispiel mindestens die verbundene Wohngebäudeversicherung und die Grundstücks- und Gebäudehaftpflichtversicherung.

Sorgfaltspflicht der Eigentümer

Die Haftung des jeweiligen Eigentümers gegenüber den übrigen Eigentümern für Schäden, die aus einer Verletzung seiner Sorgfaltspflicht entstehen, muss geregelt werden.

Instandhaltung des gemeinschaftlichen Eigentums

Es muss festgelegt werden, dass alle Eigentümer zur pfleglichen Behandlung des Grundbesitzes und der Gebäude verpflichtet sind sowie dazu, Schäden unverzüglich anzuzeigen.

Instandhaltung und Veränderung des Sondereigentums

Die Kostenverteilung von Instandhaltungsmaßnahmen muss geregelt werden. Das gilt auch für die Rechte des Einzelnen zur baulichen Umgestaltung des Eigentums.

Durchführung von Instandhaltungsarbeiten

Es muss festgelegt werden, dass die Eigentümer den Zutritt
in ihr Eigentum für Instandhaltungsmaßnahmen gestatten
oder dass zum Beispiel eine einfache Mehrheit der Eigentümerversammlung für die Beschlussfähigkeit von Instandhaltungsmaßnahmen genügt. Außerdem sollte geklärt sein, wie
die Kosten für Instandhaltungsmaßnahmen verteilt werden.

Vermietung / Verkauf / Übertragung

Es sollte festgelegt sein, dass Eigentümer ihr Sondereigentum frei vermieten, verkaufen oder übertragen können. Auch
Teileigentum (z. B. ein Tiefgaragenstellplatz) sollte frei über-
tragbar und die Aufteilung in kleinere Einheiten (z. B. in zwei
Motorradstellplätze) ohne Zustimmung der übrigen Eigentümer möglich sein.

Entziehung des Sondernutzungsrechts

Es sollte die Möglichkeit bestehen, unter bestimmten
Voraussetzungen einem Eigentümer das Sondernutzungsrecht zu entziehen, z. B. bei missbräuchlicher Nutzung.

Wiederaufbau bei Zerstörung

Hier kann zum Beispiel geregelt werden, dass bei Zerstörung
ein Wiederaufbau für den Fall vereinbart ist, dass der Schaden von dritter Seite gedeckt ist oder eine Aufhebung der
Gemeinschaft verlangt werden kann, wenn keine Wiederauf-
baupflicht besteht.

Sonstige Bestimmungen

Unter die sonstigen Bestimmungen fallen u. a. die vom Notar
abschließend getroffenen Regelungen zum Grundbuchein-
trag sowie ggf. eine salvatorische Klausel.

Teilungspläne als Anlage zum Kaufvertrag

Die Teilungspläne, in denen die jeweiligen Eigentumsanteile zeichnerisch dargestellt sind, fehlen häufig bei der Teilungserklärung, die Verbrauchern ausgehändigt wird. Gemäß § 7 Abs. 4 Satz 1 des Wohnungseigentumsgesetzes müssen zur Eintragung ins Grundbuch auch behördlich genehmigte Bauzeichnungen vorgelegt werden, in denen alle zum selben Wohneigentum gehörenden Räume mit der selben Zahl gekennzeichnet sind. Kaufen Sie ein Reihenhaus oder eine Doppelhaushälfte nach dem Wohnungseigentumsgesetz, sollten Sie darauf achten, dass diese Pläne Bestandteil des Kaufvertrags sind. Teilungspläne sind meist Grundrisspläne eines Gebäudes oder einer Gebäudeanlage und ihrer Außenanlagen. Ergänzend zu den gesetzlichen Forderungen der Zahlenkennzeichnung werden in diese manchmal auch farblich die Eigentumsflächen eingetragen, also Sondereigentum, gemeinschaftliches Eigentum, Teileigentum und sinnvollerweise auch Sondernutzungsrechte, wie die Nutzung von Grünflächen vor oder hinter dem Haus, z. B. als Terrasse oder Garten. Statt unterschiedlicher Farben werden manchmal auch einfach verschiedene Schraffuren verwendet. Nicht selten werden auch nur die Grenzverläufe der unterschiedlichen Eigentumsflächen eingetragen oder aber tatsächlich nur die gesetzlich geforderten Zahlen.

Bauvertrag als Anlage zum Kaufvertrag

Soweit Sie schlüsselfertig auf Ihrem eigenen Grundstück bauen und nicht auf dem Grundstück eines Bauträgers, kommen keine Kaufverträge, sondern Bauverträge zum Einsatz. Solche Verträge können allerdings auch zum Tragen kommen, wenn Sie – wie eingangs in diesem Buch geschildert – Grundstück und Haus sozusagen getrennt kaufen. Dann kann es sein, dass Sie beim Notar einen Kaufvertrag für das Grundstück unterzeichnen und in diesem Vertrag auch ein

i Wohnungseigentumsverwalter

Für die Verwaltung des gemeinschaftlichen Wohneigentums wird ein Verwalter eingesetzt. Er kümmert sich u. a. um

- die Abhaltung und Protokollierung der Wohnungseigentümerversammlungen,
- die Abrechnung sämtlicher Verbrauchskosten gegenüber den Eigentümern,
- die gesamte Instandhaltung und Mängelbeseitigung,
- die Aufstellung eines Wirtschaftsplans,
- die Einziehung der Hausgeldzahlungen der Wohnungseigentümer,
- die Bewirtschaftung der Instandhaltungsrücklagen,
- die Vertretung der Wohnungseigentümergemeinschaft nach außen.

Kaufen Sie ein Bauträgerobjekt mit Eigentumsanteilen, so kann es sein, dass der Wohnungseigentumsverwalter bereits vom Bauträger eingesetzt wurde. Beachten Sie in diesem Fall, dass der Verwalter durchaus in einem Interessenkonflikt stehen kann. Einerseits besteht ein Geschäftsverhältnis zum Bauträger, der ihm in der Regel auch weitere Verwaltertätigkeiten vermittelt, andererseits muss er bei Mängeln in der Gewährleistungszeit die Interessen der Eigentümergemeinschaft gegenüber dem Bauträger vertreten.

Es besteht also die Möglichkeit, dass der Verwalter Mängelbeseitigungen verschleppt oder die Wichtigkeit herunterspielt, um nicht weitere Verwalteraufträge des Bauträgers zu verlieren. Die Arbeit des Verwalters innerhalb der Gewährleistungszeit sollte daher genau beobachtet und im Zweifel extern überprüft werden, wenn sich Schwierigkeiten abzeichnen. Je nachdem, ob es um rechtliche oder fachliche Belange geht, kann die Eigentümergemeinschaft einen Juristen oder Bausachverständigen hiermit beauftragen (Adressen ⋯⇥ Seite 250).

Das komplette Wohnungseigentumsgesetz finden Sie übrigens ebenfalls im Internet unter www.gesetze-im-internet.de.

Es gibt auch Reihenhausanlagen, die zwar nach dem Wohnungseigentumsgesetz aufgebaut sind, die aber für den laufenden Betrieb ohne Verwalter auskommen, weil z. B. alle Betriebskosten oder Instandhaltungspflichten separat geregelt sind.

Falls eine Verwaltung für eine Reihenhausanlage notwendig ist, wird auch dafür ein Wohnungseigentumsverwalter eingesetzt. Manchmal ist dieser bereits im Kaufvertrag namentlich benannt und vertraglich eingesetzt, manchmal können ihn die zukünftigen Eigentümer noch selber wählen. Wenn die Wohnungseigentümergemeinschaft ihn selber wählen kann, hat dies den Vorteil, dass sie sich einen Verwalter suchen kann, der möglichst gut zu ihr passt.

Da der Verwalter gerade in den ersten 5 Jahren der Gewährleistung nötigenfalls auch klar und konsequent gegen den Bauträger vorgehen muss, ist die Unabhängigkeit des Verwalters vom Bauträger meist hilfreich.

Bauvertrag gleich mit eingearbeitet oder als zweiter Vertrag hinzugefügt wird. Folgende Bestandteile müssen jedoch wie auch im Bauträgervertrag genau geregelt werden:

- genaue Beschreibung des Bauvorhabens
- Fertigstellungstermin
- Abnahme und Gewährleistung
- exakte Vertragssumme
- Regelungen zur Zahlung (exakter Zahlungsplan)
- weitere Vereinbarungen (z. B. energetische Kennwerte bei KfW-Finanzierungen oder Blower-Door-Test, Übergabe von Baueingabe- und Bauausführungsplänen, Sonderwünsche, wie z. B. ein Bodengutachten)

Ist ein solcher Bauvertrag vom Notar mit entworfen worden oder soll er als Anlage des Grundstückskaufvertrags mit beurkundet werden, können Sie auch diesen Vertrag mit dem Notar detailliert besprechen. Weitere Informationen dazu finden Sie auch im Buchtitel „Richtig bauen: Ausführung" der Verbraucherzentrale.

4

Was ist bei Bau- und Leistungs-beschreibungen sowie Planunterlagen zu beachten?

Während es für notarielle Kaufverträge und die darin enthaltenen Zahlungsmodalitäten zumindest einige Vorgaben gibt, so z. B. aus der Makler- und Bauträgerverordnung (MaBV), ist dies bei der Bau- und Leistungsbeschreibung sowie bei den Plananlagen anders. Hier gibt es überhaupt keine Vorgaben aus Gesetzen, Verordnungen oder Normen. Der Verbraucherrat des Deutschen Instituts für Normung (DIN) hat zwar schon 2005 einen ersten Normungsantrag für Baubeschreibungen gestellt, konnte sich damit aber leider nicht durchsetzen. Nur eines steht gemäß einem Urteil des Bundesgerichtshofs (BGH) fest: Bauträgerkaufverträge ohne beurkundete Baubeschreibung sind unwirksam (AZ: VIII ZR 184/04). Umfang und Qualität der Baubeschreibungen und Pläne allerdings werden nicht vorgegeben.

Baubeschreibung und Wohnflächenberechnung

Die Baubeschreibung eines zu errichtenden Gebäudes ist einer der wichtigsten Vertragsbestandteile, denn hier wird genau beschrieben, welche Leistungen zum vereinbarten Preis zu erbringen sind. Nur was in der Baubeschreibung steht, gilt als vereinbart, selbst wenn zum Beispiel das Wörtchen „Schlüsselfertig" im Kaufvertrag vorkommt und Ihnen etwas völlig anderes suggeriert. Viele Baubeschreibungen sind jedoch unvollständig, ungenau oder für Laien unverständlich formuliert. Dahinter steckt nicht selten System, denn hinter allen Formulierungen, die nicht eindeutig eine Leistung beschreiben, stecken Spielräume für das ausführende Unternehmen. In diesen Fällen kann das Unternehmen die einfachere oder preiswertere Ausführung wählen und damit seine Gewinnspanne vergrößern.

Im Folgenden wird erläutert, wie Baubeschreibungen gelesen werden müssen und was häufig in Baubeschreibungen fehlt. Eine Musterbaubeschreibung im Anhang (⋯→ Seite 234 ff.)

zeigt Ihnen, wie eine umfassende Baubeschreibung für die einzelnen Leistungen aussehen kann. Außerdem haben die Verbraucherzentralen eine separate und umfassende Musterbaubeschreibung inklusive zahlreicher Erläuterungen herausgegeben (⋯→ Seite 256). Sie kann bei der Qualitätsüberprüfung einer Ihnen vorliegenden Baubeschreibung sehr helfen. Sie geht über das Beispiel im Anhang hinaus. Ihre umfassenden Erläuterungen zu allen bautechnischen Sachverhalten geben Laien einen detaillierten und guten Überblick über alle zu treffenden Regelungen.

Die Baubeschreibung richtig lesen

Mit vielen Baubeschreibungen verhält es sich wie mit Urlaubsprospekten. Wenn zum Beispiel ein Hotel als verkehrsgünstig gelegen beschrieben wird, ist es gut möglich, dass es dort laut ist, und der Blick aufs Meer kann auch bedeuten, dass das Hotel meilenweit vom Strand entfernt ist. Entsprechend gibt es auch bei Baubeschreibungen typische Formulierungen, die einen Sachverhalt schönen und ihm eine Bedeutung geben, die gar nicht vorhanden ist.

Würde man die Qualität von Baubeschreibungen und Angeboten vieler Bauträger, Generalübernehmer und -unternehmer auf die Autobranche übertragen, würde sich ein Angebot für ein Auto so lesen:

„Sie erhalten zum Preis von 20 000 Euro ein formschönes Fahrzeug in einer hellen Farbe mit einem Fahrgestell, einem Motor und einer Karosserie. Das Fahrgestell wird mit vier Rädern geliefert, der Motor ist ein Diesel oder Benziner und hat mehrere Zylinder. Das Fahrzeug verfügt über eine Lenkung und moderne Türen zum Einsteigen. Es hat außerdem eine Beleuchtung für Nachtfahrten und einen Kofferraum für Gepäck. Die Innenausstattung ist freundlich, Personensicherheit nach gültigen Normen. Änderungen in Farbe, Form,

Ausstattung, Motorisierung und Zubehör aufgrund ökonomischer Vorteile des Herstellers sind möglich und berechtigen nicht zu einer Minderung des Kaufpreises. Bezahlt werden muss das Fahrzeug während des Baus, die letzte Rate ist bei Übergabe des Fahrzeugs fällig. Wann Sie das Fahrzeug erhalten, steht noch nicht fest, die Fertigstellung wird Ihnen aber eine Woche vor Übergabe mitgeteilt. Sind Sie zur Übergabe des Fahrzeugs verhindert, gilt das Fahrzeug als wunschgemäß abgenommen."

Dieses Beispiel ist leider nicht übertrieben. Es spiegelt tatsächlich die mangelnde Qualität vieler Baubeschreibungen wider. Kaufinteressenten haben es auch schwer, einzelne Baubeschreibungen miteinander zu vergleichen und Angebote zu beurteilen, da es hierfür keinen einheitlichen Aufbau und keine einheitliche Gliederung gibt. Leistungen, die nicht in einer Baubeschreibung aufgeführt sind, sind in der Regel auch nicht Bestandteil des Angebots und führen zu Mehrkos-

Typische Formulierungen in Baubeschreibungen

Was Sie lesen	Was es bedeuten kann
Ausführung nach DIN	Mindestanforderungen, die ohnehin nicht unterschritten werden dürfen.
Ausführung nach Statik	Unter den möglichen Ausführungen wird die billigste gewählt.
Schallschutz nach DIN	Absolut nichtssagend, denn die DIN 4109 gilt als nicht ausreichend für Reihen- oder Doppelhäuser.
Abweichungen von der Baubeschreibung durch behördliche Auflagen, aus wirtschaftlichen, technischen oder architektonischen Gründen werden vorbehalten und stellen keine Wertminderung dar.	Diese Baubeschreibung ist als Anregung zu verstehen. Was wir letztendlich bauen, ist unsere Sache.
Erfüllt die neue Energieeinsparverordnung	Mindestanforderungen, die ohnehin nicht unterschritten werden dürfen.
Deutsche Markenprodukte	Das billigste deutsche Angebot kann verwendet werden.
Hersteller „..." oder gleichwertig	Das billigste Produkt kann zur Ausführung kommen.
Energiesparend, hochwertig, erstklassige Bauweise	Vollkommen nichtssagend.

ten – auch wenn diese Leistungen für ein funktionsfähiges Haus notwendig sind (z. B. Hausanschlüsse). Für Kaufinteressenten ist es schwierig zu erkennen, ob ein Angebot vollständig ist und welche Leistungen fehlen könnten und so zu Mehrkosten führen. Außerdem lässt sich häufig kaum beurteilen, welche Qualität der Leistung angeboten wird (handelt es sich bei der Duschtasse um ein Markenprodukt oder könnte es auch das billigste Stück aus dem Baumarkt sein?).

Was häufig in Baubeschreibungen fehlt

Da es für Baubeschreibungen bislang keine verbindlichen Regelungen zum Inhalt und Aufbau gibt und jeder Bauträger selbst entscheiden kann, was seine Baubeschreibung beinhaltet und was nicht, müssen Sie beim Lesen einer Baubeschreibung deshalb auf zwei Dinge achten: zum einen darauf, was beschrieben wird, d. h., was in welcher Qualität ausgeführt werden soll, zum anderen darauf, was nicht beschrieben wird, also auf das, was fehlt und nicht im Leistungsumfang enthalten ist und in der Regel zu Mehrkosten führt. Die nachfolgenden Erläuterungen sollen Sie dafür sensibilisieren.

Baubeschreibungen haben häufig folgende Bestandteile:
- Vorbemerkungen
- Beschreibung der auszuführenden Leistungen
- Schlussbemerkungen

Vorbemerkungen

Fast alle Baubeschreibungen haben meist entweder Vorbemerkungen oder Schlussbemerkungen. In ihnen werden in der Regel vor allem rechtliche Vorbehalte des Bauträgers aufgeführt. Nicht selten sind diese gar nicht zulässig oder stehen im glatten Widerspruch zum notariellen Kaufvertragsentwurf. Obwohl es sich um rechtliche Regelungen handelt, die nicht in die Baubeschreibung, sondern in den Kaufvertrag gehören, werden sie fast nie vom beurkundenden Notar gegengeprüft. Genau das sollten Sie aber veranlassen mit der klaren Vorgabe: rechtliche Regelungen in den Vertrag, technische Regelungen in die Baubeschreibung. Die meisten Bauträger ziehen Schlussbemerkungen Vorbemerkungen vor, weil sie am Schluss eines Textes eher unauffällig platziert sind. Was Sie häufig in Vor- bzw. Schlussbemerkungen lesen, finden Sie deshalb dort zusammengefasst ab Seite 124.

Beschreibung der auszuführenden Leistungen (Baugewerke)

Üblicherweise orientiert sich die Reihenfolge der beschriebenen Leistungen am Bauablauf, beginnend mit den Erdarbeiten.

Nachfolgend finden Sie Beispiele typischer Leistungsbeschreibungen. Jeweils anschließend erfahren Sie, was fehlt und was eigentlich beschrieben sein sollte. Mit den Checklisten können Sie überprüfen, ob in der Baubeschreibung alle wichtigen Punkte berücksichtigt wurden.

Erdarbeiten

Beispiel: Abtragen des Mutterbodens im Bereich des Baukörpers, Lagerung auf dem Grundstück und Einplanierung nach Beendigung der Arbeiten. Erdaushub für den Keller.

Bei vielen Baubeschreibungen fehlt diese Position ganz. Auch das hier genannte Beispiel ist nicht vollständig, denn es bleibt u. a. offen, ob der Abtransport des überschüssigen Aushubs zur Deponie und die Deponiegebühren im Preis enthalten sind.

✓ **Erdarbeiten**

- [ ] Steht der Keller des Gebäudes im Grundwasser?
- [ ] Wenn ja, wer trägt die Kosten der Grundwasserabsenkung während der Bauzeit?
- [ ] Reicht die Grundstücksgröße, um Mutterboden zu lagern?
- [ ] Ist die Abfuhr und Entsorgung von überschüssigem Aushub im Preis enthalten?
- [ ] Wer bezahlt die Entsorgung eventueller Altlasten?
- [ ] Wer bezahlt den Mehraufwand bei felsigem Baugrund?
- [ ] Wer bezahlt den Mehraufwand, wenn der Baugrund nicht tragfähig genug ist?
- [ ] Ist das Wiederverfüllen der Arbeitsräume im Preis enthalten?
- [ ] Ist das Verteilen und Einplanieren von Mutterboden im Preis enthalten?
- [ ] Kann der gesamte Mutterboden auf dem Grundstück verteilt werden?
- [ ] Ist eine Zufuhr von Erde im Preis enthalten?
- [ ] Müssen angrenzende Gebäude abgesichert werden? Sind die Kosten hierfür im Preis enthalten?

Gründung

Beispiel: Fundamente nach statischer Erfordernis.

Diese Standardformulierung werden Sie häufig in Baubeschreibungen lesen. „Nach statischer Erfordernis" bedeutet, dass sich die Ausführung nach den Vorgaben des Statikers richtet. Es kann bedeuten, dass bislang noch keine Klarheit über die Bodenbeschaffenheit und/oder die Statik besteht. Diese Dinge sind jedoch entscheidend für die richtige Planung und sollten daher auf der Basis einer Baugrunduntersuchung klar formuliert sein. Das betrifft u. a. die Bodenpressung. Aber auch der Grundwasserstand spielt eine Rolle. Steht das Gebäude beispielsweise im Grundwasser, müssen

✓ **Gründung**

- [ ] Liegt eine Baugrunduntersuchung bereits vor?
- [ ] Wie sind die Bodenverhältnisse?
- [ ] Wie hoch liegt der Grundwasserstand?

Bodenplatte und Kellerwände druckwasserdicht sein und als sogenannte „weiße Wanne" in Stahlbeton gefertigt werden. Falls Aufenthaltsräume im Keller geplant sind, muss auch der Boden wärmegedämmt werden – entweder unter der Bodenplatte oder durch Dämmung unter dem Estrich. Beides sind Anforderungen, die über die statische Erfordernis hinausgehen.

Außenwände Keller

Beispiel: Ausführung nach Statik in Beton oder Mauerwerk, bei Mauerwerk zusätzlich äußere Feuchtigkeitsabdichtung.

Statt der Standsicherheit des Kellermauerwerks, die ohnehin Vorschrift ist, sollte der genaue Außenwandaufbau inklusive der Art der Abdichtung gegen Feuchtigkeit beschrieben werden, der vom vorhandenen Baugrund und der Höhe des Grundwasserspiegels abhängt. Ist der Baugrund nicht versickerungsfähig, wie zum Beispiel bei Lehmböden, muss für die Verfüllung geeignetes Material verwendet werden. Außerdem ist die Verlegung einer Drainageleitung im Fundamentbereich notwendig. Bei Aufenthaltsräumen im Keller muss die Außenwand gedämmt werden. Kellerfenster und Kellerlichtschächte sollten hier genau beschrieben werden – es sei denn, dies geschieht beim Gewerk Fenster.

✓ **Kellerwand**

☐ Wie wird die Abdichtung gegen Feuchtigkeit ausgeführt?

☐ Bei Kellerfenstern: Sind Hersteller, Typ, Größe und Öffnungsarten genannt?

☐ Bei Lichtschächten: Sind Hersteller, Typ und Einbruchsicherung genannt?

☐ Wenn das Gebäude im Grundwasser steht: Ist die Grundwasserabsenkung während der Bauzeit im Preis enthalten?

☐ Bei Aufenthaltsräumen im Keller: Wird die Außenwand gedämmt?

☐ Wie dick ist die Wärmedämmung der Außenwand beheizter Aufenthaltsräume?

Außenwände allgemein

Beispiel 1: Zweischaliges Mauerwerk, tragende Wandschale massiv, KS-Stein oder gleichwertig, Druckfestigkeit nach Statik. Äußere Mauerschale in Verblender, 10 cm Isolierung (Kerndämmung) zwischen Mauerwerk und Klinker.

Beispiel 2: Mauerwerk sowie Betonwände nach statischen Erfordernissen; Innenseite geputzt bzw. gespachtelt, außenseitig Wärmedämmverbundsystem (Thermohaut) mit hellem Mineralputz.

Beispiel 3: Leichtziegelmauerwerk, z. B. Gisoton, ca. 36,5 cm stark oder gleichwertig, hochwertig dämmende Mauersteine 36,5 cm stark.

Bei sorgfältiger Ausführung sind viele Wandaufbauten geeignet und erfüllen ihre Funktion. Worauf es hauptsächlich ankommt, ist die Dämmwirkung der Wand beim Schall- und Wärmeschutz. Deshalb sollten sowohl der Schallschutzwert der Außenwand als auch der U-Wert, der die Dämmeigenschaften der Außenwand kennzeichnet, aufgeführt werden (⸱⸱⸱➔ Seite 150 ff. und 244 f.).

✓ **Außenwand**
- [ ] Wie ist die Wand aufgebaut (einzelne Schichten)?
- [ ] Wie dick ist die Dämmung, welches Material wird verwendet?
- [ ] Welchen U-Wert hat die Außenwand?
- [ ] Gibt es Auflagen für einen geforderten Mindestschallschutz, z. B. wegen erhöhtem Außenlärm?
- [ ] Bei Verblendungen: Gibt es Mustersteine?
- [ ] Bei Außenputz: Welche Putzstruktur wird ausgeführt?
- [ ] Aus welchem Material ist die Fensterbank außen?
- [ ] Bei Außenputz: Wird der Putz gestrichen oder ist das Material durchgefärbt?
- [ ] Aus welchem Material ist der Sockel?

Decken

Beispiel: Stahlbetondecken, unterseitig malerfertige Ausführung.

Betondecken werden komplett vor Ort betoniert oder als Fertigteile auf der Baustelle zusammengesetzt. Da Fertigteildecken unterseitig eine glatte Oberfläche haben, werden sie in der Regel nicht verputzt. Lediglich die Fugen zwischen den Platten werden gespachtelt. Da man trotz Spachteln in fast allen Fällen die Stöße sieht, werden die Decken mit Raufasertapete tapeziert und anschließend gestrichen. Wenn Sie keine Tapete an der Decke haben möchten, sollten die Untersichten mit Gipsputz versehen werden.

✓ Decken

☐ Welches Material (Beton, Holz, Ziegel) wird verwendet und welche Ausführungsart (Halbfertigteil, Fertigteil) kommt zum Einsatz?

☐ Ausführung der Deckenuntersicht: Fugen gespachtelt oder komplett verputzt?

☐ Welche Decken werden nicht verputzt?

Treppen

Beispiel 1: Jedes Geschoss vom Keller bis zum Dachgeschoss erhält eine Treppe als lackierte Stahlkonstruktion mit Stufen und Handlauf aus Holz (Buchenfurnier).

Beispiel 2: Stahlbetontreppe mit glatter Setz- und Trittstufe, zur Aufnahme von Textilbelag oder Keramikplatten im Dünnbettverfahren.

Beispiel 3: Geschlossene Wangentreppe mit Tritt- und Setzstufen aus Nadelholz mit weißem Grundanstrich mit Geländer und einseitigem Handlauf. Die Endlackierung erfolgt in Eigenleistung des Käufers.

Bei beengten Platzverhältnissen werden Treppen gerne als gewendelte Treppen geplant, d. h., die Treppe verläuft nicht geradlinig, sondern mit Wendungen (man könnte auch sagen „Kurven"). Gewendelte Treppen lassen sich nicht so gut begehen wie nicht gewendelte oder solche mit einem Zwischenpodest. Da bei gewendelten Treppen die Stufen oft stark verzogen werden müssen, ist es wichtig, darauf zu achten, dass in einer mittigen Lauflinie immer die gleiche Auftrittstiefe garantiert wird. Auch das Steigungsverhältnis einer Treppe ist wichtig. Es beschreibt die Relation zwischen dem Höhenabstand von einer Stufe zur nächsten und der Auftrittstiefe einer Stufe. Schnell kann eine Treppe zu steil werden. Ein angenehmes Steigungsverhältnis ist zum Beispiel 17/29: Der Höhenversatz der Stufen beträgt jeweils 17 cm, die Auftrittstiefe 29 cm.

Trittstufe, Setzstufe, Steigungsverhältnis

Bei Holztreppen wird häufig Furnier eingesetzt, weil es billiger ist. Je dicker das Furnier (1 bis 2,5 mm), desto höher die Qualität. Achten Sie darauf, ob Massivholz oder furniertes Holz verarbeitet wird. Teppichbelag auf der Treppe sollte hochwertig und für Treppen geeignet sein, weil die Abnutzung gerade an den Kanten besonders stark ist.

Fliesenbelag sieht bei geraden Treppen gut aus, bei gewendelten Treppen entsteht meist ein unschönes Fugenbild.

✔ **Treppe**

- [ ] Wird Massivholz oder Furnier eingesetzt? Wie dick ist das Furnier?
- [ ] Welches Holz kommt zur Ausführung?
- [ ] Bei Holztreppen: Sind diese FSC-zertifiziert (→ Seite 103)?
- [ ] Bei Teppich: Ist das Material für Treppen geeignet?
- [ ] Gibt es ein Muster der Treppe zu besichtigen?
- [ ] Gibt es Fotos oder Detailzeichnungen?
- [ ] Wird die Treppe schallentkoppelt montiert?
- [ ] Wie ist das Steigungsverhältnis der Treppe?
- [ ] Welches Geländer ist vorgesehen (Material, Gestaltung)?

Die Endlackierung in Eigenleistung ist gerade bei einer Treppe viel Arbeit und muss fachmännisch ausgeführt werden, damit das Ergebnis gut wird. Lassen Sie sich den Mehrpreis für die Fertigstellung nennen.

Dach

Beispiel: Holz-Pfettendach nach Statik dimensioniert. Das Holz wird gegen Schädlingsbefall imprägniert. Dachüberstand Kiefer oder Braun.

Hier erfahren Sie über das Dach so gut wie nichts. Es fehlen Angaben zur Qualität, Art und Dicke der Wärmedämmung, Farbe und Material der Dacheindeckung sowie Material der Blecharbeiten für Rinnen und Fallrohre. Es wird nicht erwähnt, wie groß der Dachüberstand ist. Offen bleibt, aus welchem Material die unterseitige Verkleidung des Dachüberstands und die seitliche Verkleidung der giebelseitigen Überstände sind. Ebenso unklar ist, ob die Sparren sichtbar bleiben. Weder Dachform noch Dachneigung werden

✓ **Dach**

☐ Gibt es eine genaue Beschreibung der Dachform und Dachneigung?

☐ Wie dick ist die Wärmedämmung?

☐ Aus welchem Material besteht die Dämmung?

☐ Wie groß ist der Dachüberstand an der Traufe (parallel zur Regenrinne)?

☐ Wie groß ist der Dachüberstand am Giebel?

☐ Aus welchem Material sind Rinnen und Fallrohre (Zink oder Kupfer)?

☐ Wird der Dachüberstand unterseitig verkleidet? Wie wird er verkleidet?

☐ Wird das Dach mit Ziegel-, Betondachsteinen oder anderem Material eingedeckt?

☐ Werden Angaben gemacht zu Fabrikat, Typ und Farbe der Dacheindeckung?

☐ Mit welchem Material werden die sichtbaren, giebelseitigen Sparren (Ortgangsparren) als Wetterschutz verkleidet?

☐ Gibt es Auflagen an den Schallschutz, die beim Dach berücksichtigt werden müssen?

☐ Bei Dachflächenfenstern: Sind Fabrikat, Typ, Verglasung und Größe genannt?

☐ Gibt es ein Verschattungssystem für die Dachflächenfenster?

☐ Ist Dachzubehör im Preis enthalten (Schneefanggitter, Tritte für Schornsteinfeger, Blitzableiter)?

beschrieben und es fehlen Aussagen zur Gestaltung von Dachgauben. Häufig fehlt auch eine Information darüber, um welches Holz es sich beim Dachstuhl überhaupt handelt. Weit verbreitet ist Fichte, das preiswerteste Holz.

Balkon

Beispiel: Stahlbetonmassivplatte, Brüstung als Geländer mit Brüstungsverkleidung, Belag mit Waschbetonplatten.

Bei Balkonen kann man grundsätzlich zwischen vier Varianten unterscheiden:
- Dachbalkon
- vorgestellter Balkon
- Balkon als Kragplatte
- eingezogener Balkon (Loggia)

Bei Balkonen, die nicht frei vor das Haus gestellt, sondern über eine Kragplatte mit einer Geschossdecke direkt verbunden sind, ist besonders auf mögliche Wärmebrücken (⋯▸ Seite 145 ff.) am Übergang zwischen Balkon- und Geschossboden zu achten. Zusätzlich müssen Wasserabführung und Dichtungen bei Dachbalkonen genau beschrieben werden.

Bei vielen Neubauten sieht man heute transparente Balkongeländer, z.B. aus Glas. Wenn Sie sich jedoch vor Blicken schützen möchten, sollte die Brüstung mit entsprechendem

✓ Balkon

☐ Aus welchem Material sind Geländer und Handlauf (verzinkter Stahl, Edelstahl, Kunststoffplatten, Lochblech, Glasplatten)?

☐ Aus welchem Material ist der Bodenbelag (Fliesen, Betonplatten, Holz)?

☐ Bei Fliesen und Betonplatten: Sind Hersteller, Typ und Farbe aufgeführt?

☐ Bei Holz: Sind Holzart und Art der Imprägnierung genannt?

☐ Welche Verlegeart wird gewählt?

☐ Ist die Brüstung geschlossen oder durchsichtig?

☐ Wie wird der Balkon entwässert (Wasserspeier, Fallrohre)?

☐ Ist die Balkonplatte von der Geschossdecke thermisch getrennt?

Sichtschutz geplant und gestaltet werden. Wichtig sind daher Angaben zu den verwendeten Geländermaterialien. Auch die Befestigung des Geländers am Balkon sollte beschrieben werden.

Fliesenbeläge auf Balkonen müssen bei einer Sanierung komplett erneuert werden. Bei Holz- oder Plattenbelägen, die mit offenen Fugen verlegt werden, können die Holz- und Plattenbeläge entfernt und nach der Reparatur der Abdichtung wieder verlegt werden.

Innenwände

Beispiel: Beton, Hochlochziegel, Kalksandsteine, Bims- und Gipsplatten nach statischen Erfordernissen.

Hier bleiben alle Optionen offen, das billigste Material zu verwenden. Es ist nicht einmal klar formuliert, ob unter Gipsplatten massive Gipsbausteine/Gipsdielen zu verstehen sind oder Gipskartonplatten, die auf Ständerwerk geschraubt werden. Jedes Material hat Vorzüge und Nachteile. Kalksandsteine zum Beispiel bieten aufgrund ihres Gewichts einen guten Schallschutz. Bimswände oder Gipsdielen haben einen schlechten Schallschutz, lassen sich dafür relativ einfach entfernen, wenn zum Beispiel später einmal zwei Räume zusammengelegt werden sollen. Hierfür bieten sich auch Wände als Ständerwerk mit Gipskartonplatten an. Für einen guten Schallschutz sollten diese auf beiden Seiten doppelt beplankt und die Hohlräume mit Weichfaserdämmung gefüllt werden. Am besten legen Sie bei Vertragsabschluss für jede Innenwand das Material fest. Küchenwände sollten so hergestellt werden, dass auch schwere Oberschränke

✓ **Innenwände**

☐ Soll ein erhöhter Schallschutz für bestimmte Räume vorgesehen werden?
☐ Kann der Baustoff der Wände raumweise festgelegt werden?

problemlos befestigt werden können. Küchenwände in Trockenbauweise, an die später Hängeschränke montiert werden sollen, erhalten daher auf einer normierten Höhe eine Horizontalstrebe, in die später die Verankerungen für die Küchenschränke geschraubt werden können.

Innenputz, Trockenbau

Beispiel 1: Alle gemauerten Wandflächen sowie die Betondeckenflächen in den Wohngeschossen und im Kellerflur erhalten einen einlagigen Gipsputz. Die inneren Wand- und Deckenflächen in Erd- und Obergeschossen sowie Dachgeschosswände erhalten einlagigen Putz. Das Mauerwerk des Vorratskellers erhält Fugenglattstrich. Der Hobbyraum-Ausbau erfolgt durch den Käufer.

Beispiel 2: Alle Innenwände im Erd- und Obergeschoss werden tapezierfertig verspachtelt. Decken im Erd- und Obergeschoss werden verspachtelt, sofern Fertigteile verwendet werden, Untersicht sonst in Sichtbeton. Sonderwünsche: Wand- und Deckenputz aus Gipsputz.

In den meisten Baubeschreibungen ist der Keller das Stiefkind beim Verputzen der Decken und Wände. Im ersten Beispiel wird der Kellerflur noch verputzt, die restlichen Wandflächen bleiben unverputzt. Es fehlt auch eine Aussage darüber, ob das sichtbare Mauerwerk Fugenglattstrich erhält, was einen besseren optischen Eindruck vermittelt.

✓ Innenputz, Trockenbau

- [ ] Gibt es Wand- und Deckenflächen, die nicht verputzt werden?
- [ ] Werden die unverputzten Wandflächen mit Fugenglattstrich ausgeführt?
- [ ] Aus welchem Material besteht der Putz (Gips, Kalkzement)?
- [ ] Welche Putzstruktur wird ausgeführt (glatt, strukturiert)?
- [ ] Werden Wände in Trockenbauweise erstellt?
- [ ] Gibt es besondere Anforderungen an den Schallschutz (Außenlärm)?

Da im ersten Beispiel der Käufer den Hobbyraum-Ausbau übernimmt, muss geklärt werden, ob auch andere Leistungen wie zum Beispiel Estrich und Elektroinstallation fehlen.

Im zweiten Beispiel ist das Verputzen von Decken und Wänden ein Sonderwunsch, der Mehrkosten verursacht. Beim Preisvergleich von Angeboten sind diese Unterschiede wichtig. In Räumen mit höherer Feuchtigkeit ist der Einsatz eines Kalk-Zementputzes anstelle des üblichen Gipsputzes sinnvoll. Der Kalk-Zementputz ist beständiger gegen Feuchtigkeit und wird zum Beispiel hinter Fliesen im Duschbereich eingesetzt. Klären Sie das im Vorfeld mit dem Bauträger ab.

Dachgeschosse werden häufig in Trockenbauweise ausgebaut. Hierbei handelt es sich in der Regel um Gipskartonplatten, die auf eine Unterkonstruktion aufgeschraubt werden.

Bei großer Außenlärmbelastung – z. B. in Flughafennähe – ist ein entsprechender Schallschutz des Dachs notwendig. Eine einfache Beplankung der Dachschrägen mit nur einer Gipskartonplatte reicht dann nicht aus.

Fenster

Beispiel 1: Fenster und Fenstertüren aus weißem Kunststoff mit Isolierverglasung. Je nach Erfordernissen werden die Fenster mit Drehbeschlag bzw. Drehkippbeschlag ausgeführt.

Beispiel 2: Isolierverglaste Fenster aus tropischem Plantagenholz (Dark-Red-Meranti o. Ä.), außen dunkel, innen auf Wunsch weiß lackiert, mit Falz und Dichtung, Qualitätsstandard entsprechend dem Institut für Fenstertechnik in Rosenheim.

Hier fehlen wichtige Angaben zum Wärme- und Schallschutz der Verglasung. Zwischen Kunststofffenstern und Holzfenstern gibt es keinen großen Preisunterschied, zwischen Fensterelementen mit oder ohne Sprossenteilung aber schon. Es gibt außerdem keinen Grund, warum ein Fenster nicht zu kippen sein soll. Bei Vertragsabschluss sollten die Aufschlagsrichtungen aller Fenster in den Ansichtsplänen eingezeichnet und Vertragsbestandteil sein. Überlegen Sie kritisch, ob Sie wirklich Tropenholz einsetzen wollen (vor allem unter ökologischen Gesichtspunkten), auch wenn es sogenanntes Plantagenholz ist. Die Herkunftsüberprüfung ist oft schwierig.

> ✖ **Tipp**
>
> Der FSC (Forest Stewardship Council) setzt sich als nichtstaatliche gemeinnützige Organisation für eine ökologische und sozial verantwortliche Nutzung der Wälder ein. Registrierte Anbieter von FSC-zertifizierten Produkten finden Sie unter www.fsc-deutschland.de.

Keine Angaben erfolgen hier auch zum Einbruchschutz. Dazu gibt es die Festlegung sogenannter Widerstandsklassen, die festlegen, wie lange ein Fenster einem Einbruchsversuch widerstehen kann. Ausführliche Informationen dazu und viele andere Hinweise zum Thema Einbruchschutz finden Sie unter www.einbruchschutz.polizei-beratung.de.

✓ **Fenster**

- [ ] Welchen U-Wert hat die Verglasung (⸺ Seite 150 ff. und 244 ff.)?
- [ ] Welchen Schallschutz hat die Verglasung?
- [ ] Gibt es Vorgaben an den Schallschutz der Verglasung?
- [ ] Gibt es Vorgaben an den Einbruchschutz der Verglasung?
- [ ] Sind abschließbare Fenstergriffe vorgesehen?
- [ ] Aus welchem Fabrikat, Typ und welcher Farbe besteht der Fenstergriff?
- [ ] Sind die Beschläge einbruchhemmend?
- [ ] Bei Festverglasung einzelner Fenster: Lässt sich das Fenster trotzdem bequem putzen?
- [ ] Bei Fenstern mit Sprossenteilung: Sind die Sprossen glastrennend, im Glaszwischenraum liegend oder aufgeklebt? (Wichtig: genaue Bezeichnung in der Baubeschreibung)
- [ ] Sind die Fenstergrößen in den Plänen angegeben?
- [ ] Aus welchem Material sind die Fensterrahmen?
- [ ] Bei Fenstertüren: Ist der Zugang auf den Balkon oder die Terrasse barrierefrei gestaltet? Wie hoch ist die Türschwelle?
- [ ] Bei Dachflächenfenstern: Sind diese Fenster beim Dachgewerk (⸺ Seite 98) beschrieben?
- [ ] Sind Holzfenster FSC-zertifiziert?

Fensterbänke innen

Beispiel 1: Innenfensterbänke aus marmorierter Kunstharz-platte.

Beispiel 2: Innenfensterbänke aus Naturstein.

Ob die Innenfensterbänke Marmordekor haben oder aus Marmor bestehen, ist ein erheblicher Qualitätsunterschied. Die Formulierung „Fensterbank aus Naturstein" ist zu ungenau formuliert. Auch hier gibt es neben einer großen Farbvielfalt erhebliche Qualitäts- und Preisunterschiede. Bei Vertragabschluss sollte das Material oder zumindest der Materialwert festgelegt werden, nach dem Sie das Material aussuchen können.

✓ **Fensterbänke**

- [ ] Aus welchem Material sind die Fensterbänke?
- [ ] Sind die Fensterbänke innen tief genug, um z. B. Blumentöpfe darauf abstellen zu können?

Rollläden

Beispiel 1: Alle Fenster werden für Rollläden (Rollladen-kasten, Führungsleisten) vorbereitet.

Beispiel 2: Rollläden in Kunststoff an allen senkrechten, rechteckigen Fenstern im Erdgeschoss.

✓ **Rollläden**

- [ ] Haben die Rollläden eine Sicherung gegen Hochschieben?
- [ ] Auf welche Weise werden die Rollläden bedient (Gurt, Kurbel, elektrisch)?
- [ ] Sind die Rollläden von außen montiert oder in einem Rollladenkasten über dem Fenster?
- [ ] Handelt es sich um Mini-Rollläden mit kleinen Lamellen (diese klappern bei Wind mehr als normale Profile)?
- [ ] Aus welchem Material sind die Rollläden (Kunststoff, Aluminium, Holz)?
- [ ] Sind die Rollladenkästen wärmegedämmt (U-Wert ⇢ Seite 244 f.)?

Im ersten Beispiel werden keine Rollläden eingebaut, im zweiten Beispiel nur im Erdgeschoss. Aber gerade in den Schlafräumen, die meist im Dachgeschoss sind, schützen Rollläden vor Licht oder Aufheizung im Sommer. Bei großen Fensterbreiten kann ein elektrischer Antrieb eine große Hilfe sein. Für eine Nachrüstung mit elektrischen Rollladenantrieben sollte eine Elektroleitung oder zumindest ein Leerrohr zum Rollladenkasten führen. Auch der Einbruchschutz mit einer Aufhebelsicherung des Rollladens von außen kann eine Option sein (···> **www.einbruchschutz.polizei-beratung.de**).

Estrich

Beispiel: Zur Ausführung kommt schwimmender Estrich in den Wohngeschossen, Verbundestrich im Kellergeschoss.

Häufig ist in den Kellerplänen ein beheizter Raum (z. B. Hobbyraum oder Büro) vorgesehen, während in der Baubeschreibung der schwimmende Estrich mit entsprechender Wärmedämmung für diesen Bereich fehlt. Die Räume sind dann sehr fußkalt. In allen beheizten Kellerräumen sollte daher ein schwimmender Estrich mit Wärmedämmung verlegt werden. Das gilt auch für den Flur. Für die restlichen Räume genügt ein Estrich auf Trennlage. Der Nachteil bei unterschiedlichen Estrichen: Es kann ein Höhenunterschied am Materialübergang beider Estriche entstehen.

Beheizte Räume im Keller müssen ausreichend gedämmt werden. Das gilt für Außenwand- und Fußbodenflächen ebenso wie für Wände zwischen beheizten und unbeheizten Räumen. Eine gute Alternative ist auch die komplette Dämmung unterhalb der Bodenplatte.

> **i** **Hinweis**
>
> **Zementstriche** sind feuchteresistent. Sie kommen daher häufig in Bädern zum Einsatz.
>
> **Anhydritestriche** sind nicht feuchteresistent und kommen daher häufig in Wohnbereichen zum Einsatz.
>
> **Fertigestriche** werden in Form größerer Platten verlegt, harmonieren aber mit Fliesenbelägen nicht gut – besser mit Teppich.

✓ **Estrich**

- [ ] Aus welchem Material ist der Estrich (Zementestrich, Anhydritestrich, Fertigestrich)?
- [ ] Aus welchem Material ist die Dämmschicht?
- [ ] Welche Materialhöhen haben die einzelnen Schichten (Dämmschicht und Estrich)?
- [ ] Bei Räumen über unbeheiztem Keller: Wie dick ist die Dämmschicht? Wurde dabei die Energieeinsparverordnung berücksichtigt? (···> Seite 143 f.)

Elektro, Antenne, Telefon

Beispiel: Die Leitungen werden nach geltenden VDE-Vorschriften verlegt. In allen Räumen befinden sich Deckenauslässe für Beleuchtung, in den Bädern und im Gäste-WC über den Spiegeln. In der Küche sind acht Steckdosen, im Wohnzimmer sieben, im Schlafzimmer fünf, in den Kinderzimmern vier Steckdosen und in Dielen/Fluren und im Gäste-WC je eine Steckdose vorgesehen. In der Küche ist außerdem ein Anschluss für Elektroherd und Geschirrspülmaschine installiert. Die Terrasse erhält eine von innen schaltbare Steckdose. Im Keller wird ein Anschluss für Waschmaschine und Trockner verlegt. Der Hauseingang und die Terrasse erhalten je einen von innen schaltbaren Beleuchtungsauslass. Im Wohnzimmer, im Schlaf- und in den Kinderzimmern ist ein Leerrohr für Rundfunk und Fernsehen vorgesehen. Zusätzlich werden zwei Anschlüsse für Telefonleerrohre verlegt. Jeder Kellerraum erhält eine Deckenbrennstelle und eine Steckdose. Außerdem wird eine Klingelanlage installiert.

Die **Elektroinstallation** ist eine der umfangreicheren Positionen in der Baubeschreibung, weil in der Regel jeder einzelne Raum mit seiner Ausstattung beschrieben wird. Um zu beurteilen, ob genügend **Steckdosen** geplant sind (meistens sind zu wenig Steckdosen vorgesehen), sollten Sie die Steckdosen in Ihren gegenwärtigen Wohnräumen zählen und überlegen, ob die Anzahl ausreicht.

Wie auch in diesem Beispiel fehlen in Baubeschreibungen oft Angaben zu Fabrikat, Typ und Farbe der Schalter und Steckdosen. Auch diese sollten Sie zumindest einmal gesehen haben.

Bei den **Elektroleitungen** kommen Steg- oder Mantelleitungen zum Einsatz. Stegleitungen sind preiswerter und können auf der Wand verlegt werden. Sie müssen auf jeden Fall eingeputzt werden. Mantelleitungen sind hochwertiger und teurer, können jedoch aufgrund des Durchmessers nicht durch eine Putzschicht überdeckt werden. Die Wände müssen daher vorab geschlitzt und die Leitungen in die Wände verlegt werden.

Für besondere Ansprüche kann die Elektroinstallation als „BUS-System" verlegt werden. Bei dieser Installation ist die Zuordnung von Schaltern und Lichtauslässen nicht mehr festgelegt. So können Sie zum Beispiel einem Schalter auch nachträglich eine Steckdose zuordnen, wenn Sie eine Stehlampe gekauft haben und diese von der Tür aus ein- und ausschalten möchten.

Wenn nur „Leerrohre" genannt werden, werden keine Kabel dafür verlegt. Hier kommen nachträglich zusätzliche Kosten auf Sie zu. Nicht selten werden Leerrohre beim Bau des Hauses beschädigt und sind später unbrauchbar, was erst nach der Abnahme festgestellt wird – beim Versuch, Kabel einzuziehen – und dann zusätzlichen Ärger verursacht. Daher sollten Leerrohre immer mit einem sogenannten Zugdraht ausgestattet sein.

Nicht immer ist eine **Klingel- oder Wechselsprechanlage** in der Baubeschreibung enthalten. Im Beispiel hier fehlen Fabrikat, Typ und Farbe. Häufig fehlt auch die Wechselsprechstation für das Ober- und Dachgeschoss. Nur im Erdgeschoss nutzt sie Ihnen nicht allzu viel.

✓ **Elektroinstallation**

☐ Sind ausreichend Steckdosen und Schalter vorgesehen?

☐ Werden Fabrikat, Typ und Farbe der Schalter und Steckdosen genannt?

☐ Welche Kabel werden verlegt?

☐ Sind Außensteckdosen und Außenbeleuchtung vorgesehen und von innen schaltbar?

☐ Sind Fabrikat, Typ und Farbe der Klingel- oder Sprechanlage benannt?

☐ Werden Leitungen für Antenne und Telefon verlegt?

☐ Kommen Dimmer zum Einsatz?

☐ Sind die Steckdosen mit integrierter Kindersicherung ausgestattet?

☐ Ist ein FI-Schutzschalter in Feuchträumen, Kinderzimmern und bei Außensteckdosen vorgesehen?

Heizungsanlage

Beispiel 1: Im Untergeschoss wird eine umweltfreundliche, Energie sparende, mit hohem Wirkungsgrad arbeitende, gasbefeuerte Heizungsanlage eingebaut.

Beispiel 2: Die Heizung wird als erdgasbetriebene Anlage mit Warmwasserbereitung ausgeführt. Die Leitungen werden gemäß DIN in Kupferrohr ausgeführt.

In den beiden Beispielen fehlen fast alle Angaben zum Heizsystem. Ein klassisches Heizsystem besteht in der Regel aus mehreren Bausteinen, die alle aufeinander abgestimmt sein müssen:

- Tank (bei Ölheizung), sichere Gaszuführung (bei Gasheizung), Holzpelletlager (bei Festbrennstoffheizung)
- Brenneranlage (verbrennt den Heizstoff)
- Kesselanlage (erwärmt das Heizwasser)
- Abgasführung
- Heizungspumpen (verteilen das Heizwasser in Rohre und Heizkörper) sowie Regel- und Steuerungseinrichtungen

✓ Heizungsanlage

- [ ] Welcher Energieträger wird genutzt (Gas, Öl, Fernwärme, Strom, Holzpellets)?
- [ ] Bei Öl: Wo ist der Tankraum, wie groß ist der Tank?
- [ ] Bei Holzpellets: Wo ist der Lagerraum, wie groß ist er?
- [ ] Gibt es zusätzliche Heizquellen (Kachelofen)?
- [ ] Genaue Beschreibung der Anlage mit Brenner, Kessel und weiteren Komponenten sowie Fabrikat und Typ.
- [ ] Handelt es sich um eine Anlage mit moderner Brennwerttechnik?
- [ ] Wie groß ist die Leistung der Anlage (kW-Zahl)?
- [ ] Welche Rohrmaterialien werden verwendet?
- [ ] Welche Wärmeabgabeflächen kommen zum Einsatz (Heizkörper, Fußbodenheizung, Wandheizung)?
- [ ] Gibt es eine genaue Beschreibung der Wärmeabgabeflächen (Hersteller, Typ usw.)?
- [ ] Auf welche Weise werden die Heizungsrohre schallentkoppelt?
- [ ] Wie erfolgt die Heizungsregelung?

- Heizungsrohre (leiten das Heizwasser zu den Heizkörpern und zurück zur Kesselanlage)
- Heizkörper (geben die Wärme des heißen Wassers in den Raum ab)
- Sicherheitseinrichtungen (z. B. das Ausdehnungsgefäß zur Aufnahme entstehenden Überdrucks oder Sicherheitsventile, durch die bei geschlossenen Systemen Überdruck entweichen kann)

Bei Heizungsanlagen gibt es Preisunterschiede von mehreren tausend Euro. Damit Sie vergleichen können, brauchen Sie den Namen des Herstellers und den Typ der Heizungsanlage. Sie können sich dann beim Hersteller der Anlage genauer über das Produkt informieren. Sie können aber auch bei einem Fachingenieur oder Installateur nachfragen, was dieser von der Anlage hält, ob sie zum Beispiel wartungsarm ist oder ein Billigprodukt mit hoher Reparaturanfälligkeit. Legen Sie sich bei Vertragsabschluss auf ein Fabrikat fest.

Nicht vorhanden sind auch Angaben zum Einsatz erneuerbarer Energien. Nach dem Erneuerbare Energien Wärme Gesetz (EEWärmeG) ist deren Einsatz bei Neubauten aber vorgeschrieben. Danach müssen 20 Prozent der Wärmeenergie durch erneuerbare Energien erbracht werden. Häufig macht man das durch eine Ergänzung der Heizungsanlage mit Solarkollektoren zur Brauchwassererwärmung.

 Tipp

Die Stiftung Warentest hat viele Anlagen getestet. Informationen hierzu finden Sie unter www.test.de. Die Energieberatung der Verbraucherzentralen bietet eine persönliche Beratung an, die für eine Bewertung des baulichen Wärmestandards ebenso genutzt werden kann wie für Fragen rund um die Anlagenauswahl (Adressen → Seite 249).

Warmwasserbereitung

Beispiel 1: Bad: Elektro-Durchlauferhitzer 21 KW. Küche: Fünf-Liter-Untertischgerät (ohne Montage). Gäste-WC: Kaltwasseranschluss.

Beispiel 2: Zentrale Warmwasserversorgung für Gäste-WC, Bad und Küche mit indirektem Gas-Warmwasserboiler, 80 Liter Inhalt.

Die Warmwasserbereitung für einen Vier-Personen-Haushalt mit Strom ist – im Vergleich zu anderen Energieträgern – am teuersten und verursacht den höchsten Ausstoß von Kohlendioxid. Besser ist die zentrale Warmwasserversorgung, bei der alle Zapfstellen über einen Warmwasserspeicher versorgt werden, der an die Heizungsanlage angeschlossen ist.

Zwischen einem einfachen Durchlauferhitzer und einer zentralen Warmwasserbereitung besteht auch ein Komfortunterschied. Wenn Sie allein leben, haben Sie mit einem Durchlauferhitzer keine Probleme. Aber wenn Sie gerade duschen und Ihr Partner den Wasserhahn am Waschbecken öffnet, wird das Wasser zum Rinnsal, dann erst kalt und dann sehr heiß, wenn der Hahn am Waschbecken wieder geschlossen wird. Elektronische Durchlauferhitzer mit Temperaturregelung funktionieren wesentlich besser, haben aber trotzdem nicht den Komfort einer zentralen Warmwasserversorgung. Außerdem lässt sich die Warmwasserbereitung mit Strom nicht mit einer umweltfreundlichen Warmwassererwärmung durch Solarkollektoren kombinieren.

Bei der zentralen Warmwasserversorgung muss der Speicher ausreichend dimensioniert sein. Die im Beispiel genannten 80 Liter Fassungsvermögen sind für eine vierköpfige Familie zu wenig. Hier werden 160 bis 200 Liter benötigt. Für einen Zwei-Personen-Haushalt reichen 80 bis 100 Liter. Die Heizungsanlage muss so ausgelegt sein, dass der Speicher bei

✔ **Warmwasser**

☐ Wie wird Warmwasser erzeugt (zentrale Warmwasserbereitung oder Durchlauferhitzer)?

☐ Bei Speichern: Sind Größe, Fabrikat und Typ des Speichers genannt?

☐ Ist eine Solaranlage Teil der Planung oder kann sie unkompliziert nachgerüstet werden? (Reicht die Speichergröße hierfür aus?)

☐ Bei Durchlauferhitzern: Werden elektronische Durchlauferhitzer mit automatischer Temperaturregelung installiert?

☐ Ist eine Zirkulationsleitung vorgesehen?

☐ Aus welchem Material sind die Leitungen (Kunststoff, Metall)?

Wasserverbrauch schnell aufgeheizt wird. Außerdem kann eine Zirkulationsleitung (am sinnvollsten eine zeitgesteuerte) verlegt werden, damit zum Beispiel morgens und abends warmes Wasser sofort zur Verfügung steht und Sie nicht erst ein paar Sekunden lang Wasser laufen lassen müssen, bevor es warm wird.

Wenn Solarkollektoren für die Brauchwassererwärmung zum Einsatz kommen, sind üblicherweise Warmwasserspeicher mit etwa 300 Litern Inhalt notwendig, um mittags und nachmittags, wenn die Sonne scheint, ausreichend gewärmtes Wasser „einzulagern", das dann morgens und abends, wenn die Sonne nicht mehr scheint, abgerufen werden kann.

✖ **Tipp**

Der Ratgeber „Heizung und Warmwasser" der Verbraucherzentralen informiert Sie umfassend zu dem Thema. Sie erhalten ihn bei allen Verbraucherzentralen (Seite 256).

Sanitärausstattung

Beispiel: Zur kompletten sanitären Ausstattung gehören ein wandhängendes Tiefspül-WC mit eingebautem, geräuscharmem Spülkasten, Kunststoffsitz, Deckel und Papierrollenhalter. Stahl-Einbauwanne mit verchromter Einhebel-, Wannenfüll- und Brausebatterie, Handbrause und Überlaufgarnitur. Brausetasse mit Ablaufgarnitur, verchromter A.P.-Einhebel-Brausebatterie, Unika-Stange und Handbrause

✔ **Sanitär**

☐ Sind alle Sanitärgegenstände genau beschrieben (Fabrikat, Typ, Farbe, Preis)?
☐ Wo ist der Waschmaschinenanschluss vorgesehen?
☐ Gibt es Außenzapfstellen im Garten?
☐ Gibt es Bodeneinläufe im Keller?
☐ Welcher Armaturengruppe sind die Armaturen zugeordnet (Schallschutz)?
☐ Werden die Sanitärgegenstände schallentkoppelt montiert?

mit flexiblem Schlauch. Ein Porzellan-Waschtisch, ca. 65 cm breit, Einhebelmischer und Exenterablaufgarnitur, Kristallspiegel 50/60 cm und Handtuchhalter.

Im Beispiel sind zwar die einzelnen Objekte aufgeführt, über die Qualität erfahren Sie jedoch nichts. Gerade im Badbereich gibt es erhebliche Preisunterschiede von vielen hundert Euro. Achten Sie darauf, dass spätestens bei Vertragsabschluss genau aufgeführt wird, welches Fabrikat in welcher Serie und in welcher Farbe bei den einzelnen Gegenständen zum Einsatz kommt. Ein Spiegel in einer Größe von 50/60 cm ist in Bädern nicht mehr zeitgemäß und höchstens im Gäste-WC denkbar. Brausetassen können komfortabel und flach oder mit einem hohen Einstieg versehen sein (Stolpergefahr). Änderungswünsche bei der Badausstattung verursachen oft Mehrkosten von einigen tausend Euro. Die Sanitärausstattung sollten Sie vor Vertragsabschluss gesehen haben und ihre Kosten kennen, um beides vertraglich festlegen zu können.

Innentüren

Beispiel 1: Sämtliche Innentüren sind als Holztüren mit Holzzargen in glatt abgesperrter Ausführung mit weiß beschichteter Oberfläche vorgesehen.

Beispiel 2: Türblätter in Buche oder gleichwertig, naturholzfurniert oder weiß lackiert mit weiß lackierten Stahlzargen. Beschläge nach Bemusterung.

Beispiel 3: Holzumfassungszargen einschl. Türblätter in ca. 2 m Höhe. Zarge und Türblatt in fertiger, beschichteter Oberfläche in „Esche weiß" (Melaminharzfolie), kantenfoliert.

Formulierungen wie „weiß beschichtete Oberfläche" besagen nicht eindeutig, dass es sich um eine lackierte Holzoberfläche handelt. Es könnte auch eine weiße Kunststofffolie sein. Bei Formulierungen wie „Buche oder gleichwertig" empfiehlt es sich, das Material vor Vertragsabschluss festzulegen, damit Sie keine Überraschungen erleben. Lichte Durchgangshöhen von ca. 2 m sind immer noch Standard, die Tendenz geht aber zu Durchgangshöhen von ca. 2,10 m, da die Menschen heute im Durchschnitt größer sind als noch vor 30 Jahren. Für barrierefreies Wohnen sollten die Türöffnungen mindestens 85 cm breit sein und die Türen von Bad und WC nach außen aufschlagen. Die Qualität des Türblatts muss ebenfalls beschrieben werden, da es hier erhebliche Preisunterschiede gibt. Türblätter mit Steg- oder Wabeneinlage sind zum Beispiel die einfachste Ausführung, eine Röhrenspaneinlage ist heute guter Standard. Einen besseren Schallschutz bietet ein Türblatt mit Vollspaneinlage, falls Sie für bestimmte Räume einen besseren Schallschutz möchten. Eine Gummidichtung zwischen Zarge und Türblatt muss vorhanden sein.

Auch die Beschläge (also Türklinke, Schloss, Schlüssel) sollten beschrieben sein. Außerdem ist es sinnvoll, wenn Sie diese zumindest einmal gesehen haben.

✔ **Innentüren**

☐ Wie ist das Türblatt aufgebaut?
☐ Welchen Schalldämmwert hat das Türblatt?
☐ Welche Oberfläche hat das Türblatt (Holz, Kunststoff)?
☐ Aus welchem Material besteht die Zarge?
☐ Welcher Beschlag wird verwendet (Fabrikat, Typ, Material, Farbe)?
☐ Wie hoch ist der Mehrpreis bei Glasausschnitten?
☐ Werden bei Glasausschnitt auch Größe und Glasart beschrieben?
☐ Welche Bänder werden verwendet, um die Tür am Rahmen einzuhängen?
☐ Welche Schließmechanismen kommen zum Einsatz?
☐ Sind die Hölzer FSC-zertifiziert?

Fliesen

Beispiel 1: Die Wandflächen im Bad und WC werden umlaufend raumhoch gefliest. Bodenfliesen in Bad und WC. Wand- und Bodenfliesen nach Mustervorlage, Materialpreis Bodenfliese 12 Euro pro m², Materialpreis Wandfliese 12 Euro pro m².

Beispiel 2: Bad und WC keramische Fliesen, bis auf 1,80 m Höhe, Format 15/20 bzw. 20/20 cm, weiß, nach Mustervorlage, Materialverrechnungspreis = Bruttolistenpreis 20 Euro pro m².

Auch bei den Fliesenarbeiten kommt es oft zu Mehrkosten, weil die Erwerber mit der Fliesenausstattung nicht zufrieden sind. Begriffe wie „Materialverrechnungspreis" oder „Bruttolistenpreis" sind unverständlich und erklärungsbedürftig.

Sie können alle Diskussionen vermeiden, wenn Sie sich mit Ihrem Vertragspartner darauf einigen, dass Sie die Fliesen im Fachhandel frei aussuchen können und der Bauträger, Generalübernehmer oder -unternehmer einen festgelegten Betrag beisteuert. Wichtig ist, dass Sie nicht auf einen

✓ Fliesen

- [ ] Wie hoch ist der Materialpreis der Fliesen?
- [ ] Müssen die Fliesen in einem bestimmten Geschäft ausgesucht werden?
- [ ] Ist die Fliesengröße frei wählbar?
- [ ] Wenn Sie die Fliese nicht aussuchen können: Sind Hersteller, Typ, Material, Farbe und Größe genau beschrieben?
- [ ] Gibt es einen Mehrpreis für die Verlegung eines Fliesenmusters (z. B. diagonale Verlegung der Fliesen)?
- [ ] Ist die Höhe der Wandverfliesung ausreichend? Was ist darüber? (Tapete? Putz?)
- [ ] Sind Revisionstüren bei Badewannen oder Duschtassen vorgesehen?
- [ ] Aus welchem Material sind die Trennschienen beim Materialübergang zwischen Bodenbelägen (zwischen Fliesen und Parkett oder Fliesen und Teppich)?

Fliesenaussteller festgelegt sind. Eine gute Fliese kostet schnell 30 bis 35 Euro pro m². Der Bauträger sollte sich klar äußern, welchen Materialpreis netto und brutto er Ihnen vergütet. Der Materialpreis sollte gesondert ausgewiesen sein und nicht in einem Preis zusammen als „Material- und Verlegepreis". Denn dann haben Sie das Problem, dass Sie nicht wissen, was davon Material- und was Verlegepreis ist. Und der Verlegepreis spielt für Sie bei der Fliesenauswahl eigentlich keine Rolle, denn verlegen muss der Bauträger die Fliesen sowieso, ob nun seine eigenen oder die von Ihnen ausgewählten. Nur bei Spezialverlegungen (z. B. von sehr kleinen Mosaikfliesen, von Bordüren oder bei Diagonalver- legung) kann es hier eigentlich zu Mehrkosten kommen. Achten Sie bei den Bodenfliesen auch auf Rutsch- und Abriebfestigkeit. Es lohnt sich, vor den Verhandlungen eine Ausstellung zu besuchen, damit Sie sich ein Bild darüber machen können, was Fliesen kosten, die Ihrem Geschmack entsprechen.

Parkettboden

Beispiel: Im Wohn- und Essbereich wird ein Parkettboden (Buche) mit Sockelleiste eingebaut.

Außer der Holzart fehlen in diesem Beispiel alle wichtigen Qualitätsangaben zum Parkett. So ist etwa unklar, ob es sich um Parkett aus Massivholz oder Fertigparkett handelt. Fertigparkett hat meist nur eine Nutzschicht von wenigen Millimetern Dicke und damit eine viel geringere Lebensdauer als Massivparkett, das mehrfach abgeschliffen und neu ver- siegelt werden kann. Das Verlegemuster, z. B. Schachbrett-, Fischgrät- oder Schiffsdielenmuster, sollte benannt sein, ebenso die Verlegeart (schwimmend verlegt oder verklebt). Bei einer Verklebung des Parketts sollten Angaben zum Kleber gemacht werden, z. B. zur Lösungsmittelhaltigkeit. Gleiches gilt für Versiegelungsmaterialien, wenn Massiv- parkett nach dem Verlegen noch geschliffen und versiegelt

✓ Parkettboden

- [ ] Wie hoch ist der Materialpreis des Parketts?
- [ ] Kann das Parkett ausgesucht werden?
- [ ] Wenn Sie das Parkett nicht aussuchen können: Um welchen Parketttyp handelt es sich (z. B. Fertigparkett oder Massivparkett)?
- [ ] Welches Holz wird in welchen Abmessungen und Materialstärken verwendet? Bei Fertigparkett: Wie dick ist die Nutzschicht?
- [ ] Wie wird das Parkett verlegt (z. B. Schachbrettmuster, Fischgrätmuster, Schiffsdielenmuster)?
- [ ] Wie wird der Untergrund vorbehandelt?
- [ ] Welche Verlegeart wird gewählt (z. B. Nut und Feder, lose verlegt oder flächig verklebt)? Bei Klebereinsatz: Welches Klebematerial wird verwendet?
- [ ] Wie wird die Oberfläche endbehandelt (z. B. Anzahl der Schleifgänge, Versiegelungsmaterialien und Versiegelungsart)?
- [ ] Welche Fußleisten werden verwendet (Materialart, Montageart, Montagemittel, Oberflächenbeschaffenheit und Farbe, Form, Maße)?
- [ ] Wie sind die Übergänge zu anderen Bodenbelägen ausgeführt?

wird. Manchmal wird Parkett auch zweimal versiegelt, mit Zwischenschliff und Endschliff. Ferner kann Parkett auch einfach nur gewachst und geölt werden, ist dann aber anfälliger für Verschmutzung. Auch die Sockelleisten sollten genau beschrieben werden mit Materialart (häufig handelt es sich nur um Kunststoff- oder beschichtete Pressspansockelleisten – vielleicht wollen Sie aber auch hier Massivholz), Form, Maßen und Befestigungsart. Und schließlich sollten die Übergänge (z. B. Messingleisten) zu anderen Bodenmaterialien beschrieben sein.

Laminatboden

Beispiel: Laminatboden in Buchedekor im Wohnzimmer sowie in den Wohnräumen im Obergeschoss.

Laminatboden ist ein Verbundwerkstoff aus Span- oder Holzfaserplatten. Die Platten sind mit Papierschichten überzogen, die in Kunstharz getränkt wurden und auf die zum Beispiel ein Holzdekor gedruckt wurde. Je höher die Qualität des Laminatbodens, desto besser ist die Abriebfestigkeit und damit die Lebensdauer. Er wird in der Regel „schwimmend" verlegt, d. h., die Paneele werden miteinander verleimt oder durch Klicksysteme verbunden, aber nicht mit dem Untergrund verklebt oder anderweitig fixiert. Neben der Art und Weise, wie die Paneele miteinander verbunden werden, ist auch wichtig, welches Material zwischen Laminat und Rohboden gelegt wird, da der Schallschutz dadurch maßgeblich bestimmt wird. Eine beschädigte oder abgenutzte Dekoroberfläche lässt sich nicht wie beim Parkett durch Abschleifen wieder aufbereiten. Auch beim Laminatboden sollten die Bodenleisten und die Anschlusspunkte an andere Bodenarten genau beschrieben werden. Laminatboden ist beim Begehen akustisch recht „laut". Alternativen können versiegelte Korkböden oder Holzdielen im einfachen „Klick"-System sein. Das kann man durchaus auch selbst verlegen.

✔ **Laminatboden**

- [ ] Wie hoch ist der Materialpreis des Laminatbodens?
- [ ] Können Sie sich den Laminatboden aussuchen?
- [ ] Wenn Sie den Laminatboden nicht aussuchen können: Sind Hersteller, Typ, Material, Farbe und Größe genau beschrieben?
- [ ] Gibt es Angaben zur Abriebfestigkeit?
- [ ] Gibt es Angaben zur Verlegeart (geleimt oder Klicksystem)?
- [ ] Gibt es Angaben zum Dekor?
- [ ] Welche Fußleisten werden verwendet (Materialart, Montageart, Montagemittel, Oberflächenbeschaffenheit und Farbe, Form, Maße)?
- [ ] Wie sind die Übergänge zu anderen Bodenbelägen ausgeführt?

Teppichboden

Beispiel 1: Strapazierfähiger Textil-Fußboden in verschiedenen Farben nach Wahl und Bemusterung. Fußleisten als Teppich-Sockelleisten.

Beispiel 2: Die Teppichböden werden nicht bauseitig vom Bauträger, sondern vom jeweiligen Erwerber in Eigenleistung erbracht. Zur Eigenleistung gehört auch die Vorbehandlung der Flächen (z. B. Estrich spachteln).

Nichtssagende Formulierungen wie „strapazierfähig" müssen durch eine genaue Beschreibung ersetzt oder ergänzt werden. Entweder werden bei Vertragsabschluss Hersteller und Serie festgelegt oder es wird vereinbart, dass Sie das Material frei aussuchen können und der Bauträger, Generalübernehmer oder -unternehmer einen festgelegten Betrag beisteuert.

Alternativ hierzu kann auch vereinbart werden, dass Sie die Teppichböden selbst verlegen oder hiermit jemanden beauftragen. Wenn zur Eigenleistung das „Beiarbeiten" des Estrichs gehört, ist Vorsicht geboten. „Beiarbeiten" kann bedeuten, dass der Estrich gespachtelt oder geschliffen werden muss. Der Estrichleger muss seine Arbeiten so ausführen, dass kein „Beiarbeiten" notwendig wird. Ansonsten handelt es sich um eine mangelhafte Ausführung. Die Vorbehandlung der Flächen – z. B. die Grundierung – gehört jedoch zu den Leistungen des Teppichlegers.

✔ **Teppichböden**

- [ ] Wie hoch ist der Materialpreis des Teppichs?
- [ ] Muss der Teppich in einem bestimmten Geschäft ausgesucht werden?
- [ ] Wenn Sie den Teppich nicht selbst aussuchen können: Sind Hersteller, Typ, Material, Farbe und Kleber genau beschrieben?
- [ ] Ist die Eignung des Teppichs beschrieben (z. B. „antistatisch" oder „geeignet für Schreibtischstühle")?
- [ ] Aus welchem Material sind die Wandabschlussleisten (Teppich, Holz, Kunststoff)?
- [ ] Wie sind die Übergänge zu anderen Bodenbelägen ausgeführt?

Malerarbeiten

Beispiel 1: Sämtliche Malerarbeiten einschließlich End-
anstrich der Treppen und Geländer gehören nicht zum
Leistungsumfang des Auftragnehmers und sind in Eigenleistung der Erwerber nach Hausübergabe zu erbringen.

Beispiel 2: Erbringung aller Malerarbeiten, Tapete Raufaser
weiß gestrichen einschließlich Untergrundbehandlung und
Vorarbeiten (einschließlich Treppen), ausgenommen Wände
und Decken im Keller.

Sind sämtliche Malerarbeiten in Eigenleistung vorgesehen,
kommt einiges auf Sie zu: Gerade das Streichen von Holztreppen und Geländern macht viel Arbeit. Zu klären ist auch,
ob die Untersicht der Dachüberstände ebenfalls selbst gestrichen werden muss. Hier ist zusätzlich ein Gerüst notwendig. Grenzen Sie den Umfang der Malerarbeiten ein, indem
Sie die Eigenleistung genauer festlegen, zum Beispiel so:
„Streichen und Tapezieren aller Wand- und Deckenflächen
im Innenbereich in Eigenleistung".

Wenn Ihr Vertragspartner die Malerarbeiten übernimmt,
sollten zum Beispiel Struktur und Art der Tapete festgelegt
werden. Raufaser gibt es von fein bis grob strukturiert. Außerdem sollten Qualität der Wandfarbe und Farbauswahl
vereinbart werden, zum Beispiel ein bestimmtes Produkt,
das von der Stiftung Warentest oder Ökotest als gut empfoh-
len wurde.

✔ **Malerarbeiten**

☐ Können die Wand- und Deckenfarben raumweise ausgesucht werden?

☐ Können die Tapeten raumweise frei gewählt werden?

☐ Kann der Hersteller von Farben und Tapeten ausgesucht werden (z. B. Ökofarbe)?

☐ Gibt es – als Alternative zu weißer Wandfarbe – einen Mehrpreis für die Abtönung
der Wandfarbe?

Hauseingang

Beispiel: Hauseingangstür aus tropischem Plantagenholz (Dark-Red-Meranti o. Ä.), außen dunkel – auf Wunsch innen weiß lackiert, mit Glasausschnitt (Isolierverglasung), Einsteckschloss mit Profilzylinder, Briefeinwurfschlitz mit federbetätigter Klappe (innen und außen).

Die Hauseingangstür und der Vorbereich gelten im Allgemeinen als Visitenkarte des Hauses. Achten Sie darauf, was Ihnen hier geboten wird. Klären Sie, ob eine Außenbeleuchtung, ein Briefkasten und eine Hausnummer zum Leistungsumfang gehören. Ein Briefeinwurfschlitz in der Haustür ist kein Briefkasten!

Überlegen Sie auch hier kritisch, ob Sie wirklich Tropenholz einsetzen wollen (⤑ FSC-Siegel, Seite 103).

✓ **Hauseingang**
- [ ] Aus welchem Material ist das Haustürelement (Kunststoff, Holz, Aluminium)?
- [ ] Bei Holztüren: Ist das Holz FSC-zertifiziert?
- [ ] Welche Farbe hat das Haustürelement?
- [ ] Hat die Haustür eine Mehrfachverriegelung?
- [ ] Welchen Einbruchschutz hat das Türelement?
- [ ] Welche Qualität hat der Schließzylinder?
- [ ] Sind die Griffe außen und innen im Preis enthalten?
- [ ] Sind Briefkasten, Hausnummer, Beleuchtung im Preis enthalten? Wenn ja, Produkte festlegen.
- [ ] Ist ein Eingangspodest im Preis enthalten? Wenn ja, Material und Größe festlegen.
- [ ] Ist ein Vordach im Preis enthalten? Wenn ja, Material, Größe und Gestaltung festlegen.
- [ ] Gibt es eine Mustertür, die besichtigt werden kann?
- [ ] Wie groß ist die Tür?
- [ ] Wie gut ist die Wärmedämmung der Tür (U-Wert ⤑ Seite 150 ff. und 244 f.)?
- [ ] Bei Glasausschnitt: Größe und Glasart müssen festgelegt werden.

Terrasse

Beispiel: Betonwerksteinplatten auf Unterbau.

Auch in diesem Beispiel fehlen viele wichtige Angaben, z. B. ob bei den Fliesen und Oberböden ein Materialpreis zu vereinbaren ist. Außerdem ist zu klären, wie der Unterbau hergestellt wird, ob der Belag z. B. in einem Sandbett verlegt oder eine Betonplatte vorher gegossen wird. Das ist wichtig, um z. B. zu wissen, wie die Terrasse entwässert wird und ob sich die Platten später noch setzen können. Achten Sie außerdem auf eine ausreichende Größe der Terrasse. Damit vier bis sechs Personen bequem um einen Tisch sitzen können, benötigen Sie ungefähr eine Fläche von 16 bis 20 m². Die genaue Größe sollte Vertragsbestandteil sein.

✓ **Terrasse**
- [ ] Wie groß ist die Terrasse?
- [ ] Aus welchem Material ist der Terrassenbelag (Holz, Naturstein, Betonstein)?
- [ ] Wie wird die Unterkonstruktion erstellt (Betonplatte, Kiesbett, Sandbett)?
- [ ] Auf welche Weise erfolgt die Wasserabführung?

Außenanlage

Beispiel: Hauszugänge in Betonpflaster, Gartenflächen mit Mutterboden abgedeckt.

Die Bepflanzung der Außenflächen ist fast nie im Leistungsumfang enthalten. Zur Außenanlage gehört neben Hauszugängen und der Terrasse (wenn nicht separat beschrieben) auch das Pflastern der Garagenzufahrt, die Einfriedung um das Grundstück mit Hecke oder Zaun, ein befestigter Standort für den Müllcontainer, Elektroleitungen für die Außenbeleuchtung im Garten und am Zugang, Wasseranschluss für den Garten, bei Reihen- und Doppelhäusern evtl. eine

✓ Außenanlage

☐ Gehört die Befestigung des Hauszugangs zum Leistungsumfang?

☐ Gehören die Zufahrt und ein Stellplatz zum Leistungsumfang?

☐ Aus welchem Material werden Hauszugang und Stellplatz erstellt?

☐ Wie groß sind die befestigten Flächen?

☐ Wenn die Bepflanzung zum Leistungsumfang gehört: Welche Pflanzen werden verwendet?

☐ Gehört die Fertigstellungspflege der Pflanzen zum Leistungsumfang?

☐ Gehören Zäune an den Grundstücksgrenzen zum Leistungsumfang?

☐ Gibt es einen Standort für die Mülltonnen?

☐ Sind Elektroleitungen und Anschlüsse für die Außenbeleuchtung vorgesehen?

☐ Gehören Sichtschutzwände zum Leistungsumfang?

Sichtschutzwand zwischen den Terrassen. Sollte kein Keller vorgesehen sein, ist zu klären, ob ein Kellerersatzraum im Garten im Preis enthalten ist.

Garage

Beispiel: Garage als Fertiggarage, weiß mit grundiertem Stahltor, Standort gemäß Lageplan.

Wenn eine Garage nicht als eigener Punkt beschrieben wird, taucht sie oft bei der Außenanlage auf. Meistens ist eine Fertiggarage im Angebot. Achten Sie darauf, dass die äußere Gestaltung der Garage zum Haus passt. Beispielsweise wirkt

✓ Garage

☐ Wie groß ist die Garage (Länge, Breite, Höhe)?

☐ Passen Größe und Gestaltung der Garage zum Haus?

☐ Wie sind die Anschlusspunkte zwischen Haus und Garage ausgeführt?

☐ Hat die Garage ein Fenster (Größe, Rahmenmaterial)?

☐ Gibt es auf der Rückseite eine zusätzliche Tür in den Garten (Größe, Material)?

☐ Wie groß ist das Garagentor?

☐ Wird das Garagentor manuell oder elektrisch bedient?

☐ Welche Elektroausstattung ist vorhanden?

☐ Wie wird die Garage gegründet?

☐ Wie wird das Garagendach entwässert?

eine weiß gestrichene Fertiggarage neben einem rot geklinkerten Haus wie ein Fremdkörper. Auch hier sollten Hersteller, Garagentyp und Ausstattung vor Vertragsabschluss festgelegt werden. Bei Garagen, die direkt an die Hauswand angrenzen, sollte auch beschrieben werden, wie der Wetterschutz zwischen Haus- und Garagenwand ausgeführt wird.

Carport

Beispiel: Stellplatz als Carport. Carport als Holz- oder Metallkonstruktion.

Im Unterschied zur Garage versteht man unter einem Carport einen offenen PKW-Unterstellplatz mit Überdachung, der vor Schnee, Regen, herabfallenden Blättern oder kleinen Ästen oder auch vor zu starker Erwärmung des Fahrzeugs im Sommer schützen soll. Von einer einfachen Holzkonstruktion bis hin zu Edelstahlkonstruktionen mit Aluminiumverkleidung ist alles möglich und entsprechend kann auch der Preis variieren. Über die genauen Abmessungen, die Konstruktion, Dachform, Dachneigung und einzelnen Materialien erfährt man im Beispiel nichts. Gleiches gilt für die Gründung der Fundamente und die Entwässerung des Dachs. Unabhängig davon, ob es sich um einen Fertig-Carport eines Herstellers handelt oder eine individuelle Planung, sollten eine Konstruktions- und Materialbeschreibung sowie Zeichnungen oder Bildmaterial vorliegen.

✓ **Carport**

- [ ] Wie groß ist der Carport (Länge, Breite, Höhe)?
- [ ] Handelt es sich um ein Fertigprodukt eines Carport-Herstellers?
- [ ] Gibt es eine zeichnerische Darstellung des Carports?
- [ ] Sind die Seitenwände offen oder geschlossen?
- [ ] Aus welchem Material ist der Carport hergestellt?
- [ ] Wie wird das Material vor Witterungseinflüssen geschützt?
- [ ] Wie ist der Carport gegründet?
- [ ] Wie wird das Dach entwässert?
- [ ] Ist eine Elektroausstattung vorhanden?

Typische Schlussbemerkungen von Baubeschreibungen

Fast alle Baubeschreibungen enthalten Schlussbemerkungen. Sehr häufig handelt es sich hierbei nicht um technische, sondern um rechtliche Festlegungen. Nicht selten stehen diese Regelungen auch im Widerspruch zu rechtlichen Regelungen im notariellen Kaufvertrag. Diese Regelungen gehen oft unter, obwohl sie in vielen Fällen nicht ungefährlich sind. Sehr typische Regelungen in solchen Schlussbemerkungen sind zum Beispiel, dass es **Änderungen zur Baubeschreibung** geben kann, sofern sie keine Nachteile verursachen und keine Wertminderung darstellen. Dieser Punkt ist nachteilig für Sie. Im folgenden Abschnitt werden Sie sehen, wie wichtig es in Ihrem Interesse aber ist, dass die Leistungen in der Baubeschreibung genau festgeschrieben werden und eben nicht einfach geändert werden können. Gleiches soll häufig für Änderungen durch **behördliche Auflagen** gelten. Auch hier können für Sie Nachteile entstehen. Wenn die Baugenehmigung erteilt wurde, können normalerweise keine zusätzlichen behördlichen Auflagen mehr kommen. Wurde sie noch nicht erteilt, stellt sich die Frage, ob überhaupt schon ein Vertrag abgeschlossen werden sollte. Lassen Sie sich nicht auf derartige Änderungsklauseln ein, sondern versuchen Sie, sich konkrete Alternativen benennen zu lassen.

Außerdem werden in den Schlussbemerkungen meist Abweichungen von der **Wohnflächenberechnung** vorbehalten. Das liegt daran, dass häufig noch keine Ausführungsplanung existiert, wenn die Baubeschreibung erstellt wird. Durch Installationsschächte oder Vormauerungen können sich durchaus Abweichungen ergeben. Allerdings lässt sich der Umfang abgrenzen: Meistens wird eine Schwankung von ca. 2 Prozent der Wohnfläche nach oben oder unten vereinbart. Zur Überprüfung der veranschlagten Wohnfläche mit den tatsächlich erstellten Flächen benötigen Sie allerdings eine detaillierte Wohnflächenberechnung (⋯⇢ Seite 137 ff.).

Häufig wird in den Schlussbemerkungen auch erwähnt, dass die in den Plänen dargestellte Möblierung nicht Bestandteil der Leistungen ist (also keine Möbel geliefert werden), sondern der Orientierung dient. Das ist eine unproblematische Regelung für Sie. Weniger unproblematisch können Regelungen sein, wonach der Bauträger Ihr Objekt während der Bauphase und auch noch nach Fertigstellung und vor Übergabe als Musterobjekt für Besichtigungen nutzen darf. Das heißt dann, dass durch Ihr gerade fertiggestelltes Haus eventuell viele Personen laufen. Das müssen Sie natürlich nicht akzeptieren. Häufig gibt es in den Schlussbemerkungen auch Regelungen, dass zum Beispiel Fotos des Hauses zu Werbezwecken genutzt werden dürfen. Auch dem müssen Sie nicht ohne Weiteres zustimmen. Denn Sie können davon ausgehen, dass dann mit Aufnahmen von Ihrem Haus auch im Internet geworben wird.

Da die Baubeschreibung Bestandteil des Kauf- bzw. Bauvertrags wird, sollten die Schlussbemerkungen, die in einigen Fällen übrigens auch Vorbemerkungen sein können, zusätzlich folgende Dinge regeln:

- Wird eine Baugrunduntersuchung durchgeführt und bekommen Sie das Ergebnis für Ihre Unterlagen?
- Gibt es baurechtliche Auflagen über einen einzuhaltenden Mindestschallschutz gegen Außenlärm?
- Möchten Sie einen erhöhten Schallschutz haben?
- Wenn die Hausanschlüsse zum Leistungsumfang gehören, muss das erwähnt werden. Werden alle Anschlüsse, die ausgeführt werden, auch namentlich genannt? Ist das Haus bei Übergabe also voll betriebsfähig (Gas/Fernwärme, Wasser, Abwasser, Regenwasser, Strom, Telefon, IT)?
- Wird der Wärmeschutz eines Gebäudes höherwertiger ausgeführt als die gesetzlichen Vorschriften der Energieeinsparverordnung (z. B. bei einem Passivhaus)? Dann sollte das genau festgelegt sein. Wird vereinbart, dass Ihnen die Berechnungen und der Energiebedarfsausweis zur Verfügung gestellt werden?

■ Zur Qualitätssicherung der Ausführung sollte ein Blower-Door-Test vereinbart werden (⸱⸱⸱➔ Seite 178 ff.), und zwar mit einem festgelegten Mindestwert der Luftwechselrate, der erreicht werden muss. Wird ein solcher Test durchgeführt?

■ Erhalten Sie die Protokolle der behördlichen Rohbauabnahme und der Abnahme der Heizungsanlage durch den Bezirksschornsteinfeger (soweit das für die betreffende Heizung notwendig ist) sowie die behördliche Fertigstellungsabnahme für Ihre Unterlagen?

■ Werden Rauchmelder eingebaut?

■ Wenn das Regenwasser auf dem Grundstück versickern soll und nicht über die Kanalisation abgeführt wird, müssen Art und Umfang der Leistung genau beschrieben werden, sofern sie im Preis enthalten ist. Wie wird das Regenwasser abgeführt? Ist diese Leistung im Preis enthalten?

Wenn Ihnen bereits Baubeschreibungen vorliegen, werden Sie dort wahrscheinlich eine ganze Reihe von Lücken und rechtlich unklaren Begriffen finden. Ein Beispiel für eine vollständige und detaillierte Beschreibung von Bauleistungen finden Sie im Anhang dieses Buches in Form einer Musterbaubeschreibung (⸱⸱⸱➔ Seite 233 ff.). Außerdem hat die Verbraucherzentrale eine umfassende Musterbaubeschreibung herausgegeben, die gut geeignet ist, um Baubeschreibungen, die Ihnen vorgelegt werden, zu überprüfen. Soweit man auf dem eigenen Grundstück schlüsselfertig selbst baut, ist diese Musterbaubeschreibung auch eine große Hilfe, um mit dem Generalunternehmer oder -übernehmer eine vollständige Baubeschreibung aufzustellen.

Außerdem kann Ihnen die nachfolgende Checkliste helfen, typische Punkte zu erkennen, die häufig in Baubeschreibungen nicht ausdrücklich erwähnt werden und somit schnell erhebliche Zusatzkosten verursachen. Überprüfen Sie anhand der Checkliste, ob diese Leistungen in der Ihnen vorgelegten Baubeschreibung enthalten sind oder nicht.

Was ist im Festpreis enthalten?

Mit der Checkliste können Sie stichpunktweise klären, was der Festpreis beinhaltet. Die Liste beinhaltet mögliche Zusatzkosten über den Festpreis hinaus und hilft Ihnen, die Seriosität eines Festpreisangebots zu beurteilen.

Planungs- und Bauleitungsleistungen

enthalten

☐ Entwurfsplanung
☐ Baugenehmigungsplanung
☐ Ausführungsplanung
☐ Leistungen von Fachingenieuren
☐ Bauleitung
☐ Koordination sämtlicher behördlicher Abnahmen

Grundstück

enthalten

☐ Vermessungskosten
☐ Baugrunduntersuchung
☐ Altlastenbeseitigung, wenn nötig
☐ Erschließung des Grundstücks mit Strom
☐ Erschließung des Grundstücks mit Gas
☐ Erschließung des Grundstücks mit Wasser
☐ Erschließung des Grundstücks mit Kabelanschluss
☐ Erschließung des Grundstücks mit Telefonanschluss
☐ Anschluss des Grundstücks an die Straßenentwässerung
☐ Erschließung des Grundstücks mit Straßen und Wegen
☐ Erschließungsbeiträge der Stadt für den Grundstückseigentümer

Erdarbeiten

enthalten

☐ Aushub der Baugrube
☐ Abfuhr von überschüssigem Material
☐ Deponiegebühren
☐ Wiederverfüllen der Baugrube
☐ Andecken von Mutterboden
☐ Geländemodellierung an das Gebäude
☐ Füllmaterial, wenn der Aushub zum Verfüllen nicht geeignet ist
☐ Falls notwendig: Bodenaustausch zur Baugrundverbesserung
☐ Bei hohem Grundwasserstand: Grundwasserabsenkung während der Rohbauarbeiten

✓ **Was ist im Festpreis enthalten?** Fortsetzung

Gebäude

enthalten

- [ ] Erschließung des Gebäudes mit Strom
- [ ] Erschließung des Gebäudes mit Gas
- [ ] Erschließung des Gebäudes mit Wasser
- [ ] Anschluss des Gebäudes an das Kanalnetz
- [ ] Erschließung des Gebäudes mit Kabelanschluss
- [ ] Erschließung des Gebäudes mit Telefonanschluss
- [ ] Kosten für Baustrom und Bauwasser während der Bauzeit
- [ ] Putzarbeiten im Keller
- [ ] Heizkörper im Keller
- [ ] Wasseranschlüsse im Keller (z. B. Waschmaschine, WC)
- [ ] Genügend Elektroanschlüsse in allen Räumen und Fluren einschließlich Keller
- [ ] Schwimmender Estrich im Hobbyraum im Keller
- [ ] Bodenbeläge im Keller
- [ ] Gedämmte Kellerdecke in unbeheizten Kellerräumen
- [ ] Ausreichend große Kellerfenster
- [ ] Gitter vor Kellerfenstern
- [ ] Verputzen aller Deckenuntersichten im Haus
- [ ] Maler- und Tapezierarbeiten im gesamten Haus
- [ ] Fliesenarbeiten mit ausreichend hohen Wandverfliesungen
- [ ] Treppenbelag
- [ ] Bodenbeläge in den Wohnbereichen und im übrigen Haus
- [ ] Rollläden an allen Fenstern
- [ ] Außen liegender Sonnenschutz für Dachflächenfenster
- [ ] Be- und Entlüftungsanlagen
- [ ] Nachweis der Luftdichtigkeit der Gebäudehülle
- [ ] Eingangspodest und Vordach
- [ ] Klingelanlage, Haussprechanlage, Außenbeleuchtung, Briefkasten

✓ **Was ist im Festpreis enthalten?** Fortsetzung

Außenanlage

enthalten

☐ Bodenverbesserungen wie Düngen oder Auflockern
☐ Terrassenbelag inklusive Unterbau
☐ Zugangsweg zum Haus
☐ Zäune
☐ Tore
☐ Außenbeleuchtung
☐ Garage
☐ Einfahrt vor Garage
☐ Mülltonnenstellplatz
☐ Sträucher/Rasen

Vertragspläne

Auch die Planunterlagen, die als Anlage zum Kaufvertrag
genommen werden, müssen sorgfältig überprüft werden.
Fast immer sind diese Pläne nicht die Pläne, die für das
Baugesuch eingereicht werden. Pläne, die für ein Baugesuch
eingereicht werden, müssen bestimmte Mindeststandards
einhalten. So sind sie üblicherweise im Maßstab 1:100 gehalten und vermaßt. Mindestens auch ein Haus-Schnittplan
wird in der Regel gefordert, außerdem ein Lageplan mit der
Anordnung des Gebäudes auf dem Grundstück.

Es kommt nun darauf an, wann Sie Ihr Haus kaufen. Wenn
der Bauträger zum Zeitpunkt Ihrer Kaufentscheidung bereits
einen **Bauantrag** gestellt hat, dann können Sie den Notar
ganz einfach darum bitten, dass diese Bauantragsunterlagen
auch zur Anlage des Kaufvertrags gemacht werden. Es gibt
keinen vernünftigen Grund für den Notar, dies abzulehnen,
denn erstens liegen diese Pläne ja dann bereits ohnehin vor,
zweitens hat auch der Bauträger diesen Planungen mit Ein-

reichung beim Amt ja zugestimmt und drittens wird der Notar zu diesem Zeitpunkt sorgfältigere Pläne nicht bekommen.

Soweit zum Zeitpunkt Ihres Kaufs **Baugesuchspläne**, also diejenigen Pläne, die zum Erhalt der Baugenehmigung bei der örtlichen Kommune eingereicht und von dieser genehmigt werden müssen, noch nicht vorhanden sind, können sie auch noch nicht zur Kaufvertragsanlage gemacht werden. Sie können aber bereits im Kaufvertrag vereinbaren, dass Ihnen diese Pläne, wenn sie fertiggestellt sind, ausgehändigt und dann auch Vertragsbestandteil werden. Das Gleiche gilt für die **Ausführungspläne im Maßstab 1:50**. Das sind diejenigen Pläne, die üblicherweise später auf der Baustelle verwendet werden. Auch diese sollten Sie zwingend erhalten, wenn sie fertig gezeichnet sind, und zu Ihren Unterlagen nehmen.

Das Problem bei Vertragsplänen ist sehr häufig, dass sie von sehr mangelhafter Qualität sind. Darauf müsste Sie eigentlich der Notar hinweisen. Das tut er aber nicht, weil er nur ein Rechtsgeschäft beurkundet und nicht die Qualität des Objekts des Rechtsgeschäfts. Das muss Ihnen immer klar sein.

i Hinweis

Ein Notar schützt Sie bezüglich der Plan- und Bauqualität des von Ihnen zu erwerbenden Objekts nicht. Er beurkundet nur den Kaufvertrag.

Sehr viele Pläne zum Beispiel, die notariell beurkundet werden, haben nicht einmal Maßangaben. Nicht selten sind es Exposé-Abbildungen aus Prospekten. Das hat mit Plänen nichts zu tun. Grundsätzlich gilt: Ein Plan hat immer Maßangaben aller wichtigen Maße (also mindestens aller Außen- und Innenmaße). Ein Plan hat ferner grundsätzlich einen Plankopf, in dem Planverfasser, Plandatum, Maßstab, Grundstücksadresse und ggf. Änderungsdaten vermerkt sind. Ein Plan ist auch grundsätzlich „genordet“, d. h., wenn Sie den Plan vor sich halten, muss oben immer Norden sein, unten Süden, links Westen, rechts Osten. Dazu muss in einen Plan ein sogenannter Nordpfeil eingetragen werden. Diesen müssen Sie beim Blick auf den

Plan üblicherweise sofort erkennen können, damit Sie sicher wissen, wo Norden ist. Solche Details sind für Sie deswegen von Interesse, weil Sie wissen wollen, ob Ihre Terrasse oder Ihr Balkon auch Süd- oder Westsonne, also Nachmittags- oder Abendsonne, abbekommt.

In einem Plan sind auch **Wandstärken** und Lage von Fenstern und Türen exakt vermaßt, ebenso Öffnungsrichtungen von Fenstern und Türen.

Ein anderes sehr wichtiges Detail sind die **Raumhöhen**. Mindestraumhöhen sind durch die Landesbauordnungen vorgeschrieben. In Baden-Württemberg beträgt sie mindestens 2,30 m, in Berlin mindestens 2,50 m, in allen anderen Bundesländern mindestens 2,40 m. Die Raumhöhe nach der Landesbauordnung ist das „lichte" Maß zwischen Oberkante Fertigfußboden und Unterkante Fertigdecke. Das ist der Luftraum zwischen dem fertigen Fußboden und der fertigen Decke, den Sie auch als reale Höhe des Raumes empfinden. In Bauträgerplänen sucht man dieses Maß leider häufig vergeblich. Sie haben es dort oft mit sogenannten Rohbauhöhen oder Geschosshöhen zu tun. Das ist für Sie aber uninteressant. Die Rohbauhöhe zum Beispiel besagt nur, welches Maß von der Oberkante des Betonrohbodens bis zur Unterkante der Betonrohdecke geplant ist. Was dabei aber noch unberücksichtigt ist, sind z. B. Trittschalldämmung, ggf. Ausgleichsschüttung, Estrich und Oberboden, wie Fliesen, Parkett, Teppichboden. Trittschalldämmung und Estrich machen allein schon jewells ca. 6 cm aus. Dazu kommt dann der Oberboden. Wenn Sie also eine Rohbauhöhe von 2,52 m haben, kann diese ganz schnell auf nur noch 2,39 m späterer, wirklicher Raumhöhe zusammenschmelzen.

Auch bei dem Begriff Geschosshöhe sollten Sie vorsichtig sein. Geschosshöhe bezeichnet üblicherweise die Höhe von der Oberkante des Betonrohbodens bis zur Oberkante des Betondeckenbodens, d. h., das Höhenmaß bzw. die „Dicke" der Betondecke ist dort mit eingerechnet. Eine Geschosshöhe von 2,70 m heißt, dass davon noch 18 bis 20 cm der Betondecke abgezogen werden müssen, bleiben in diesem Beispiel ca. 2,50 m, und davon müssen noch einmal Trittschalldämmung, Estrich und Oberboden abgezogen werden. Dann lesen sich die 2,70 m schön, aber Sie werden später keine 2,40 m reale Raumhöhe haben. Daher: Lassen Sie sich grundsätzlich die „lichte Raumhöhe" durch den Bauträger benennen.

Nachfolgend finden Sie eine Checkliste zu allen Eintragungen, die in Ausführungsplänen enthalten sein sollten. Sie sind sortiert nach den einzelnen Plantypen.

✓ Grundrisspläne

- [ ] Plankopf mit allen Angaben zu Verfasser/Planer, Bauherr, Lage und Ort, Maßstab, Änderungsvermerken mit Datum und Namenszeichen sowie laufender Plannummerierung und klarer Planangabe (z. B. Grundriss EG)
- [ ] Nordpfeil
- [ ] Im Erdgeschossgrundriss die Erschließung (Außentreppen, Terrassen, Gartenwege, Zufahrten etc.)
- [ ] Gesamtmaße über die volle Hausbreite und Tiefe
- [ ] Sämtliche Teilmaße (z. B. von Hauskante zu Fenster, von Fenster zu Fenster etc.)
- [ ] Alle Öffnungsmaße in Höhe und Breite des Rohbaumaßes (Türen, Fenster etc.)
- [ ] Alle Wandstärken mit Materialsymbolik
- [ ] Alle Vor- und Rücksprungmaße
- [ ] Soweit vorhanden alle Achsmaße und Dehnungsfugen
- [ ] Öffnungsviertelkreise mit Öffnungsrichtung sämtlicher Türen bzw. Fenstertüren
- [ ] Treppenlauf mit ordnungsgemäßer Grundrisskonstruktion der Treppe bei Wendelungen sowie Steigungsangaben, Stufenzahl und Gehlinie
- [ ] In gestrichelter Linie alle auskragenden Bauteile oberer oder unterer Geschosse (Balkone, Dach etc.)
- [ ] Lage von Stürzen, Kanälen, Unterzügen, Durchlässen als gestrichelte Linie mit Bezug auf die lichten Raumhöhen etc.

✓ Grundrisspläne Fortsetzung

- [ ] Lage von Rollläden und Gurtbändern
- [ ] Alle Raumgrößen in Quadratmeter mit Bezeichnung
- [ ] Oberkante Rohfußboden und Oberkante Fertigfußboden in allen Räumen
- [ ] Lage und Art von Bodeneinläufen
- [ ] Wo nötig Verlegepläne für Boden- und Wandfliesen
- [ ] In den Bädern: Lage, Form und Art sämtlicher sanitärer Einrichtungsgegenstände
- [ ] In Dachgeschossgrundrissen: Kniestocklinie (Stoßlinie von aufgehender Wand und Dachschräge), Dachspitzbodenlinie (Stoßlinie von aufgehender Dachschräge mit Zimmerdecke Dachgeschoss), Dachgaubenlinien, Lage und Anordnung von Bodeneinschubtreppen, Zwei-Meter-Linie und Ein-Meter-Linie gestrichelt
- [ ] Lage und Durchmesser der Kaminzüge und/oder Lüftungskanäle etc., einschließlich Reinigungs- bzw. Austrittsöffnungen
- [ ] Lage von Kellerlichtschächten
- [ ] In Kellergrundrissen: Fundamentlage
- [ ] Bei Heiztechnikräumen: Stellung, Lage, Installation und Anschlüsse der Heizzentrale sowie evtl. benötigter Tanklager- bzw. Gaszuführungen
- [ ] Angaben über Be- und Entlüftung im Heizraum
- [ ] Ausbildung des Hausanschlussraumes
- [ ] Evtl. Revisionsschacht
- [ ] Hinweis auf jeweils zugeordnete Detailpläne (z. B. durch Einkreisung eines Details mit zugeordneter Plannummer, wo dieses im größeren Maßstab zu finden ist) sowie Pläne der Fachingenieure, wie Elektro-, Sanitär- und Heizungsplanung (wichtig z. B. für Lage und Anzahl der Steckdosen und Lichtschalter bzw. Heizkörper oder aber auch sämtlicher Wasser- und Abwasseranschlüsse etc.)
- [ ] Bezeichnung und Lage von Schnittlinien, die aussagen, wo der Vertikalschnitt des Schnittplans durchs Haus gelegt wurde
- [ ] Darstellung fest eingebauter Ausstattungsgegenstände wie z. B. Einbauschränke, Küchenzeilen etc.
- [ ] Im Kellergeschossplan Darstellung der Abwasserleitungsführung

✓ Schnittpläne

☐ Plankopf mit allen Angaben zu Verfasser/Planer, Bauherr, Lage und Ort, Maßstab, Änderungsvermerken mit Datum und Namenszeichen sowie laufender Plannummerierung und klarer Planangabe (z. B. Schnitt A-A)

☐ Höhenlage des Gebäudes über NN bezogen auf die Oberkante des Fertigfußbodens des Erdgeschosses

☐ Bezeichnung der Geschosse

☐ Alle Höhenmaße über die komplette Haushöhe inkl. lichte Raumhöhen

☐ Alle lichten Raumbreiten

☐ Durchgangshöhen von Türen, Fenstertüren oder Treppenunterläufen

☐ Alle Deckenstärken mit Maßangaben des gesamten Bodenaufbaus (Rohdecke, Trittschalldämmung, Estrich, Bodenbelag etc.)

☐ Brüstungs- und Sturzhöhen inkl. ihrer konstruktiven Ausbildung

☐ Stärken, Aufbau und konstruktive Ausbildung von Wänden

☐ Lage und Ausbildung von Ringankern

☐ Wo notwendig Wandabwicklungen (z. B. bei Fliesenverlegung)

☐ Lage, Anordnung, konstruktive Ausbildung und Höhenverlauf von Treppen, inkl. sämtlicher Zwischenpodeste mit Art und Ausbildung aller Anschlusspunkte der Treppe an bestehende Bauteile, wie evtl. Wände oder Geschosszwischendecken

☐ Anschlüsse von Lichtschächten, Außentreppen, Terrassen, Balkonen etc.

☐ Verankerungen, Verlauf und Maße der Dachbinder sowie des Dachtragwerks

☐ Aufbau, Montagepunkte und Ausbildung des gesamten Dachhautaufbaus inkl. Lattenlage und Ziegeleindeckung, Dimensionierung der Sparren sowie Traufanschlusspunkt mit Ausladung und Ausbildung des Sparrenfußes, Montage der Dachrinne sowie Firstanschluss mit Firstlinie

☐ Dachneigung

☐ Konstruktive Ausbildung von Gauben oder Dachausstiegen inkl. sämtlicher Anschlusspunkte an die Dachhaut

☐ Hinweis auf jeweils zugeordnete Detailpläne (z. B. durch Einkreisung eines Details mit zugeordneter Plannummer, wo dieses im größeren Maßstab zu finden ist) sowie Pläne der Fachingenieure, wie Elektro-, Sanitär- und Heizungsplanung (wichtig z. B. für Lage und Anzahl der Steckdosen und Lichtschalter bzw. Heizkörper oder aber auch sämtlicher Wasser- und Abwasseranschlüsse etc.)

☐ Fundamentschnitte mit eindeutiger Darstellung und Bezeichnung der Materialien und Konstruktionsweisen der Fundamentierungen, der aufgehenden Kellerwände, der vorgesehenen Dichtungen für die Kellerwand (Sperrschichtenaufbau), der Lage und Stärke des Drainagerohrs, der Kiesverfüllung sowie des maximal gemessenen Grundwasserstandes

✓ Schnittpläne Fortsetzung

- ☐ Höhenlage und Anschlüsse der Hauszuleitungen für Gas, Wasser, Strom etc.
- ☐ Lage und Verlauf der Grundleitung
- ☐ Lage und Ausbildung von waagerechten Sperrschichten (unterhalb der Grundplatte, in den aufgehenden Wänden)

✓ Ansichtspläne

- ☐ Plankopf mit allen Angaben zu Verfasser/Planer, Bauherr, Lage und Ort, Maßstab, Änderungsvermerken mit Datum und Namenszeichen sowie laufender Plannummerierung und klarer Planangabe (z. B. Ansicht Südwest)
- ☐ Gestrichelt die Höhenlinien der Ober- und Unterkanten der einzelnen Geschossdecken
- ☐ Lage und Anordnung von Fenstern und Türen inkl. eingestrichelter Öffnungssystematik
- ☐ Lage und Anordnung von Rollläden, Jalousien, Markisen etc.
- ☐ Lage und Anordnung von Außentreppen und Terrassen
- ☐ Lage und Anordnung von Regenfallrohren
- ☐ Trauf-, Kehl-, Grat- und Firstlinien
- ☐ Kniestocklinie gestrichelt
- ☐ Schornsteine, Gauben, Dachausstiege
- ☐ Gesimse, Balkone, Geländer
- ☐ Sockelverlauf
- ☐ Besondere Fassadenbekleidungen wie z. B. Verputzungen, Verklinkerungen oder Holzverkleidungen
- ☐ Hinweis auf jeweils zugeordnete Detailpläne (z. B. durch Einkreisung eines Details mit zugeordneter Plannummer, wo dieses im größeren Maßstab zu finden ist)
- ☐ Gründungstiefe der Fundamente gestrichelt
- ☐ Erdreichverlauf
- ☐ Höhenlinie des Straßenverlaufs der Erschließungsstraße

Teil der Ausführungspläne sind normalerweise auch **Detailpläne,** die einzelne Baudetails noch einmal im **Maßstab 1:20 bis 1:1** darstellen, um den ausführenden Firmen auch im Detail die Planungslösungen aufzuzeigen. Nach aller Erfahrung führen nur sorgfältige Detailpläne auch zu einer sorgfältigen Ausführung der Details auf der Baustelle. Mindestens zu folgenden Details sollten Pläne vorliegen:

» Notwendige Details in Detailplänen

Detail 1 Dämmung Bodenplatte, aufsteigendes Mauerwerk

Detail 2 Thermische Trennung der Innenwand von der Bodenplatte (┄→ Abbildung Seite 145)

Detail 3 Thermische Trennung der untersten Treppenstufe (┄→ Abbildung Seite 148)

Detail 4 Ausbildung von Kellertüren zwischen beheizten und unbeheizten Räumen im Keller

Detail 5 Dämmung der Innenwand zwischen beheizten und unbeheizten Räumen im Keller

Detail 6 Thermische Trennung des Eingangspodestes

Detail 7 Fensteranschlüsse an das Mauerwerk (┄→ Abbildung Seite 147)

Detail 8 Fensterbank

Detail 9 Rollladenkästen

Detail 10 Thermische Trennung von auskragenden Bauteilen (┄→ Abbildung Seite 146)

Detail 11 Außenwandschnitt mit Dämmung der Geschossdeckenköpfe

Detail 12 Übergang des senkrechten Drempels in die Dachschräge, Traufdetail mit Dachüberstand

Detail 13 Ausführung der Einschubtreppe in den ungedämmten Spitzboden

Detail 14 Anschluss der Dachflächenfenster an das Dach

Detail 15 Dachdurchdringungen wie Kamin oder Lüftungsrohre

Detail 16 Dämmung des Giebelmauerwerks und der Innenwände (┄→ Abbildung Seite 146)

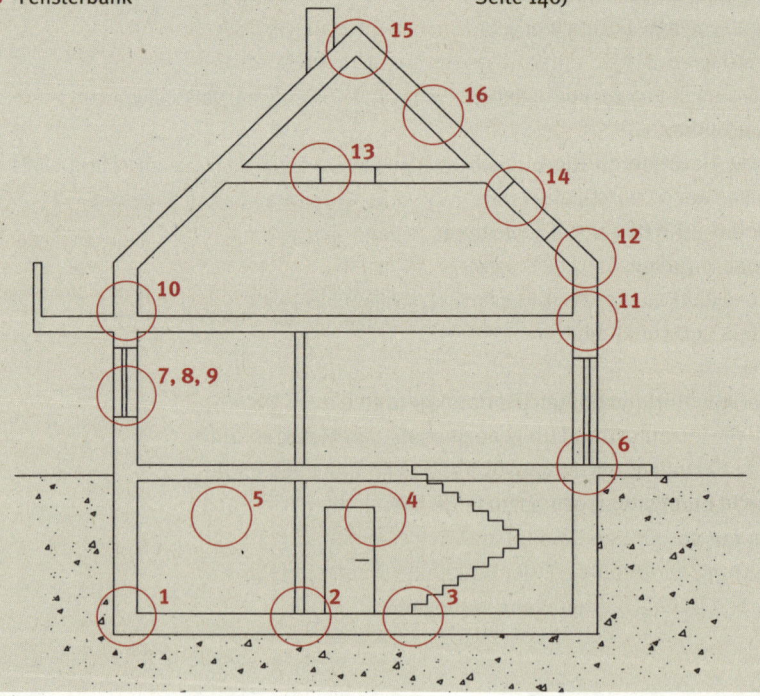

Die Berechnung der Wohnfläche

Die Wohnfläche ist ein weiterer wichtiger Vertragsbestandteil. Indem der Kaufpreis ins Verhältnis zur Wohnfläche gesetzt wird (xy Euro pro m²), lassen sich ebenfalls Angebote vergleichen. Viele Wohnflächenangaben sind jedoch ungenau und lassen sich nicht nachvollziehen. Dies führt wiederum dazu, dass Preise nicht richtig ins Verhältnis gesetzt werden können.

In Bauträgerexposés und Angeboten von Generalübernehmern und -unternehmern finden Sie häufig nur eine Aufstellung der Räume mit Quadratmeter-Angaben, manchmal auch eine Berechnung. Aber fast nie erhalten Sie zusätzlich vermaßte Pläne, mit denen Sie die Berechnung nachvollziehen können.

Leider sind viele Wohnflächenberechnungen falsch, weil sie Berechnungsgrundlagen verwenden, die für Wohnflächen nicht vorgesehen sind. Außerdem werden die Berechnungsansätze der Normen und Verordnungen häufig falsch ausgelegt. Dadurch ergeben sich nicht selten größere Gesamtflächen als bei einer korrekten Berechnung. Manchmal wird auch auf gar keine Berechnungsgrundlage Bezug genommen und eine Flächenermittlung „nach eigenem Gusto" durchgeführt. Da die Wohnfläche häufig zur Ermittlung des Gesamtpreises herangezogen wird, entsteht so ein falsches Bild von Preis und Leistung.

i Hinweis

Wenn Sie an einem Haus interessiert sind, sollten Sie sich frühzeitig die Wohnflächenberechnung schicken und überprüfen oder von einem Fachmann (⟶ Adressen, Seite 250) prüfen lassen. Bei größeren Unstimmigkeiten kann der Preis des angebotenen Objekts zu hoch sein.

Folgende Verordnungen und Normen werden häufig bei Flächenberechnungen herangezogen:
- Wohnflächenverordnung (WoFlV)
- Zweite Berechnungsverordnung (II. BV)
- DIN 277

Berechnung nach Wohnflächenverordnung (WoFlV)

Eine verbindliche Methode zur Berechnung der Wohnfläche gibt es derzeit nur für öffentlich geförderte Wohnungen, deren Flächen auf der Grundlage der „Wohnflächenverordnung" (WoFlV) ermittelt werden. Wenn Sie also für Ihren Hauskauf eine Zusage für öffentliche Fördermittel haben, benötigen Sie eine Berechnung nach der „Wohnflächenverordnung". Die WoFlV ist am 1. Januar 2004 in Kraft getreten und ersetzte die „Zweite Berechnungsverordnung" (II. BV), die bis dahin Grundlage für Wohnflächenberechnungen öffentlich geförderter Wohnungen war.

Die WoFlV ist Teil der „Verordnung zur Berechnung der Wohnfläche, über die Aufstellung von Betriebskosten und zur Änderung anderer Verordnungen". Die Verordnung gliedert sich in folgende Artikel:

- Artikel 1   Wohnflächenverordnung
- Artikel 2   Betriebskostenverordnung
- Artikel 3   Änderung der Zweiten Berechnungsverordnung
- Artikel 4   Änderung der Neubaumietenverordnung
- Artikel 5   Änderung der Heimmindestbauverordnung
- Artikel 5a Änderung der Wohngeldverordnung
- Artikel 6   Inkrafttreten

Artikel 1 enthält die für die Berechnung der Wohnfläche nach Wohnflächenverordnung erforderlichen Regelungen. Er untergliedert sich in 5 Paragraphen, die Sie auch im Internet unter www.gesetze-im-internet.de finden.

§ 1 der WoFlV bestimmt, dass bei der Berechnung der Wohnfläche nach dem Wohnbauförderungsgesetz die Vorschriften der WoFlV einzuhalten sind und dass zur Berechnung der Wohnfläche die Grundflächen zu ermitteln und auf die Wohnfläche anzurechnen sind.

Nach **§ 2 der WoFlV** gehören zur Wohnfläche die Grundflächen aller Räume innerhalb einer Wohnung, die als Wohnraum zulässig sind, außerdem die Grundflächen von Wintergärten, Schwimmbädern und ähnlichen nach allen Seiten
geschlossenen Räumen sowie Balkone, Loggien, Dachgärten
und Dachterrassen.

Nicht zur Wohnfläche gehören die Grundflächen von „Zubehör-
räumen" wie Kellerräume, Abstellräume außerhalb der Wohnung, Waschküche, Bodenräume, Trockenräume, Heizungs-
räume und Garagen.

Außerdem gehören Räume nicht zur Wohnfläche, wenn
bestimmte Anforderungen des Bauordnungsrechts der
Bundesländer (Landesbauordnungen) an Wohnräume nicht
erfüllt werden, zum Beispiel bei der Raumhöhe oder bei
natürlichen Belichtungsflächen. Das kann zum Beispiel ein
Hobbyraum im Keller sein, der nach Bauordnungsrecht nur
als Abstellraum zugelassen ist. Geschäftsräume gehören
ebenfalls nicht zur Wohnfläche.

Nach **§ 3 der WoFlV** wird die Grundfläche nach den lichten
Maßen zwischen den Bauteilen ermittelt. Übermessen werden dabei Tür- und Fensterumkleidungen, Sockelleisten, fest
eingebaute Gegenstände wie zum Beispiel Badewannen,
freiliegende Installationen, Einbaumöbel und versetzbare
Raumteiler. Nicht berücksichtigt werden bei der Ermittlung
der Grundflächen Schornsteine, Vormauerungen, Bekleidun-
gen, freistehende Pfeiler und Säulen, wenn sie höher als
1,50 m sind und mehr als 0,1 m² Grundfläche aufweisen
(z. B. größer als eine Breite von 50 cm und eine Tiefe von
20 cm), Treppen mit mehr als drei Steigungen, Türnischen
sowie Fenster- und offene Wandnischen, die nicht bis zum
Boden herunterreichen oder weniger als 13 cm tief sind.

Die Flächenermittlung kann auf der Grundlage von Zeichnungen erfolgen, wenn diese für ein Genehmigungsverfahren

oder ähnliche Verfahren nach Bauordnungsrecht erstellt wurden oder dafür geeignet sind. Wurde abweichend von diesen Bauzeichnungen gebaut, muss die Grundfläche entweder vor Ort im fertigen Zustand ermittelt werden oder aufgrund berichtigter Bauzeichnungen.

Nach **§ 4 der WoFlV** werden die Grundflächen von Räumen mit einer lichten Höhe von mindestens 2 m vollständig angerechnet, Raumteile – z. B. Dachschrägen – mit einer lichten Höhe von mindestens 1 m und weniger als 2 m zur Hälfte. Balkone, Loggien, Dachgärten und Terrassen sind in der Regel zu einem Viertel, höchstens jedoch zur Hälfte anzurechnen. Hier besteht ein Ermessensspielraum.

Der **§ 5 der WoFlV** schließlich beinhaltet eine Überleitungsvorschrift, wonach Wohnflächenberechnungen nach der Zweiten Berechnungsverordnung, die bis zum 31. Dezember 2003 erstellt wurden, nicht erneut nach der Wohnflächenverordnung ermittelt werden müssen, wenn nach dem 31. Dezember 2003 keine baulichen Änderungen vorgenommen wurden, die eine Neuberechnung erforderlich machen würden.

Berechnung nach der Zweiten Berechnungsverordnung (II. BV)

Die Zweite Berechnungsverordnung war bis zur Ablösung durch die Wohnflächenverordnung im Januar 2004 die gültige Verordnung für die Wohnflächenberechnung. Dennoch verwenden viele Bauträger auch weiterhin diese Berechnungsmethode zur Wohnflächenberechnung. In Teil 4 der II. BV erläutern die §§ 42–44, wie die Wohnfläche zu berechnen ist. Demnach besteht die Wohnfläche aus der Grundfläche aller Räume, die zu Wohnzwecken genutzt werden und die als Wohnraum zulässig sind. Speziell Hobbyräume werden von Bauträgern häufig in die Wohnflächenberechnung einbezogen, obwohl sie in bestimmten Fällen nach baurechtlichen Gesichtspunkten (Landesbauordnung) nicht als Wohnfläche gelten. Lassen Sie sich in einem solchen Fall bestätigen, dass der Hobbyraum im Keller gemäß aktueller Landesbauordnung wirklich als Wohnfläche zulässig ist und fragen Sie im Zweifelsfall bei der Genehmigungsbehörde nach.

Wohnräume nach den Landesbauordnungen müssen Mindestraumhöhen einhalten (2,30 m in Baden-Württemberg, 2,50 m in Berlin, alle anderen 2,40 m), sie müssen ausreichend natürlich belichtet und belüftet sein (in der Regel 10 Prozent der Raumgrundfläche als Fensterfläche – also 1 m² Fenster für einen 10 m² großen Raum) und sie müssen ausreichend beheizbar sein (in der Regel auf 20 °C).

Werden zur Berechnung die Rohbaumaße herangezogen (z. B. aus Bauantragsplänen), dann sind die errechneten Grundflächen um 3 Prozent zu kürzen, da Wandputz, der später aufgetragen wird, die Grundflächen geringfügig verkleinert. Ansonsten gelten die lichten Fertigmaße von Wand zu Wand.

Abzuziehen sind außerdem Pfeiler, Kamine, Säulen und Mauervorlagen, die größer als 0,1 m² sind, ferner Treppen über drei Steigungen. Hinzuzufügen sind Wandnischen, die tiefer als 13 cm sind, Erker und Wandschränke über 0,5 m² sowie Bereiche unter Treppen, die höher als 2 m sind.

Die anrechenbare Grundfläche ist abhängig von der lichten Raumhöhe. Über 2 m Raumhöhe wird die Grundfläche voll gerechnet, zwischen 1 und 2 m sowie bei Wintergärten und Schwimmbädern zur Hälfte. Nicht gerechnet wird die Grundfläche bei einer lichten Höhe unter 1 m. Balkone, Loggien, Dachgärten oder überdachte Freisitze werden bis zur Hälfte angerechnet. Bis zur Hälfte heißt, dass es auch weniger sein kann, zum Beispiel ein Viertel der Grundfläche. Auch hier besteht ein Ermessensspielraum.

Berechnungen nach DIN 277

Sehr viele Bauträger berechnen die Wohnfläche auch gerne nach der DIN 277. Die in der DIN 277 festgelegte Berechnungsweise ist aber in erster Linie nur dazu gedacht, für Kostenkalkulationen einheitliche und vergleichbare Grundlagen zu schaffen. Entsprechend wird in der DIN 277 auch nicht von Wohnflächen gesprochen, sondern von Nutzflächen, Verkehrsflächen, Konstruktionsflächen usw. Eine Berechnung der „Wohnfläche nach DIN 277" ist demnach gar nicht möglich, weil dieser Begriff in der DIN selbst gar nicht auftaucht.

Nach der DIN 277 geht man von der Brutto-Grundfläche (BGF) aus, die über die Außenmaße des Gebäudes bestimmt wird. Davon wird die Konstruktionsfläche abgezogen, die alle Wände, Stützen usw. beinhaltet. Übrig bleibt die Netto-Grundfläche (NGF).

Die Netto-Grundfläche unterteilt sich wiederum in Nutzfläche (NF), Funktionsfläche (FF) und Verkehrsfläche (VF). Die Nutzfläche unterteilt sich nochmals in Hauptnutzfläche und Nebennutzfläche. Mit der Wohnfläche nach der Zweiten Berechnungsverordnung vergleichbar sind die Flächen von Hauptnutzfläche, Nebennutzfläche und Verkehrsfläche. In der DIN 277 werden Flächen bis 1,5 m lichte Höhe und Flächen über 1,5 m lichte Höhe getrennt ermittelt.

Im Ergebnis kann bei einer Berechnung nach DIN 277 also nur eine Aufstellung von Hauptnutzflächen, Nebennutzflächen und Verkehrsflächen herauskommen, wobei zusätzlich Kellerräume als Funktionsfläche ausgewiesen werden müssen. Die DIN 277 ist für Sie wenig aussagekräftig. Lassen Sie sich die Wohnfläche auf der Grundlage der aktuellen Wohnflächenverordnung berechnen.

Fazit

Kleine Unterschiede zwischen der Wohnflächenverordnung, der Zweiten Berechnungsverordnung und der DIN 277 führen dazu, dass Wohnflächenberechnungen nach unterschiedlichen Berechnungsmethoden nur bedingt verglichen werden können. Je nach Berechnungsgrundlage kann die Wohnfläche für den gleichen Grundriss unterschiedlich groß ausfallen.

Um sicherzugehen, dass der Preis nicht über eine zweifelhafte Wohnflächenberechnung geschönt wird, sollte im Kaufvertrag die Quadratmeterzahl genau genannt werden, die Berechnungsgrundlage exakt benannt sein und Ihnen eine prüfbare Berechnung inklusive Rechenweg und Planzeichnungen vorliegen. Wenn Sie die Förderung einer Landesbank oder der KfW-Förderbank in Anspruch nehmen wollen, müssen Sie grundsätzlich Flächenberechnungen nach der Wohnflächenverordnung vorlegen. Generell sollten Sie auf diese Berechnungsart drängen.

Energetische Festlegungen und Energiebedarfsausweis

Die energetischen Anforderungen an neue Gebäude steigen ständig. Als Käufer sind für Sie zwei Dinge entscheidend:
1. Die gesetzlichen Anforderungen aus der Energieeinsparverordnung (EnEV) und dem Erneuerbare Energien Wärme Gesetz (EEWärmeG) müssen erfüllt sein.
2. Falls Sie Förderungen in Anspruch nehmen wollen, die gekoppelt sind an energetische Zielvorgaben, wie z. B. die Förderungen der KfW, müssen auch diese erfüllt sein.

Zur Einhaltung des ersten Punktes ist der Bauträger gesetzlich verpflichtet. Zur Einhaltung des zweiten Punktes müssen Sie ihn verpflichten. Wollen Sie beispielsweise bei der KfW eine Förderung für ein KfW-Effizienzhaus 70, 55, 40 oder für ein Passivhaus beantragen (alles Häuser mit deutlich niedrigerem Energiebedarf als gesetzlich gefordert), muss dies in der Baubeschreibung in jedem Fall vereinbart werden. Hier genügt zum Beispiel der Satz: „Das Gebäude erfüllt sämtliche Standards der Kreditanstalt für Wiederaufbau für ein KfW-Effizienzhaus 70." Dann ist der Bauträger verpflichtet, diesen Standard zu erreichen.

Auch der Energiebedarfsausweis sollte Ihnen gleich beim Kauf Ihres Hauses ausgehändigt werden. Der Energiebedarfsausweis muss gemäß der Energieeinsparverordnung gewisse Vorgaben einhalten. Eine Abbildung dieses Musterausweises finden Sie im Anhang auf Seite 246/247.

Eine der wichtigsten Vorgaben dabei ist, dass der Aussteller des Energiebedarfsausweises diesen unterzeichnen muss. Das heißt, Sie sollten darauf achten, dass der Ausweis von dem ausstellenden Ingenieur persönlich unterzeichnet ist und dass seine Büroadresse klar lesbar eingetragen ist. Nicht unterzeichnete Ausweise oder Ausweise, die zu weit vom Muster der dena abweichen, sollten Sie nicht akzeptieren. Machen Sie im Zweifel den Notar auf das Problem aufmerksam und bitten Sie ihn um ordnungsgemäße Berücksichtigung gesetzlicher Vorgaben auch bei den Vertragsanlagen.

Beim Kauf eines Hauses vom Bauträger haben Sie zwar kaum Einfluss auf die konstruktive Planung Ihres Hauses. Wenn Sie Interesse haben, können Sie mit den nachfolgenden Grafiken und der nachfolgenden Checkliste aber klären, ob Ihr Bauträger zumindest typische Wärmebrücken vermeidet.

≫ Wärmebrücken

Wärmebrücken sind Bereiche in der Außenhülle des Gebäudes, durch die im Verhältnis zur übrigen Fläche sehr viel mehr Wärme nach außen entweicht. Es gibt drei Arten von Wärmebrücken:

- Geometrische Wärmebrücken wie Außenecken von Gebäuden, die im Verhältnis zur Innenwandfläche einen größeren Anteil an Außenwandfläche haben. Sie sind baupraktisch nicht zu vermeiden, wenn man Gebäude mit senkrechten und waagerechten Außenwandflächen errichtet.

- Konstruktive Wärmebrücken, also Bereiche am Gebäude, die ohne zusätzliche Maßnahmen nicht so gut gedämmt werden können wie der Rest der Gebäudehülle. Beispiele hierfür sind Rollladenkästen oder der Anschluss der Fenster an die Außenwand.

- Wärmebrücken durch eine fehlerhafte Ausführung, wenn beispielsweise der Maurer beim Verklinkern der Fassade in Teilbereichen die Dämmung zwischen Klinker und tragender Wand vergisst.

Das folgende Schema zeigt den wachsenden prozentualen Anteil von Wärmebrücken am Energieverlust des Hauses, wenn der Wärmeverlust durch die Außenwand per Dämmung sinkt.

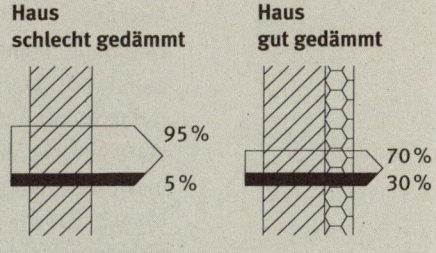

Haus schlecht gedämmt   **Haus gut gedämmt**

95 %   70 %
5 %   30 %

■ Prozentualer Anteil von Wärmebrücken an den Wärmeverlusten

Wärmebrücke 1:
Fußpunkt Innenwand im beheizten Kellerbereich

Werden einzelne Kellerräume zu Wohnzwecken genutzt, müssen die Außenwände, der Kellerboden und die Innenwände zu angrenzenden unbeheizten Kellerräumen gedämmt werden. In der Regel wird dabei vergessen, dass

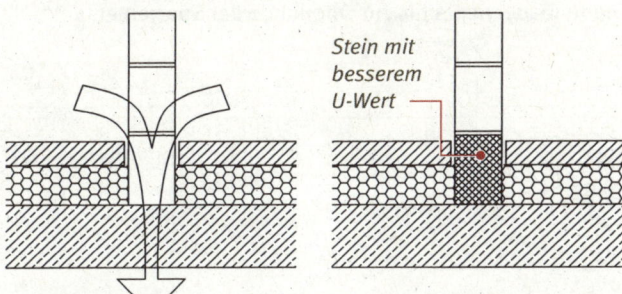

Stein mit besserem U-Wert

Wärmebrücke 1

die Innenwände auf dem Rohboden stehen und somit eine Wärmebrücke zur Bodenplatte darstellen.
Lösung: Die unterste Steinreihe wird in einem Material mit besserem U-Wert bei gleicher Druckfestigkeit ausgeführt (z. B. Porenbeton).

Wärmebrücke 2:
Auskragende Bauteile wie Podestplatten oder Balkone

Es passiert immer noch, dass die Podestplatte für das Eingangspodest oder die Balkonplatte direkt mit der Geschossdecke verbunden werden. Auch das ist eine ausgeprägte Wärmebrücke, die trotz zusätzlicher Maßnahmen – wie einer nachträglichen, umlaufenden Dämmung – wirksam bleibt.
Lösung: Das Podest wird mit speziellen Befestigungen wärmetechnisch von der Geschossdecke getrennt.

Wärmebrücke 2

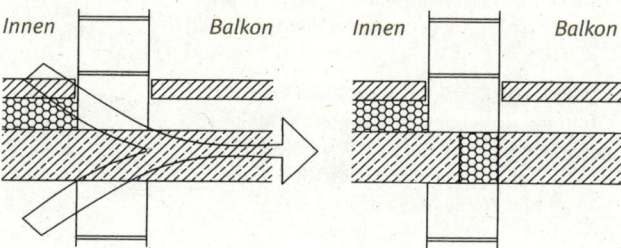

Wärmebrücke 3:
Fehlende Dämmung über dem Giebelmauerwerk

Die Dämmung des Dachs erfolgt zeitlich nach dem Eindecken der Ziegel oder Dachsteine. Dann ist aber in der Regel die Oberseite des Giebelmauerwerks nicht mehr zugänglich und bleibt ungedämmt. Manchmal wird der obere Abschluss des Giebelmauerwerks bis zur Oberkante der Sparren geführt,

Wärmebrücke 3

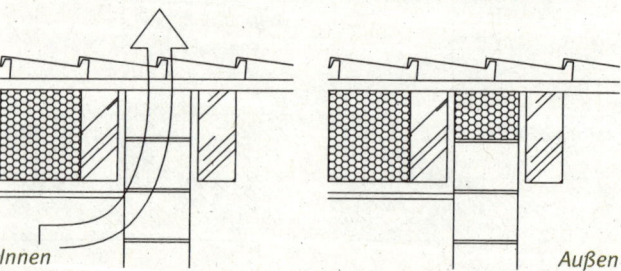

sodass dann sowieso nicht mehr gedämmt werden kann.

Lösung: Der Maurer lässt das Giebelmauerwerk ca. 15 cm niedriger als die Oberkante der Sparren. Der Dachdecker kann dann vor dem Verlegen der Unterspannbahn diesen Bereich ausreichend dämmen.

Wärmebrücke 4:

Abschluss von Innenwänden zum ungedämmten Spitzboden

Ähnlich wie beim Giebelmauerwerk entsteht eine Wärmebrücke, wenn Innenwände an der Oberseite nicht gedämmt sind und in den unbeheizten Spitzboden ragen.

Lösung: Der Maurer lässt das Mauerwerk ca. 15 cm niedriger als die Oberkante der Kehlbalken. Der Zimmermann kann dann vor dem Verlegen des Gehbelags im Spitzboden diesen Bereich ausreichend dämmen.

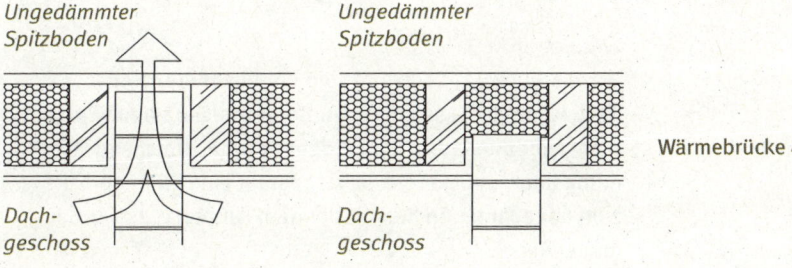

Ungedämmter Spitzboden

Ungedämmter Spitzboden

Dach-geschoss

Dach-geschoss

Wärmebrücke 4

Wärmebrücke 5:

Anschluss von Fenstern und Fensterbänken

Im Bereich der Fensterleibungen und Fensterbänke sind die Details oft so ausgeführt, dass Wärmebrücken entstehen.

Lösung: Zusätzliche Dämmung im Bereich der Fensterleibungen und unter den Fensterbänken.

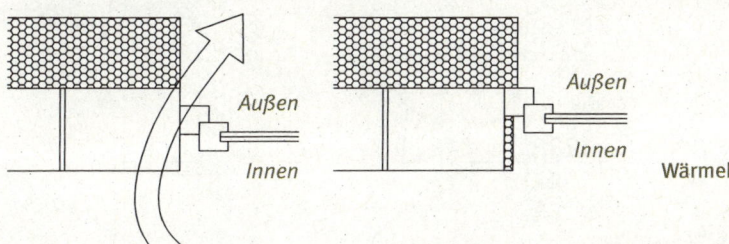

Außen

Innen

Außen

Innen

Wärmebrücke 5

Wärmebrücke 6: Kellertreppe steht auf dem Rohboden

Wird die Kellertreppe betoniert, steht sie in der Regel auf der Betondecke. Auch wenn später ein schwimmender Estrich als Bodenbelag aufgebracht wird, entsteht an dieser Stelle eine Wärmebrücke.

Lösung: Dämmung unter dem Auflager der Treppe anbringen.

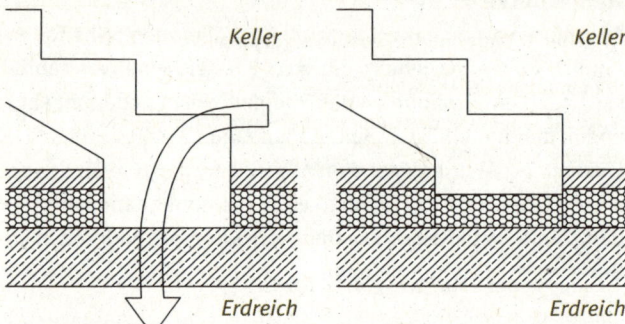

Wärmebrücke 6

Wärmebrücke 7:
Wärmebrücke Außenwand zum ungedämmten Keller

Auch wenn die Fassade der Außenwand gedämmt wird und beim Fußbodenaufbau im Erdgeschoss ausreichend Dämmung unter dem Estrich liegt, besteht eine Wärmebrücke zum ungedämmten Keller über dem Fußpunkt des Außenmauerwerks.

Lösung: Die unterste Steinreihe wird mit einem besseren U-Wert ausgeführt, soweit es die erforderliche Druckfestigkeit zulässt.

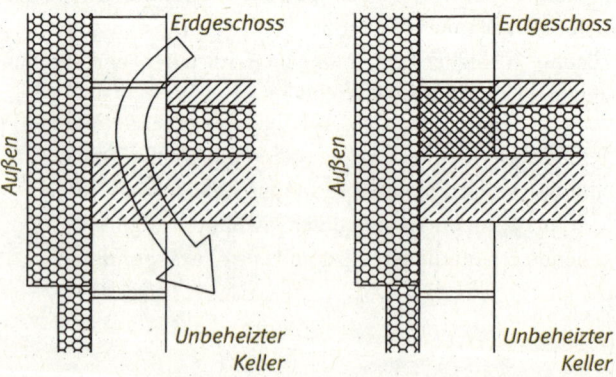

Wärmebrücke 7

✓ **Dämmung/Wärmebrücken**

Wie dick ist die Dämmung der Bauteile?

Außenwand	cm
Dachfläche	cm
EG-Fußboden über unbeheizten Kellerräumen	cm
Beheizte Räume im Keller zum Erdreich	cm
Beheizte Kellerräume zu unbeheizten Räumen	cm

Welchen U-Wert hat die Fensterverglasung?

Dämmung des Giebelmauerwerks

Wird die Oberseite des Giebelmauerwerks wärmegedämmt? ☐ Ja ☐ Nein

Dämmmaterial

Dämmstärke   cm

Sind Vordächer oder Balkone thermisch getrennt? ☐ Ja ☐ Nein

Dämmung der Rollläden

Haben die Rollladenkästen eine Innendämmung? ☐ Ja ☐ Nein

Dämmmaterial

Dämmstärke   cm

Werden Wangen von Dachflächenfenstern gedämmt? ☐ Ja ☐ Nein

Sind die Fensterleibungen und Fensterbänke gedämmt? ☐ Ja ☐ Nein

Energiebedarfsausweis

Liegt ein Energiebedarfsausweis vor? ☐ Ja ☐ Nein

Kann er eingesehen werden? ☐ Ja ☐ Nein

Unterschreitet der Jahres-Primärenergiebedarf die
gesetzlichen Anforderungen? ☐ Ja ☐ Nein

Wenn ja, um wie viel Prozent?   %

Neben diesen typischen Wärmebrücken ist vor allem auch
der sogenannte U-Wert ein wichtiger Faktor. Er definiert –
grob gesagt – die Qualität der Wärmedämmung. Dabei
handelt es sich um einen Wärmedurchgangskoeffizienten,
der den Wärmedurchgang durch ein Bauteil angibt. Weitergehende Erläuterungen dazu und wie er exakt ermittelt wird,

finden Sie im Anhang. U-Wert-Angaben zu Fenstern, Türen und Fassaden finden Sie häufig in Baubeschreibungen.

Die nachfolgende Tabelle gibt Ihnen einen Überblick über die vorgeschriebenen Mindest-U-Werte verschiedener Bauteile nach der Energieeinsparverordnung.

U-Werte von Gebäudeteilen

Bauteil	Vorgeschriebener U-Wert
Außenwände	0,35
Fenster	1,3
Steildach	0,2
Flachdach	0,28
Decken und Wände gegen unbeheizte Räume	0,35
Decken und Wände gegen Erdreich	0,35

Was ist ein Zahlungsplan und warum ist er so wichtig?

Wenn Sie Grundstück und Haus zusammen kaufen, wird ein Ratenzahlungsplan vom Notar mit in den Kaufvertrag aufgenommen. Wie unzureichend diese Ratenzahlungspläne sein können, wurde bereits dargelegt. So konnten Sie in Kapitel 3 sehen, dass die in der Makler- und Bauträgerverordnung (MaBV) festgelegten Ratendefinitionen in keiner Weise ausreichend sind für einen sorgfältigen Zahlungsplan. Soweit Sie Grundstück und Haus in getrennten Verträgen kaufen, wird im Kaufvertrag zum Grundstück nur noch der Kaufpreis des Grundstücks benannt. Dieser ist üblicherweise in einer einzigen Rate zu überweisen. Dann muss der Ratenzahlungsplan in den Bauvertrag aufgenommen werden.

Egal, ob der Ratenzahlungsplan in einem Grundstücks- und Hauskaufvertrag oder einem Bauvertrag enthalten ist, entscheidend ist, dass Sie der Ratenzahlungsplan ausreichend absichert. Die Grundidee eines Zahlungsplans ist es, dass immer nur exakt das, was auf der Baustelle auch an Leistung erbracht wurde, vergütet wird und nicht mehr. Überzahlungen sollen vermieden werden, weil sie gefährlich sind. Gibt es Probleme auf der Baustelle oder gerät der Bauträger gar in finanzielle Schieflage und Insolvenz, haben Sie zumindest nur das Geld investiert, für das Sie auf der Baustelle auch einen Gegenwert erhalten haben. Wichtig ist, dass auch für den Insolvenzfall Regelungen getroffen werden, die es Ihnen ermöglichen, dass Ihr Haus entweder durch die Bank des Bauträgers zu Ende gebaut wird, Sie es selbst zu Ende bauen können oder Sie vom Kaufvertrag zurücktreten können und alle bislang geleisteten Zahlungen zurückerhalten.

Solche vertraglichen Regelungen in Kombination mit einem sorgfältigen und guten Zahlungsplan sind ganz wesentliche Sicherungselemente in einem Bauträgerkaufvertrag. Sie sind aber leider nur sehr selten sorgfältig geregelt. Gesonderte Zahlungspläne mit sorgfältig formulierten Zahlungsraten sind praktisch überhaupt nicht zu finden. Dass Bauträger darauf keinen gesteigerten Wert legen, ist klar, dass aber

Notare das Thema nicht deutlich substanzieller angehen, ist nicht nachvollziehbar. Umso wichtiger ist, dass Sie sich um eine substanzielle Behandlung kümmern.

Es gibt grundsätzlich zwei Wege, um einen sorgfältigen Zahlungsplan auszuarbeiten. Entweder man hält sich relativ exakt an die vorliegende und nachgebesserte Baubeschreibung und schlüsselt anhand dieser die Ratendefinitionen auf oder man formuliert die Inhalte für die zu zahlenden Raten getrennt davon.

Soweit Sie ein Bauträgerobjekt nach der MaBV erwerben, können Ihnen maximal sieben Teilraten in Rechnung gestellt werden (⋯⇒ Kapitel 3). Da Baubeschreibungen häufig bauchronologisch aufgebaut sind, können Sie – entsprechend den Inhalten der von der MaBV festgelegten Ratendefinitionen – sechs Striche jeweils quer in Ihre Baubeschreibung ziehen. Dadurch wird die Baubeschreibung in sieben Abschnitte unterteilt. Jeden Abschnitt können Sie nun nummerieren (oder anderweitig klar bezeichnen) und festlegen, dass jeweils die komplette darin beschriebene Leistung erbracht sein muss, bevor die dazugehörige Rate gezahlt wird. Dies ist ein relativ einfacher Weg, um zu einem möglichst exakten Zahlungsplan zu kommen, denn Sie greifen dazu nur auf die bereits existierende Baubeschreibung zurück und ziehen darin sechs Querstriche.

Das geht allerdings nicht immer, vor allem dann nicht, wenn die Baubeschreibung nicht chronologisch aufgebaut ist, denn die Ratenzahlungen richten sich ja nach dem Baufortschritt. In einem solchen Fall kann man sich aber auch relativ einfach behelfen und ohne größere Probleme deutlich exaktere Raten formulieren, als dies in der MaBV der Fall ist. Die Raten können auch anders zusammengesetzt sein, gemäß MaBV dürfen es maximal sieben Teilraten sein. Unabhängig davon, wie sie zusammengesetzt sind, muss ihr Inhalt sehr exakt definiert sein.

Bei den einzelnen Raten, die im nachfolgenden Beispiel zu sieben typischen Raten zusammengefasst sind, sollten Sie auf bestimmte Punkte achten:

1. Rate nach Beginn der Erdarbeiten

Die erste Rate sollten Sie nicht schon zahlen, nachdem ein Bagger auf das Grundstück gestellt wurde. Die Mindestvoraussetzung ist das Abtragen des Mutterbodens. Da der Aushub meistens nur etwa 2 – 3 Tage dauert, sollten Sie als Fälligkeitsvoraussetzung den kompletten Aushub der Baugrube sowie den Abtransport des überschüssigen Aushubmaterials auf die Deponie vereinbaren. Damit verhindern Sie, dass nur der Mutterboden ausgehoben wird, um die erste Rate in Rechnung stellen zu können, und danach die Arbeiten erst einmal stillstehen.

2. Rate nach Rohbaufertigstellung einschließlich Zimmererarbeiten

Vereinbaren Sie hier als Fälligkeitsvoraussetzung die behördliche Rohbauabnahme. Dazu gehört auch die Umsetzung von Auflagen, die die Behörde gemacht hat. Damit ist sichergestellt, dass alle tragenden Wände, der Kamin, Brandwände, Betontreppen und die Dachkonstruktion errichtet worden sind.

3. Rate für die Herstellung der Dachflächen und Dachrinnen, Rohinstallation der Heizungsanlage, Rohinstallation der Sanitäranlage, Rohinstallation der Elektroanlage

Die Fälligkeitsvoraussetzung dieser Rate sollte beinhalten:
- Dacheindeckung
- Klempnerarbeiten (Dachrinnen, Regenfallrohre, Blechnerarbeiten an der Dachfläche und den Ortgängen usw.)
- Rohinstallation von Heizung, Sanitär und Elektro

Die Dacheindeckung sollte nach Möglichkeit die Dampfbremse, die Dachdämmung, die Dachbahnen (z. B. Dachpappe), die Lattung und Konterlattung und die Dachziegeldeckung umfassen, dazu die Montage aller Rinnen, Fallrohre und sämtlicher Blechverwahrungen auf dem Dach. Die Rohinstallation der Heizungsanlage sollte die gesamte Heizungsinstallation bis auf die Fertigmontage der Heizkörper und Thermostate umfassen. Zur Rohinstallation der Sanitäranlage gehört die gesamte Sanitärinstallation außer der Fertigmontage von Sanitärgegenständen und Armaturen. Bei der Rohinstallation der Elektroanlage sollte die gesamte Elektroinstallation bis auf die Fertigmontage von Steckdosen und Schaltern sowie die Zählermontage im Verteilerkasten erledigt sein.

4. Rate für Fenstereinbau, einschließlich Verglasung und Innenputz außer Beiputzarbeiten

Diese Rate sollte so vereinbart werden, dass zuvor der Fenstereinbau einschließlich Verglasung sowie sämtliche Innenputzarbeiten außer Beiputzarbeiten abgeschlossen sind.

5. Rate Estrich und Fliesenarbeiten im Sanitärbereich

Der abgeschlossene Estricheinbau (inkl. Trocknung) und sämtliche fertigen Fliesenarbeiten an Wänden und Böden im Sanitärbereich sollten Fälligkeitsvoraussetzung für diese Rate sein.

6. Rate nach Bezugsfertigkeit und Zug um Zug gegen Besitzübergabe und für die Fassadenarbeiten

Die Fälligkeitsvoraussetzung dieser Rate sollte beinhalten:

- Fertigstellung der Elektroarbeiten einschließlich der Inbetriebnahme
- Fertigstellung der Heizungs- und Sanitärarbeiten einschließlich Inbetriebnahme
- Einbau der Innentüren
- sämtliche Bodenbeläge
- Auswechselung der Bautür gegen die Haustür
- Fertigstellung der Fassadenarbeiten (Dämmung, Außenputz, ggf. Anstrich)
- Montage der Fensterbänke
- Schlosserarbeiten für Geländer und Brüstungen
- alle Maler- und Tapezierarbeiten bis auf kleine Nachbesserungen

Vereinbaren Sie hier auch gleich die Herstellung des Zugangs, damit Sie beim Einzug nicht unnötig Schmutz ins Haus bringen.

7. Rate nach vollständiger Fertigstellung

Die Fälligkeitsvoraussetzung dieser Rate sollte den Abschluss aller vereinbarten Leistungen umfassen. Wichtig ist dabei die vollständige Betriebsfertigkeit des Gebäudes (Gas/Fernwärme, Wasser, Abwasser, Regenwasser, Strom, Telekommunikation). Ferner gehören dazu auch, falls vereinbart, die Außenanlage und Garage. Wurden bei der Abnahme Mängel festgestellt, sollten diese beseitigt worden sein. Solange noch Restarbeiten ausgeführt werden müssen, sollte auch deren Erledigung vertraglich als Voraussetzung für die Fälligkeit dieser Rate festgelegt werden.

Nachfolgend finden Sie **Beispielformulierungen** zur Fälligkeit der einzelnen Raten, die sich zwar an die MaBV anlehnen, aber deutlich exakter formuliert sind. Solche Ratendefinitionen geben Ihnen eine deutlich höhere Sicherheit als die MaBV-Definitionen.

1. Rate: Nach Beginn der Erdarbeiten

Fälligkeitsvoraussetzung dieser Rate: Der gesamte Aushub der Baugrube und die Verbringung des Erdmaterials auf die Deponie sind vollständig abgeschlossen.

2. Rate: Nach Rohbaufertigstellung einschließlich Zimmererarbeiten

Fälligkeitsvoraussetzung dieser Rate: Die behördliche Rohbauabnahme inkl. der Umsetzung eventueller Auflagen der Behörden ist erfolgt. Es müssen also alle tragenden Wände, der Kamin, Brandwände, Betontreppen und die Dachkonstruktion (der zimmermannsmäßige Dachstuhl) errichtet worden sein.

3. Rate: Nach Herstellung von Dachflächen und Dachrinnen, Rohinstallation von Heizung, Sanitär und Elektrik

Fälligkeitsvoraussetzung dieser Rate: Die Dacheindeckung (Dachziegel, Lattung, Konterlattung, Dachpappe, Wärmedämmung, Dampfdiffusionsbremsfolie), die Klempnerarbeiten (Dachrinnen, Regenfallrohre, Blecharbeiten an der Dachfläche und den Ortgängen usw.) sowie die Rohinstallation von Heizung, Sanitär und Elektrik sind vollständig abgeschlossen. Dazu gehört auch der vollständige Anschluss des Hauses an alle öffentlichen Leitungen. Unter Rohinstallation ist zu verstehen, dass alle Leitungen, die unter Putz verlegt werden, fertig installiert wurden. Die Verlegung einer Fußbodenheizung sollte nach den Putzarbeiten kurz vor der Estrichverlegung erfolgen, um die Rohre zu schützen, obwohl diese Leistung eigentlich zur Rohinstallation gehört. Soweit eine Holztreppe eingebaut werden soll, muss zumindest deren Tragkonstruktion (ggf. noch mit Baustufen) erbracht sein.

4. Rate: Nach Fenstereinbau einschließlich Verglasung und Innenputz außer Beiputzarbeiten

Fälligkeitsvoraussetzung dieser Rate: Der Fenstereinbau einschließlich der Verglasung und luftdichter Einpassung in den Rohbau sowie sämtliche Innenputzarbeiten außer Beiputzarbeiten, aber einschließlich aller Trockenausbauarbeiten (z. B. Gipskartonverkleidungen) auch im Dachstuhl sind vollständig abgeschlossen. Die Holztreppe muss fertiggestellt sein.

5. Rate: Nach Fertigstellung des Estrichs und aller Fliesenarbeiten

Fälligkeitsvoraussetzung dieser Rate: Der Estricheinbau im gesamten Haus und sämtliche Fliesenarbeiten im gesamten Haus und auf Terrassen und Balkonen sind vollständig abgeschlossen. Alle Außengeländer müssen montiert sein.

6. Rate: Nach Bezugsfertigkeit, Zug um Zug gegen Besitz-übergabe und Fertigstellung der Fassadenarbeiten

Fälligkeitsvoraussetzung dieser Rate: Die Fertigstellung der Elektroarbeiten einschließlich der Inbetriebnahme und die Fertigstellung der Heizungs- und Sanitärarbeiten einschließlich Inbetriebnahme sind komplett erfolgt. Ferner der Einbau aller Innentüren, sämtlicher Bodenbeläge, der Haustür, ggf. der Kelleraußentür, die Montage der Fensterbänke innen und außen, des Vollwärmeschutzes inkl. fertiger Verputzung, Schlosserarbeiten für Geländer, Brüstungen sowie alle Maler- und Tapezierarbeiten. Auch der Hauszugang im Außenbereich von der Straße bis zur Haustür ist vollständig fertiggestellt.

7. Rate: Nach vollständiger Fertigstellung einschließlich der Beseitigung aller bei der Abnahme festgestellten Mängel und Erledigung der Restarbeiten

Fälligkeitsvoraussetzung dieser Rate: Alle vereinbarten Leistungen inkl. eventuell vereinbarter Außenanlagen oder der Garage sowie der Beseitigung aller bei der Abnahme festgestellten Mängel und Erledigung aller Restarbeiten sind vollständig abgeschlossen.

Der Zahlungsplan

Wenn Sie aus diesen Ratendefinitionen nun einen Zahlungsplan machen wollen, dann fügen Sie die Ratendefinitionen
nur noch in eine Tabelle ein, in der weitere Daten festgehalten werden, vor allem auch die tatsächlich zu zahlenden
Beträge in Euro und die voraussichtlichen Zahlungstermine.
Eine solche Tabelle könnte so aussehen:

Beispiel Tabelle Zahlungsplan

Raten-nummerie-rung	Fälligkeits-voraussetzung der Raten	Prozentualer Anteil an der Gesamtsumme	Tatsächlicher Betrag in Euro	Voraussichtlicher Zahlungstermin (nicht fälligkeits-auslösend) [1]
1. Rate	[2]	[3]		
2. Rate	[2]			
3. Rate	[2]			
4. Rate	[2]			
5. Rate	[2]			
6. Rate	[2]			
7. Rate	[2]	[4]		

[1] nicht maßgeblich für die Zahlungsverpflichtung – diese bestimmt sich ausschließlich nach der Fälligkeitsvoraussetzung

[2] Hier sind einzutragen die exakten Definitionen der Fälligkeitsvoraussetzungen für die Raten ⇢ Beispiele weiter oben

[3] minus 5 % der Kaufgesamtsumme als Sicherheitseinbehalt bis zur termingerechten und mangelfreien Fertigstellung gemäß § 632a BGB

[4] minus 5 % der Kaufgesamtsumme als Gewährleistungseinbehalt für die Dauer der Gewähr-leistungszeit gemäß der dazu erfolgten Rechtsprechung – da für diesen Betrag die 7. Rate allein häufig nicht reicht, muss ein Teil ggf. schon von der 6. Rate dafür herangezogen, also einbehalten werden. Dies kann mit dem Notar besprochen und vertraglich geregelt werden.

Wichtig ist, dass Sie bis zur Fertigstellung des Rohbaus sowie des Dachstuhls, der Dachdeckung und des Fenstereinbaus nicht mehr als 60 Prozent der Bausumme zahlen müssen. Sollen Sie zu diesem Zeitpunkt bereits 65 Prozent oder 70 Prozent oder noch mehr zahlen, besteht ganz klar das Risiko der Überzahlung.

Mit diesem einfachen Vorgehen des Aufstellens eines möglichst detaillierten Zahlungsplans haben Sie bereits viel für Ihre Zahlungssicherheit getan. Ein solcher Zahlungsplan in Form einer einfachen Tabelle kann dann entweder direkt in den notariellen Kaufvertrag eingefügt werden oder in diesem Vertrag als Anlage für die Zahlungsbedingungen benannt, dem Vertrag beigefügt und mit beurkundet werden. Auch das können Sie mit dem Notar durchsprechen. Es gibt keinen Grund, warum der Notar eine detailliertere Zahlungsplanung ablehnen sollte. Sie ist transparent, fair und ausgewogen für beide Seiten.

Mit einem fundierten Zahlungsplan haben Sie neben dem Kaufvertrag und der Baubeschreibung samt Plananlagen den dritten wichtigen Teil des Vertrags im Griff.

i **Hinweis**

Mängel in der Ausführung berechtigen nach der MaBV nicht zur Einbehaltung der kompletten Rate, dennoch steht dem Käufer, also Ihnen, die Ausübung eines Zurückbehaltungsrechts nach § 320 BGB zu. Im Klartext heißt das, Sie können bei Mängeln üblicherweise das Zweifache der Mängelbeseitigungskosten zurückbehalten, bis die Mängel beseitigt sind (§ 641 Abs. 3 BGB).

Von der Theorie zur Praxis – vom Vorberatungstermin beim Notar bis zum Beurkundungstermin

Wenn Sie ein Bauträgerobjekt in einer beliebten Stadt oder Region erwerben möchten und mit einer solchen Fülle von Änderungswünschen, wie sie in den Beispielen im Buch aufgezeigt wurden, zu Ihrem Bauträger gehen, kann es Ihnen passieren, dass dieser nur noch wenig Interesse hat, sein Objekt an Sie zu verkaufen. Er wird möglicherweise sehr schnell genug andere Interessenten finden, die ihm das Objekt ohne Weiteres im Rahmen der vorgelegten Unterlagen abkaufen. Das bedeutet für ihn einen deutlich geringeren Arbeitsaufwand, unkompliziertere Arbeitsabläufe und ggf. geringere Risiken. Daher ist es sinnvoll, in der richtigen Reihenfolge mit den richtigen Personen zu sprechen.

Bevor Sie im Detail eine technische Baubeschreibung mit einem Bauträger durchgehen, ist es sinnvoll, zunächst zu klären, ob er sich auf bestimmte Vertragsänderungen überhaupt einlässt. Da er dies von sich aus nur selten tun wird, gibt es hier eine relativ einfache Lösung: Sie sollten den Bauträger anrufen und ihm kurz mitteilen, dass Sie noch eine Reihe von Fragen zum Kaufvertrag haben, die Sie zunächst unmittelbar und direkt mit dem Notar besprechen möchten und dass Sie daher einen Gesprächstermin beim Notar ausmachen werden. Vor allem Makler sind in einem solchen Fall häufig sehr darauf bedacht, dabeizusein. Sie können aber ganz klar sagen, dass das nicht notwendig ist, Sie zunächst allein mit dem Notar reden möchten und den Bauträger oder Makler dann umgehend über das Gespräch informieren.

Während sich ein Bauträger seine Kunden beliebig aussuchen kann, kann ein Notar nicht einfach das Beurkundungsgesetz nicht beachten. Das heißt: Insbesondere die Ausgewogenheit des Vertragswerks muss gegeben sein. Daraus folgt, dass es Nachbesserungsbedarf gibt, den auch der Notar als durchaus gerechtfertigt ansehen müsste, wenn er einen ausgewogenen Vertrag zum Ziel hat, was er immer haben muss. Er wird Ihnen also sehr wahrscheinlich deutlich eher als der Bauträger Nachbesserungen zugestehen und diese dann wiederum dem Bauträger vorlegen. Der Bauträger kann Sie als Käufer nicht ablehnen, weil Sie ausgeglichene Vertragsinhalte haben wollen, für die der Notar keine Probleme sieht. Für Ihre Ablehnung müsste sich der Bauträger dann schon andere Gründe suchen. Er steht dabei dann aber durchaus unter einer gewissen Beobachtung des Notars, da der Notar auch Sie zu diesem Zeitpunkt persönlich kennt. Handelt es sich nun bei den von Ihnen vorgetragenen Änderungsbitten um absolut legitime Bitten und sieht der Notar darin kein Problem, kann der Bauträger oder auch Makler dem Notar nicht einfach in die Feder greifen. Er kann zwar die Änderungen ablehnen und sich weigern, den überarbeiteten Vertrag zu unterzeichnen. Es stellt sich dann allerdings die Frage, wie der Notar dazu steht. Wenn der Notar dann nur die Schultern zuckt und parallel weiter Verträge – z. B. ohne festgelegtes Fertigstellungsdatum – entwirft und verbreitet, ohne den Willen der Kaufinteressenten zu erforschen und sie über die Konsequenzen aufzuklären, wie er dies tun müsste, handelt er nicht mehr wirklich nach dem Geist des Beurkundungsgesetzes. Er wird im Zweifel auch einem Bauträger, mit dem er schon lange zusammenarbeitet, sagen müssen, dass dieser sich an dem einen oder anderen Vertragspunkt bewegen muss.

Daher ist für Sie das Vorgehen, Änderungswünsche am Vertrag über den Notar einzubringen, statt in direkte Vertragsverhandlungen mit dem Bauträger einzusteigen, meist vorteilhafter.

Sie sollten für den Gesprächstermin mit dem Notar gut vorbereitet sein. Wichtig ist, dass Sie den Kaufvertrag gut kennen und auch das Werkvertragsrecht des BGB (§§ 631 – 651) gut durchgelesen haben. Sie finden es im Internet-Gesetzesportal der Bundesregierung unter **www.gesetze-im-internet.de**.

Sinnvoll ist, wenn Sie zum Gespräch mit dem Notar auch eine durchgearbeitete Kopie des Kaufvertrags mitbringen und alle Fragen dazu notiert haben.

Es ist dann sinnvoll, dass der Notar in einem nächsten Schritt den Vertrag überarbeitet und diese überarbeitete Version auch dem Bauträger bzw. Makler zur Durchsicht vorlegt, sodass man abstimmen kann, ob die gefundenen Formulierungen von beiden Seiten getragen werden. Ist dies nicht der Fall, muss gefragt werden, welche Änderungen die Gegenseite partout nicht mittragen kann und warum. Es wird dann Punkte geben, wo Sie wiederum möglicherweise kompromissbereit sind, und es wird Punkte geben, wo Sie möglicherweise nicht mehr kompromissbereit sind. Kommt es dann nicht zu einer Einigung, sind die Verhandlungen in der Regel gescheitert.

Nehmen wir an, Sie können sich mit dem Bauträger auf Formulierungsvorschläge des Notars einigen, dann ist der nächste Punkt, dass man sich die **technischen Vertragsanlagen** ansieht, also die Baupläne, die Baubeschreibung und den Zahlungsplan. Wobei der **Zahlungsplan** sinnvollerweise auch schon beim Vertragsentwurf gleich mitverhandelt werden kann, denn die Ratenzahlungsdefinitionen nehmen die meisten Notare mit in den Kaufvertrag selbst auf, da der Zahlungsplan zwingender Bestandteil des Kaufvertrags ist. Bei den Gesprächen zur **Baubeschreibung** kann ein sinnvolles Mittel sein, die Musterbaubeschreibung der Verbraucherzentralen einzusetzen. Man kann eine solche dann auch einmal mitnehmen zu einem Termin beim Bauträger und das Thema offen ansprechen. Denn auf der einen Seite empfehlen die Verbraucherzentralen detaillierte Regelungen und auf der anderen Seite liegt vielleicht nur eine sehr lückenhafte Baubeschreibung des Bauträgers vor. Schon allein die Tatsache, dass Sie sich in eine solche Musterbaubeschreibung einmal hineingelesen haben, wird dazu führen, dass Ihnen der Bauträger nicht mehr einfach irgendetwas erzählen wird. Ihm ist dann klar, dass Sie sich erhebliches Wissen angeeignet haben. Dies kann – muss aber nicht – die Basis dafür sein, dass man gemeinsam nach sachlichen Lösungen sucht.

Auch bei den Gesprächen zur Baubeschreibung ist es sinnvoll, dass Sie gut vorbereitet sind und markiert haben, wo aus Ihrer Sicht Nachbesserungsbedarf besteht.

Häufig ist es bei Baubeschreibungen (⋯⟩ Seite 87 ff.) auch so, dass ganz am Ende noch einmal zahlreiche Vorbehalte zu Mängeln, Baustoffen, Ausführungsweisen etc. aufgelistet werden. Solche Vorbehalte gehören – wenn überhaupt – in den Vertrag. Auch solche Vorbehalte müssen dem Notar zur Prüfung vorgelegt werden (⋯⟩ Seite 161 ff.). Wenn Sie Grundstückskauf und Hausbau in zwei separaten Verträgen vereinbaren, hat der Notar mit dem Vertrag zum Hausbau üblicherweise nichts mehr zu tun, es sei denn, der Vertrag ist im Grundstückskaufvertrag mit enthalten. Ist es aber ein separater Bauvertrag, ist dafür keine notarielle Beurkundung notwendig. Dann müssen Sie die Vertragsverhandlungen ohne Notar führen. Das Problem ist bei solchen Bauverträgen allerdings, dass meist bereits im Grundstückskaufvertrag festgeschrieben wird, dass Sie mit einem bestimmten Bauträger das Grundstück bebauen müssen. Tun Sie das nicht und wollen es anders bebauen, sind häufig Geldbeträge fällig, um aus dem Vertrag zu kommen. Außerdem können Sie meist nicht ohne Weiteres die Entwurfspläne verwenden.

In einem solchen Fall ist es notwendig, dass Sie den notariellen Kaufvertrag und den davon separierten Bauvertrag zeitgleich parallel verhandeln und die Unterzeichnung des einen von der Unterzeichnung des anderen abhängig machen, wie dies in Kapitel 2 bereits angedeutet wurde. Sie sorgen so dafür, dass beide Verträge, sowohl der Vertrag zum Grundstückskauf als auch der Vertrag zum Hausbau, möglichst optimal aufeinander abgestimmt sind. So darf es zum Beispiel ganz konkret im Bauvertrag keine Vorbehalte zur Bebaubarkeit oder Nicht-Bebaubarkeit des Grundstücks mehr geben, sondern der Bauträger muss klar zusichern, dass das im Bauvertrag und in der Baubeschreibung definierte Haus auf dem von ihm veräußerten Grundstück auch ohne Mehrkosten so baubar ist, insbesondere bezüglich der baurechtlichen Genehmigungsfähigkeit und der bautechnischen Konstruktion. Außerdem muss der Bauträger zusichern, dass er alle zusätzlich zu erwartenden Kosten transparent benannt hat, das gilt vor allem für Anschluss- und Erschließungskosten an das öffentliche Netz. Das heißt: Das Haus muss durch den Bauträger vollständig betriebsbereit geliefert werden, mit allen Anschlüssen (Wasser, Abwasser, Strom, Telekom, Gas/Fernwärme). Das Gleiche gilt für die Baustelle bzw. die Baustelleneinrichtung (z. B. Baustrom, Bauwasser, Bau-WC, Baustraße, Lagerplätze, Kranstandplatz etc.). Sonst laufen Sie Gefahr, permanent hohe Rechnungen für Zusatzkosten im Briefkasten zu haben, die nicht geregelt sind, und im schlimmsten Fall sogar ein Grundstück gekauft zu haben, auf dem das versprochene Haus gar nicht baubar ist.

Wenn Grundstück und Haus in zwei Verträgen gekauft werden sollen, die zeitnah hintereinander unterzeichnet werden sollen, handelt es sich in vielen Fällen um ein sogenanntes „verbundenes Geschäft", wie bereits in Kapitel 2 erwähnt (⋯→ Seite 14 f.). Davor kann auch der Notar nicht die Augen verschließen. Sie können den Notar, der den Grundstückskaufvertrag abwickelt, auffordern, Sie klar zu den Risiken und Problemen aufzuklären und Ihnen ggf. einen anderen vertraglichen Lösungsvorschlag zu unterbreiten – also zum Beispiel Kauf von Grundstück und Haus in einem Vertrag. Ist dies nicht durchsetzbar, sollten Sie auf die oben dargelegten Sachverhalte der Kostentransparenz und der betriebsfertigen Herstellung von Baustelle und Haus großen Wert legen. Erst wenn das alles im Bauvertrag geregelt ist, sollten Sie überhaupt einen Termin für die notarielle Beurkundung auch des Kaufvertrags für das Grundstück ausmachen. Grundsätzlich gilt: Ein Bauvertrag wird niemals unterzeichnet, bevor nicht ein Kaufvertrag für ein Grundstück geschlossen ist. Sonst kann es Ihnen passieren, dass Sie hohe Rücktrittsgebühren vom Bauvertrag zahlen müssen, wenn der Grundstückskauf doch nicht zustande kommt.

Vor dem notariellen Kauf des Grundstücks muss eine exakte Baubeschreibung vorliegen. Wenn Grundstück und Haus nicht in einem Vertrag erworben werden, ist die Baubeschreibung nicht mehr Bestandteil des notariellen Kaufvertrags für das Grundstück, sondern üblicherweise Bestandteil des Bauvertrags. Egal, bei welchem Vertrag die Baubeschreibung Bestandteil ist, sie muss vollständig und detailliert sein, um überraschende Mehrkosten ausschließen zu können.

Bezüglich Ihrer Finanzierung ist es wichtig, dass Sie für die voraussichtlich anfallenden Kosten eine schriftliche Finanzierungszusicherung Ihrer Bank haben. Denn sonst kann es Ihnen passieren, dass Sie vor einem Notar einen Kaufvertrag für ein Bauträgerobjekt unterzeichnen, für das Sie ggf. zeitnah höhere Summen überweisen müssen, ohne dass Sie dafür aber eine zugesicherte Baufinanzierung hätten. Daher geht man in folgenden Schritten vor:

- Zunächst wird die Baubeschreibung auf inhaltliche Vollständigkeit und damit auch auf Kostenvollständigkeit überprüft.
- Danach verhandelt man mit Banken zur Baufinanzierung, ohne schon einen Finanzierungsvertrag zu unterschreiben. Ziel ist zunächst nur die schriftliche Finanzierungszusage der Bank zu den ausgehandelten Konditionen.
- Daran anschließend folgt der Beurkundungstermin beim Notar.
- Und dann schließt man den Finanzierungsvertrag ab.

Würde man es anders handhaben, könnte es Ihnen passieren, dass während des Beurkundungstermins beim Notar plötzlich doch noch Probleme auftreten und entweder Sie

oder der Bauträger seine Unterschrift doch noch verweigert.
Dann hätten Sie einen Finanzierungsvertrag mit einer Bank
abgeschlossen, den Sie überhaupt nicht bräuchten und der
Sie in erhebliche finanzielle Schwierigkeiten bringen könnte.

Inwiefern – ganz unabhängig vom Zahlungsplan – der Kaufpreis eines Objekts an sich angemessen ist, kann und sollte
man auch hinterfragen. Denn viele Bauträgerangebote, vor
allem in beliebten Ballungsräumen, sind zwischenzeitlich
sehr teuer. Wenn Sie die Angemessenheit eines Kaufpreises
überprüfen wollen, ist es das Sinnvollste, wenn Sie zunächst
einmal nur den Wert des Grundstücks näher betrachten.
Das geht am einfachsten, wenn Sie sich beim sogenannten
Gutachterausschuss Ihrer Stadt oder Gemeinde die aktuellen Bodenrichtwerte besorgen. Städte und Gemeinden sind
gesetzlich dazu verpflichtet, die Wertentwicklung von Grund
und Boden zu beobachten und zu dokumentieren. Üblicherweise bilden sie dazu einen sogenannten Gutachterausschuss, meist besetzt mit Vertretern der Kommune und der
regionalen Immobilienwirtschaft. Dieser Ausschuss erhält
üblicherweise u. a. Kopien abgeschlossener Grundstücks-
und Immobilienkaufverträge und kann sich so ein Bild über
die gezahlten Preise für Grundstücke und Häuser und damit
über die reale Wertentwicklung machen.

Wenn Sie einer solchen Gutachterdokumentation nun einen
bestimmten Bodenrichtwert entnehmen (also den Preis in
Euro, der pro Quadratmeter Grundstück in Ihrem Stadtteil
zu zahlen ist) und diesen mit der Größe des Grundstücks
multiplizieren, das Sie kaufen wollen, dann haben Sie den
realen Wert für das Grundstück errechnet. Das, was dann übrig bleibt, wäre der Anteil, den Sie für Ihr Gebäude zu zahlen
hätten.

Um zu überprüfen, ob das für das Gebäude angemessen ist,
können Sie anhand der reinen Wohnfläche nach der Wohnflächenverordnung (also ohne Kellerflächen) eine einfache

Rechnung aufmachen: Ist die Ausstattung des Gebäudes einfach, bewegen sich Baukosten bei 1 200 bis 1 400 Euro pro Quadratmeter. Das multiplizieren Sie mit der Wohnfläche Ihres Hauses. Dann haben Sie realistische Baukosten für Ihr Haus bei einfacher Ausstattung. Eine mittlere Ausstattung bewegt sich zwischen 1 500 und 1 800 Euro, eine hohe bis zu 2 100 Euro.

Wenn Sie nun die beiden errechneten Summen für das Grundstück und für das Haus neben die geforderte Kaufsumme stellen und die Differenz betrachten, können Sie die wahrscheinliche Gewinnspanne des Bauträgers zumin-

i   Einschätzung des Kaufpreises für ein Reihenhaus

Objekt

Reihenmittelhaus, Wohngebiet am Stadtrand, ruhige Lage
Grundstücksgröße ca. 270 m²
Wohnfläche nach Berechnung ca. 108 m²
Keller, Erdgeschoss, Dachgeschoss ausgebaut
Laut Baubeschreibung einfache bis mittlere Ausstattung
Geforderter Kaufpreis: 276 000 Euro

Aufsplittung des Kaufpreises

■ geschätzter Grundstückswertanteil
(durchschnittlicher m²-Preis Bauland im
betreffenden Wohngebiet 317 Euro/m²): ca. 85 600 Euro

■ geschätzter Gebäudewertanteil
(einfache bis mittlere Ausstattung lässt sich
in diesem Beispiel für ca. 1 300 Euro/m² Wohnfläche
realisieren): ca. 140 400 Euro

Differenz zum geforderten Kaufpreis

Grundstückswertanteil	ca. 85 600 Euro
Gebäudewertanteil	ca. 140 400 Euro
Gesamt	ca. 226 000 Euro
Kaufpreis	276 000 Euro
Differenz	ca. 50 000 Euro

Die Differenz entspricht ca. 35 Prozent der Baukosten.

dest näherungsweise erkennen. Sie können dann besser einschätzen, wie weit der Kaufpreis von den ortsüblichen Vergleichspreisen entfernt ist und ob er möglicherweise zu hoch ist.

Viele Bauträger lassen sich zwar auf Preisverhandlungen nicht ein, aber man kann ja durchaus nachfragen, ob am Preis etwas zu machen ist. Falls nicht, bliebe immer noch, nach einer anderen Immobilienlösung zu suchen, sei es als neue oder als gebrauchte Immobilie. Der Gebrauchtimmobilienmarkt ist dabei eine interessante Alternative.

Versicherungsschutz

Selbst wenn Sie das alles beachtet haben, drohen noch weitere Risiken: Der Hauptverdiener könnte seinen Arbeitsplatz oder gar sein Leben verlieren. In einem solchen Fall käme es dann unweigerlich und sehr schnell zu Finanzierungsproblemen, wenn diese nicht über **Versicherungen** abgedeckt wären. Dazu gehören eine **Berufsunfähigkeitsversicherung** und eine **Risikolebensversicherung**. Auch diese beiden Versicherungen sollten spätestens dann abgeschlossen werden, wenn man einen Finanzierungsvertrag unterzeichnet. Eine Risikolebensversicherung ist übrigens nicht zu verwechseln mit einer Lebensversicherung. Sie ist deutlich günstiger zu haben und kennt nicht das teilweise teure Ansparmodell der Lebensversicherung. Sie ist eine reine Risikoversicherung für den Risikofall und keine Ansparversicherung. Alle Informationen zur richtigen Versicherung erfahren Sie in dem Ratgeber „Richtig versichert" der Verbraucherzentralen.

Auch die Versicherungsfragen sollten vor dem Beurkundungstermin beim Notar geklärt sein. Zum Versicherungsschutz gibt es die Möglichkeit, sich bei den Verbraucherzentralen beraten zu lassen. Ferner können Sie auch einen Versicherungsberater einschalten. Versicherungsberater sind nicht zu verwechseln mit Versicherungsmaklern oder Versicherungsvertretern. Die beiden letzteren kassieren für ihre Tätigkeit meist eine Provision von der Versicherung, die sie vermittelt haben. Das fördert nicht unbedingt die Unabhängigkeit und Neutralität der Beratung. Versicherungsberater hingegen benötigen eine Erlaubnis der regional zuständigen Industrie- und Handels-kammer (IHK) und werden von Ihnen für ihre Beratungsleis-tung bezahlt. Unter www.vermittlerregister.info lässt sich feststellen, ob ein Versicherungsberater auch wirklich als solcher registriert ist. Den Bundesverband der Versicherungs-berater erreicht man unter www.bvvb.de. Und den Bund der Versicherten, eine Verbraucherschutzorganisation von Versicherten, die teilweise auch Versicherungsverträge für ihre Mitglieder aushandelt, erreicht man unter www.bundderversicherten.de.

Beurkundungstermin

Der Beurkundungstermin beim Notar läuft nach den Vorga-ben des Beurkundungsgesetzes ab. Beide Vertragsparteien treffen sich beim Notar. Dieser liest den gesamten Ver-tragstext beiden Seiten noch einmal vor. Sie können auch währenddessen jederzeit den Notar unterbrechen und um Erklärungen bitten. Es ist allerdings deutlich sinnvoller, wenn der Vertragstext bereits im erwähnten Vorgespräch sorgfältig durchgegangen und besprochen wurde und klar ist. Im Beurkundungstermin selbst herrscht in aller Regel doch ein gewisser finaler Druck. Sie sollten sich davon aber generell nicht beeindrucken lassen und ganz entspannt zum Beurkundungstermin gehen. Diesen Termin können Sie auch jederzeit abbrechen und das gesamte Vorhaben beenden. Gekauft haben Sie erst, wenn der Kaufvertrag von der ande-ren Vertragspartei, vom Notar und von Ihnen unterzeichnet ist. Nicht früher und nicht später.

Die Vertragsanlagen zum Kaufvertrag werden im Beurkundungstermin in den meisten Fällen nicht mehr mit vorgelesen. Das setzt gemäß § 13a des Beurkundungsgesetzes allerdings voraus, dass die Vertragsanlagen bereits beurkundet und den Beteiligten auch bekannt sind, also etwa Teilungserklärung oder Baubeschreibung. Meist verzichten beide Seiten darauf, was in Ordnung ist, wenn man diese Vertragsbestandteile zuvor gründlich durchgearbeitet hat.

Mit der Unterschrift unter den Kaufvertrag von Verkäufer, Käufer und Notar ist der Kaufvertrag abgeschlossen.

Nachdem Sie mit dem Beurkundungstermin beim Notar nun einen weiteren großen Schritt gemacht haben, ist der nächste Schritt die bauliche Umsetzung des Hauses, das Sie mit oder getrennt vom Grundstück erworben haben.

Damit Sie auch in dieser Phase den Überblick behalten, erfahren Sie hierzu im nachfolgenden Kapitel mehr.

7

Qualitätssicherung während des Bauablaufs

Die Baubeschreibung und die Baupläne sind nur die theoretische Grundlage des Bauwerks, das in der Praxis umgesetzt werden soll. Umfangreiche Untersuchungen, u. a. des Bauherrenschutzbundes, haben ergeben, dass die Bauqualität sehr häufig von der zugesagten Qualität in Baubeschreibungen und Plänen abweicht. Das gilt vor allem für zugesagte energetische Qualitäten. Es gilt aber auch für andere Punkte, wie z. B. die Kellerqualität. Daher ist es nicht sinnvoll, sich auf Baubeschreibung und Pläne einfach zu verlassen, sondern zumindest eine eigene Fotodokumentation des Baufortschritts vor Ort vorzunehmen und bei Zweifeln auch Fachleute einzuschalten. Die Verbraucherzentrale bietet außerdem einen speziellen Check-Titel mit Hunderten von Prüfpunkten zur Baustellenkontrolle an, mit dem man auch als Laie vieles einer ersten Überprüfung unterziehen kann (⸱⸱⸱⸱→ Tipp nächste Seite).

Qualitätskontrolle in der Bauphase

In der Bauphase haben Sie, je nachdem, ob Sie ein Bauträgerobjekt kaufen oder mit dem **Generalübernehmer oder -unternehmer** bauen, unterschiedlich große Kontrollmöglichkeiten bei den ausgeführten Arbeiten.

Beim Kauf eines Bauträgerobjekts haben Sie oder ein von Ihnen beauftragter Fachmann beispielsweise nicht automatisch Zugang zur Baustelle, um Arbeiten zu kontrollieren. Diesen müssen Sie sich vertraglich aber auf alle Fälle zusichern lassen. Es kann auch sein, dass Ihnen der Zugang zwar gestattet wird, aber unter Vorbehalt. So kann es sein, dass Ihnen der Bauträger ein Betreten der Baustelle nur unter Aufsicht gestattet. Auch solche Regelungen sind zweifelhaft und sollten nicht akzeptiert werden.

✖ Tipp

Lassen Sie sich das freie Betreten der Baustelle zu jeder Zeit vertraglich zusichern. Nur so erhalten Sie einen Überblick über die Qualität der Arbeitsausführung des Bauträgers.

Als Erwerber eines Bauträgerobjekts sind Sie auf der Baustelle gegenüber den Handwerkern nicht weisungsbefugt und sollten dies auch tunlichst vermeiden, da Anweisungen jeglicher Art auch mit Fehlanweisungen und daraus resultierenden Mängeln und Kosten verbunden sein können.

Eine Begehung der Baustelle sollte Ihnen selbstverständlich auch mit einem externen Fachmann, wie einem unabhängigen Architekten oder Ingenieur, gewährt werden, damit die Ausführungsqualität auch fachlich beurteilt werden kann. Sehen Sie qualitative Mängel, sollten Sie dem Bauträger die Mängel schriftlich mitteilen. Sie können in einem solchen Schreiben auch um Beseitigung der Mängel bis zur nächsten Ratenzahlung bitten. Diese Ratenzahlungen sind es, die Ihnen die Möglichkeit geben, Teilbeträge für noch nicht beseitigte Mängel zurückzuhalten.

Anders verhält es sich beim Bauen mit dem Generalübernehmer oder -unternehmer auf eigenem Grundstück. Hier sind Sie Bauherr und damit gegenüber dem Generalübernehmer oder -unternehmer – mit entsprechender vertraglicher Regelung – weisungsbefugt. Der Baustellenzutritt kann Ihnen nicht verweigert werden, soweit Sie Ihr Hausrecht nicht vertraglich abgetreten haben, wovon dringend abzuraten ist. Andererseits muss Ihnen klar sein, dass Sie beim Bauen auf dem eigenen Grundstück den Behörden gegenüber letztlich für die Sicherheit auf und um die Baustelle herum verantwortlich sind, auch wenn Sie diese Verantwortung vertraglich an den Generalübernehmer oder -unternehmer weitergeben.

Unabhängig davon, ob Sie mit dem Bauträger auf dessen Grundstück bauen oder mit dem Generalübernehmer oder -unternehmer auf Ihrem eigenen Grundstück – eine gute und sorgfältige Überwachung der

 Tipp

Im Ratgeber „Richtig bauen: Ausführung" der Verbraucherzentrale finden Sie über 500 Checkpunkte für alle Gewerke und außerdem zahlreiche Informationen und Hinweise rund um die Vorbereitung, Durchführung und den Abschluss der Bauphase (⋯⋗ Seite 256).

Ausführungsqualität der Arbeiten ist sehr wichtig. Was in der Bauphase verpfuscht wird, ist später – wenn überhaupt – meist nur unter hohem Aufwand wieder herstellbar.

Baukontrolle vor Ratenzahlung

Beim Kauf eines Bauträgerobjekts ist es empfehlenswert, bereits im Kaufvertrag zu vereinbaren, dass Sie oder ein Vertreter jederzeit die Baustelle betreten können, um den Stand der Arbeiten zu besichtigen.

i Hinweis

Eine technische Begehung sollte keinesfalls eine Abnahme sein. Die Abnahme erfolgt erst, wenn das Haus fertiggestellt ist.

Sie können außerdem in den Vertrag mit aufnehmen, dass vor Bezahlung von vereinbarten Ratenzahlungen die Fertigstellung der jeweiligen Leistungen in einer gemeinsamen technischen Begehung festgestellt wird und es Ihnen freigestellt ist, hierfür externe Fachleute hinzuzuziehen. Beim Bauen mit dem Generalübernehmer oder -unternehmer sollten Sie ebenfalls eine gemeinsame technische Begehung vor Ratenzahlung vereinbaren – aber aus den auf Seite 190 erwähnten Gründen keinesfalls Abnahmen.

Festgestellte Mängel sollten Sie möglichst genau dokumentieren (Fotos, Skizzen). Es kann sinnvoll sein, diese Baukontrollen durch einen Fachmann durchführen und sich von ihm die ordnungsgemäße Ausführung bestätigen zu lassen.

Was tun bei mangelhafter Ausführung vor Abnahme?

Der Unternehmer hat gemäß § 632a BGB einen Anspruch auf Abschlagszahlungen. Diese können wegen unwesentlicher Mängel nicht verweigert werden. Allerdings haben Sie nach § 641 Abs. 3 BGB einen Anspruch auf einen Geldeinbehalt – üblicherweise in Höhe des Zweifachen des zur Beseitigung des Mangels notwendigen Betrags. Sie müssen also nicht die volle Rate überweisen, sondern können einen Teileinbehalt machen, wenn ein Mangel vorliegt. Hier sollten Sie ggf. vor Bezahlung eines Abschlags und je nach Größenordnung des Mangels einen Anwalt hinzuziehen.

Was tun bei mangelhafter Ausführung bei Abnahme?

Der § 633 Abs. 1 BGB verpflichtet den Unternehmer, sein Werk so herzustellen, dass es frei von Sach- und Rechtsmängeln ist. Zeigen sich bei der später erfolgenden Abnahme der Arbeiten Mängel, bestehen für den Besteller des Werks (also für Sie als Auftraggeber) nach dem BGB drei Möglichkeiten, dem Unternehmer entgegenzutreten:

- Der Besteller kann zunächst Nacherfüllung nach § 635 BGB verlangen. Dazu muss er dem Bauunternehmer eine Frist setzen. Das sollte grundsätzlich schriftlich geschehen.
- Er kann nach erfolglosem Ablauf dieser Frist gemäß § 637 BGB eine Selbstvornahme durchführen und Ersatz der erforderlichen Aufwendungen verlangen.
- Stattdessen kann er aber auch nach erfolglosem Ablauf der Frist zur Mängelbeseitigung nach den §§ 636, 323 und 326 Abs. 5 BGB vom Vertrag zurücktreten (setzt aber voraus, dass der Notar dieses Recht im Kaufvertrag nicht ausgeschlossen hat, was sehr häufig geschieht) oder stattdessen nach § 638 die Vergütung mindern.

Darüber hinaus kann er nach §§ 280, 281, 283 und 311a BGB Schadensersatz oder nach § 284 BGB Ersatz vergeblicher Aufwendungen verlangen.

Nacherfüllung nach § 635 BGB

Damit ist die Beseitigung des Mangels gemeint, die entweder darin bestehen kann, dass der Unternehmer nachbessert oder die Leistung neu erstellt. Beispiel für eine Nachbesserung: Eine einzelne beschädigte Fliese wird ausgetauscht. Beispiel für eine Neuerstellung: Abbruch einer Wand, weil diese an der falschen Stelle steht, und Neuerrichtung an der richtigen Stelle.

Selbstvornahme nach § 637 BGB

Wird der Mangel nach Aufforderung nicht innerhalb einer angemessenen Frist beseitigt, besteht die Möglichkeit, den Mangel selbst zu beseitigen und Ersatz der erforderlichen Aufwendungen zu verlangen. Dieses Vorgehen sollte nur im Einzelfall nach vorheriger Absprache mit einem Anwalt gewählt werden.

Rücktritt vom Vertrag

Ist ein Mangel so gravierend, dass er nicht mehr beseitigt werden kann, oder ist die Beseitigung für den Unternehmer unzumutbar, kann ein Rücktritt vom Vertrag in Frage kommen – verbunden mit entsprechenden Schadensersatzforderungen an den Unternehmer. Auch für diesen Fall werden Sie zur Sicherung Ihrer Ansprüche anwaltliche Hilfe benötigen, um sich daraus möglicherweise für Sie ergebende Nachteile von vornherein abzuwehren.

Durchführung eines Blower-Door-Tests

Durch Undichtigkeiten in der Gebäudehülle, z. B. offene Bauteilfugen, können erhebliche Mengen an warmer Innenluft in die Außenbauteile eindringen. Die Luft kühlt sich im Bauteil ab und in der Folge kann es zu Kondensatbildungen und Durchfeuchtung des Bauteils kommen. Die Durchfeuchtung führt neben einem Bauschaden zum Teilversagen oder Versagen der Dämmschicht und erhöht den Wärmeverlust des Gebäudes. Beispiel: Ein kleiner Riss von 1 mm Breite und 1 m Länge in der Windabdichtung kann den U-Wert durch die entstehende Luftzirkulation in diesem Bereich auf 20 Prozent der eigentlichen Wirksamkeit reduzieren. Außerdem kann je

nachdem, um welchen Raum es sich
handelt, innerhalb eines Tages bis
zu 1 Liter Wasser aus der Raumluft in
die Dämmschicht kondensieren. Dies
führt in kurzer Zeit zur Durchfeuchtung der Dämmschicht.

> **i Wichtig**
>
> Speziell bei Holzbauweisen und im Dachgeschoss
> von Massivbauten ergeben sich konstruktions-
> bedingt sehr viele Bauteilfugen, die mit Gips-
> kartonplatten, Holzwerkstoffplatten und Folien
> abgedichtet werden müssen. Hier ist eine beson-
> ders sorgsame Ausführung wichtig.

Daher sind eine sorgfältige Planung
und Ausführung der Gebäudeanschlüsse besonders wichtig,
denn nur eine luftdichte Bauweise vermeidet Feuchteschä-
den. Im Übrigen ist die winddichte Ausführung seit Jahren
Stand der Technik und sollte eigentlich längst selbstverständlich sein für Bauträger oder Generalunternehmer.

Speziell bei Holzbauweisen und im Dachgeschoss von Massivbauten ergeben sich konstruktionsbedingt sehr viele Bauteilfugen, die mit Gipskartonplatten, Holzwerkstoffplatten
und Folien abgedichtet werden müssen. Hier ist eine besonders sorgsame Ausführung wichtig.

Auf der Baustelle wird sogenannter „Bauschaum" oft als
Notlösung für alle möglichen Abdichtungs- und Befesti-
gungsprobleme eingesetzt. Dabei werden im „Bauschaum"
Eigenschaften vermutet, die das Material nicht besitzt. Es
ist nahezu unmöglich, eine Fuge nur mit Bauschaum winddicht zu bekommen, auch wenn es auf den ersten Blick so
aussieht. Bel Fensteranschlüssen an die Außenwand sollte
deshalb grundsätzlich von außen ein Dichtungsband mit
eingebaut werden. Auch an der Innenseite des Fensteran-
schlusses sind zusätzliche Maßnahmen zur Winddichtigkeit
notwendig, wie zum Beispiel spezielle Putzanschlussprofile
aus Kunststoff. Sie können beim Fenstereinbau auch einfach
eine sogenannte RAL-Montage vereinbaren. Anbieter von
Dachfenstern haben mittlerweile Schürzen im Zubehör, mit
denen die Anschlüsse an das Dach winddicht eingekleidet
werden können.

Bei der Montage von Einbauleuchten in abgehängten Decken im Dachgeschoss kommt es mitunter zu Beschädigungen der Dampfsperre, sodass Raumluftfeuchte in die Dämmung eindringen und kondensieren kann. Auch hier entstehen große Schäden, wenn es sich zum Beispiel um Einbaulichtspots in der Badezimmerdecke handelt, da die Luftfeuchtigkeit in Bädern besonders hoch ist.

Undichtigkeiten in der Gebäudehülle treten häufig an folgenden Stellen auf:

- Stöße der Dampfbremse im Dachgeschoss
- Anschlüsse der Dampfbremse an Wandflächen
- Durchdringungen der Dampfbremse, z.B. durch Leitungsrohre und Elektroleitungen
- Anschlüsse der Dampfbremse an Dachflächenfenster
- unverputzte Kaminzüge
- Trocknungsrisse in Holzstützen der Dachkonstruktion
- Revisionsklappen der Rollläden
- unverputzte Wandflächen
- Steckdosen und Schalter in der Außenwand
- untere Anschlüsse von Außentüren
- Oberseiten von Hochlochziegeln an Fensterbrüstungen
- Fensteranschlüsse an seitlichen Leibungen
- fehlende Dichtungsbänder an Türen zwischen beheizten und unbeheizten Räumen

Die Ausführungsplanung, auch Werkplanung genannt, also jene Planung im Maßstab 1:50, die die Bauarbeiter auf der Baustelle benötigen, um das Haus zu errichten, sollte detaillierte Angaben zu diesen Punkten enthalten, damit die Handwerker diese entsprechend ausführen können.

Die Dichtigkeit der Gebäudehülle kann sehr gut mit einem Blower-Door-Test überprüft werden. Dabei wird über ein in einer provisorischen Haus-(Folien-)Tür eingebautes Gebläse ein künstlicher Über- bzw. Unterdruck im Haus erzeugt. Bei geschlossenen Fenstern und geschlossener Haustür wird die

✓ **Luftdichtigkeit**

Werden Detailpläne zu folgenden Punkten erstellt?

Anschluss von Fenster an Außenwand	☐ Ja	☐ Nein
Anschluss von Leitungsdurchführungen im Dach	☐ Ja	☐ Nein
Winddichter Anschluss der Dachluke bei unbeheiztem Spitzboden	☐ Ja	☐ Nein
Anschluss der Eingangstür an Außenwand und Boden	☐ Ja	☐ Nein
Wird ein Blower-Door-Test durchgeführt?	☐ Ja	☐ Nein

Luftmenge gemessen, die innerhalb einer Stunde durch ungewollte Öffnungen nachströmt bzw. bei Überdruck im Haus durch Leckagen entweicht. Ein guter Wert ist bei Einfamilienhäusern das 1- bis 1,5-fache Luftvolumen des Innenraums pro Stunde. Schlechte Werte liegen bei bis zu einem 6- bis 12-fachen Luftvolumen, was in der Gesamtheit einem permanent offenen kleinen Fenster entspricht.

Der Nachteil des Blower-Door-Tests liegt darin, dass in der Regel nach vollständiger Fertigstellung getestet wird, also zu einem Zeitpunkt, zu dem die Leckage-Ursachen nur noch mit großem Aufwand beseitigt werden können. Eine zusätzliche Variante des Blower-Door-Tests ist eine Überprüfung, bei der lediglich ein Unterdruck erzeugt, aber keine Messung der Luftwechselrate vorgenommen wird. Nur die Gebäudehülle wird nach Lecks abgesucht. Ein guter Zeitpunkt ist zum Beispiel nach der Montage der Folie im Dachgeschoss und vor der Montage der Gipskartonplatten. Die Unterkonstruktion für die Gipskartonplatten sollte ebenfalls montiert sein, damit durch den erzeugten Unterdruck die Folie nicht abreißen kann. Da Fachleuten die Orte potenzieller Lecks bekannt sind, können diese Stellen gezielt untersucht werden.

Luftdichtheit ist auch eine Voraussetzung für den Betrieb von Lüftungsanlagen, weil nur so die Luftströmung gezielt verläuft und unkontrollierte Zuluftströmungen in einzelne Räume vermieden werden.

Der Bauablauf im Überblick

In diesem Abschnitt erfahren Sie, wie der reguläre Bauablauf bei der Erstellung eines Massivhauses vonstatten geht. Es kann sein, dass es hierbei Differenzen zum Bauablauf bei Ihrem Objekt gibt, zum Beispiel weil Ihr Vertragspartner gleichzeitig auch eine Bauunternehmung ist, die das gesamte Gebäude mit eigenen Handwerkern schlüsselfertig erstellt.

Baustelleneinrichtung

Als Erstes erfolgt die Baustelleneinrichtung. Es werden Lagerplätze für das Baumaterial festgelegt, Bauzäune werden aufgestellt, Baustrom und Bauwasser werden installiert, Bauwagen und WC-Häuschen werden abgestellt. Der Kran wird aufgestellt, nachdem die benötigte Laufrichtung, Schwenkkreis etc. feststehen.

Grobabsteckung und Erdarbeiten

Als Nächstes erfolgt die Grobabsteckung mit Pflöcken, welche die Hauskanten und Ecken eingrenzen. Dann wird mit dem Aushub und der Sicherung der Grube begonnen.

Schnurgerüst und Fundamentarbeiten

Aushub

In der Baugrube wird das Schnurgerüst erstellt. Darunter versteht man die Markierung der Gebäudeecken mit 3 vertikal in den Boden getriebenen Holzpflöcken, die durch 2 horizontal angenagelte Bretter ergänzt werden. Ein solcher Schnurbock steht jeweils an einer Gebäudeecke. Zwischen die Schnurböcke werden dann Schnüre gespannt, die die Hausaußenkanten markieren.

Darauf folgen die Fundamentarbeiten. Hier wird in der Regel zunächst die Grundleitung gelegt, dann wird eine Kiesschüttung in die Grube eingebracht, es werden Folien, mitunter auch Dämmung gelegt und die Bodenplatte wird gegossen.

Bei Reihenhäusern ist wichtig, dass sie für einen guten Schallschutz vollständig voneinander getrennt sein müssen, von oben bis unten, wie geschnittene Brotscheiben. Das heißt, sie haben auch eigene Bodenplatten, getrennt von den angrenzenden der Nachbarhäuser.

Bodenplatte

Rohbauarbeiten

Auf der Bodenplatte beginnt dann der Maurer mit seinen Arbeiten, soweit ein gemauerter Keller geplant ist, ansonsten wird betoniert bzw. werden Betonfertigteile gesetzt. Er setzt zunächst nur eine Steinschicht in der gewünschten Wandanordnung des Grundrisses auf das Fundament, um notfalls noch Korrekturen vornehmen zu können und um die Horizontalsperren (meist Dichtungsbahnen wie z. B. Dachbahnen) auf diese erste Steinschicht aufbringen zu können. Anschließend mauert er gleichmäßig bis zur Kellerdecke auf. Danach wird die Kellerdecke betoniert. Ist diese fertig, beginnt der Maurer mit der Aufmauerung des nächsten Geschosses.

Maurerarbeiten

Abdichtung der Kellerwand und der Drainage

Ist der Keller fertig gemauert oder betoniert, kann er von außen bereits gegen Feuchtigkeit und eindringendes Wasser abgedichtet werden, u. a. mit einem speziellen Bitumenanstrich. Ist diese Schutzhaut mit allen Schichten fertiggestellt und gut abgetrocknet, kann die umlaufende Grube wieder verfüllt werden, zumeist mit einer Kiesfüllung. Zuvor wird auf Höhe der Fundamentsohle bzw. Bodenplatte kellerumlaufend meist noch ein Drainagerohr eingelegt, das später das von oben in den Boden einsickernde Wasser schneller in ein kiesgefülltes Sickerloch abführen soll.

Zimmermann

Zimmerer- und Holzbauarbeiten

Hat der Rohbauer das letzte Geschoss so weit aufgemauert, dass Giebelwände und Kniestockwände (die meist nur halb-hohen Wände am Anschluss von aufgehender Hauswand und Dachschräge) stehen, kann der Zimmermann seinen Dachstuhl setzen. Ist dieser gesetzt, gilt der Rohbau als abgeschlossen.

Dachdeckerarbeiten

Dachdecker

Gleichzeitig rücken nun mehrere Gewerke an. Unter ihnen ist der Dachdecker und deckt den Dachstuhl ein. Dies ist ein sehr wichtiges Etappenziel, das erfahrene Bauleiter nach Möglichkeit vor dem Winter erreicht haben wollen, denn nun ist der Korpus Ihres Hauses gegen Regen, Wind und Schnee relativ gut geschützt und der Innenausbau kann starten.

Klempner- bzw. Blechnerarbeiten

Klempner

Der Klempner bzw. Blechner ist ebenfalls vor Ort und fertigt zunächst sämtliche Dichtungsarbeiten am Dach an, soweit diese nicht bereits schon vom Dachdecker selbst übernommen wurden. Er montiert die Regenrinnen und Fallrohre. Er stellt zum Beispiel Übergänge von Dachgauben zur Dachfläche her und dichtet die Kaminanschlüsse ein.

Fenster und Türen

Fenster und Türen

Vor dem Rollladenbauer kommt der Schreiner bzw. Fensterbauer und setzt Außenfenster und -türen, die schließlich eingedichtet werden.

Rollladenarbeiten

Danach setzt der Rollladenbauer in die vom Rohbauer einge-
mauerten Rollladenkästen über den Fenstern die Rollläden
ein. Von innen werden die Gurtwickler montiert.

Heizungsinstallation

Rollladen

Jetzt kann die heiße Phase des Innenausbaus beginnen, da
die montierten Fenster und Türen alle Folgegewerke vor zu
großen Temperaturschwankungen schützen, aber auch wertvolle Einbauten wie Heizkessel, Brenner, Sanitärgegenstände vor Diebstahl sichern. Der Heizungsbauer beginnt mit der
Rohrverlegung der Heizungsleitungen. Steig- und Fallstränge
der Vor- und Rückläufe von der Heizzentrale zu den Heizkörpern sowie die Kopplung der Heizzentrale an die interne
Heizmittelversorgung, zum Beispiel über einen Öltank (aus
ökologischen Gründen immer seltener), einen Pelletstank,
oder an die externe Versorgung über Gasleitungen oder
Fernwärme werden vorgenommen. Bei der Installation von
Wärmepumpen entfällt beides, da diese keinen Brennstoff
im klassischen Sinn benötigen.

Heizungsinstallation

Sanitärinstallation

Parallel zu den Heizungsinstallateuren montiert der Sanitärinstallateur das Leitungssystem für Zu- und Abwasser
sowie in enger Absprache mit dem Heizungsbauer die speziellen Vorrichtungen und Führungen für die Bereitstellung
von Warmwasser (Rohinstallation). Oft werden die Gewerke
Heizung und Sanitär an dieselbe Firma vergeben, die dann
auch die Installation der Solarkollektoren übernimmt.

Sanitärinstallation

Elektroinstallation

Auch der Elektriker beginnt jetzt und versieht das Haus mit
einer Vielzahl von Kabelführungen – von den einzelnen Zim-

Elektroinstallation

Schlosserarbeiten

Innenputz

Fassadenarbeiten

Estricharbeiten

mern zu Verteilern und von dort an eine zentrale Zählerstelle, häufig im Hausanschlussraum.

Schlosserarbeiten

Um diese Zeit wirkt schon das Schlosserteam, das zum Beispiel Geländer und Vordächer setzt, soweit dies im Leistungumfang des Hauses mit eingeschlossen ist.

Putzer- bzw. Gipserarbeiten

Wenn Heizungs-, Sanitär- und Elektroinstallation montiert sind, kommt der Putzer bzw. Gipser und verputzt sämtliche Innenwände des Hauses sowie die Raumdecken. Er erstellt in der Regel auch Trockenbauwände und Dachschrägenverkleidungen.

Fassadenarbeiten

Je nach Jahreszeit wird zu diesem Zeitpunkt bereits schon die Außenfassade fertiggestellt: entweder in Form von Dämmarbeiten und anschließender Verputzung bzw. Holzverschalung oder zum Beispiel als Klinkerfassade.

Estricharbeiten

Nach Trocknung der Putze kommt der Estrichleger auf die Baustelle und bringt in allen Räumen den Estrich ein. Meistens ist das ein schwimmender Estrich: Auf dem Rohboden liegt zunächst eine Trittschall-Dämmschicht und darauf wird dann die Estrichschicht aufgebracht, meist entweder als Anhydrit- oder als Zementestrich ausgeführt. Der direkte Kontakt des Estrichs mit den Wänden wird durch kleine Randstreifen verhindert.

Fliesenarbeiten

In den Bädern und in der Küche werden zu diesem Zeitpunkt oft schon Böden und Wände gefliest. Nach Abschluss der Fliesenarbeiten kommt dann nochmals der Sanitärinstallateur und setzt die Sanitärgegenstände wie Waschbecken und WCs (Fertigmontage).

Schreinerarbeiten

Nach dem Fliesenleger kommt der Schreiner und baut sämtliche Innentüren ein. Sind Holztreppen vorgesehen, baut er auch diese fertig ein.

Malerarbeiten

Schließlich kommt der Maler und bearbeitet, soweit notwendig oder gewünscht, die Außenfassade sowie alle Innenwände und -decken, die er nach der festgelegten Bemusterung tapeziert und streicht. Ist er fertig, kommen nochmals der Heizungsinstallateur und Elektriker und installieren endgültig die Heizkörper sowie die Schalter und Steckdosen.

Bodenbelagsarbeiten

Ist der Estrich gut ausgetrocknet, kann mit dem Aufbau der einzelnen Bodenbeläge begonnen werden. Ob Parkett, Fliesen oder Teppichboden – je nach Wunsch ist hier der entsprechende Fachmann am Werk.

Gebäudereinigung

Ihr Haus ist nun bezugsfertig und die Abnahme kann erfolgen. Vorher sollte jedoch eine Endreinigung des Hauses durchgeführt werden, damit mögliche Schäden und Mängel nicht von Schmutz verdeckt werden. Beispiel: Nur wenn die

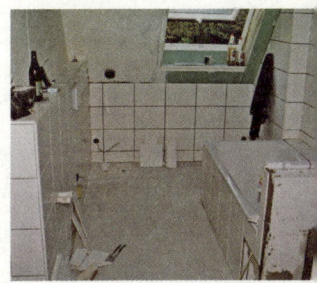

Fliesenarbeiten

Schreinerarbeiten

Malerarbeiten

Bodenbelagsarbeiten

Außenanlage

Fensterscheiben gründlich gereinigt wurden, lässt sich anschließend feststellen, ob sie frei von Kratzern sind.

Außenanlagen

Gehören die Außenanlagen zum Leistungsumfang des Bauträgers, werden diese in der Regel dann angelegt, wenn es die Jahreszeit erlaubt und das Gebäude so weit fertiggestellt ist, dass an der Außenanlage keine Schäden mehr durch Handwerker zu erwarten sind. Es ist jedoch auf jeden Fall sinnvoll, wenn der Hauszugang vor dem Einzug hergestellt ist, damit Sie nicht ständig Schmutz ins neue Haus bringen.

8

Abnahme und Gewährleistung

Bevor Sie in Ihr Haus einziehen, sollten in jedem Fall die Abnahme und Hausübergabe erfolgen. Alle vertraglich vereinbarten Leistungen sollten zu diesem Zeitpunkt fertiggestellt sein. Maximal die letzte Rate darf noch offen sein. Wie bereits erwähnt gibt es unterschiedliche Abnahmeformen. Vereinbaren Sie unbedingt eine förmliche Abnahme. Nur diese stellt sicher, dass Sie in einem Termin vor Ort bei einer Begehung mit dem Bauträger das Objekt besichtigen und diese Abnahme protokollieren.

Achten Sie darauf, dass bei der schlüsselfertigen Erstellung eines Gebäudes durch einen einzigen Vertragspartner auch nur eine einzige Abnahme nach Fertigstellung der Arbeiten erfolgt. Mit dieser Vorgehensweise erhalten Sie eine einheitliche Gewährleistungszeit für das gesamte Gebäude. Keinesfalls sollten Zwischenabnahmen von Bauleistungen durchgeführt werden. Das führt nämlich dazu, dass die abgenommenen Gebäudeteile dann auch in Ihr Eigentum, also auch in Ihre Schutzverantwortung, übergehen, wenn Sie Grundstück und Haus separat kaufen. Außerdem haben Sie am Ende zwar ein Gebäude, aber für viele Gebäudeteile unterschiedliche Gewährleistungszeiten, und zwar egal ob Sie Grundstück und Haus separat kaufen oder nicht. Denn die Gewährleistungszeit beginnt mit der Abnahme eines Bauteils zu laufen.

Statt offizieller Zwischenabnahmen kann man auch einfach „technische Begehungen" durchführen – und das Ganze auch so nennen und nicht Abnahme. Dann gibt es kein Abnahmeprotokoll, sondern höchstens ein Protokoll einer technischen Begehung. Das ist etwas anderes als eine Abnahme und damit haben Sie auch keine Abnahme getätigt, sondern nur eine protokollierte Baustellenbegehung, z. B. zur Überprüfung des Baufortschritts oder der Bauqualität.

Was müssen Sie bei der Abnahme beachten?

Die Abnahme einer Bauleistung bedeutet, dass Sie die erbrachte Bauleistung entgegennehmen und als im Wesentlichen vertragsgemäß erbracht anerkennen. Die Abnahme ist ein bedeutender Schritt im Rechtsverhältnis zwischen Auftragnehmer und Auftraggeber. Sie hat folgende Auswirkungen:

- Die Gewährleistungszeit beginnt.
- Der Anspruch auf Mängelbeseitigung bestehender sichtbarer Mängel besteht nur, wenn ein schriftlicher Vorbehalt im Protokoll gemacht wurde.
- Vereinbarte Vertragsstrafen können nur bei schriftlichem Vorbehalt dazu und zur genauen Höhe des Einbehalts im Protokoll geltend gemacht werden.
- Umkehr der Beweislast: Die Beweislast für Mängel liegt nach der Abnahme bei Ihnen (nicht mehr der Bauträger muss Ihnen nachweisen, dass kein Mangel vorliegt, sondern Sie ihm, dass ein Mangel vorliegt).
- Gefahrenübergang für Beschädigungen am Gebäude auf den Erwerber bzw. Auftraggeber (Sie tragen die Risiken aus Gefahren, die vom Gebäude ausgehen oder auf es einwirken – z. B. ein herunterfallender Dachziegel, der einen Passanten treffen kann, oder ein Blitzschlag, der das Gebäude treffen kann).

Bei der förmlichen Abnahme wird die Leistung des Bauträgers, Generalübernehmers oder -unternehmers im Rahmen einer gemeinsamen Begehung begutachtet und von Ihnen anerkannt. Dabei wird ein Abnahmeprotokoll erstellt.

 Tipp

Machen Sie sich einige Tage vor der Abnahme in Ruhe ein eigenes Bild, indem Sie allein oder in Begleitung eines unabhängigen Fachmanns durch das Haus gehen. So können Sie sich bereits Notizen für die Abnahme machen. Sie können dabei sogar ein komplettes Probeprotokoll schreiben, das Sie als Gedankenstütze zum Abnahmetermin mitnehmen können. Sie können zur Überprüfung die Prüf-Checklisten in diesem Buch ab Seite 203 einsetzen. Sie helfen Ihnen, strukturiert alles durchzugehen.

Erst im Abnahmetermin alle möglichen Ausführungsfehler zu prüfen, ist selbst für einen Fachmann schwer, weil es ein sehr umfangreiches Unterfangen ist. Es ist empfehlenswert, auch die Abnahme in Begleitung eines Fachmanns durchzuführen (⸱⸱⸱➜ Adressen, Seite 250).

Wenn Sie nicht die Möglichkeit haben, vorab durch das Haus zu gehen, sollten Sie sich zumindest für die Abnahme ausreichend Zeit nehmen. Eine sorgfältige Begehung kann Stunden in Anspruch nehmen. Lassen Sie sich nicht zu einer schnellen Abnahme drängen.

Wenn Sie sich bedrängt fühlen und der Unternehmer die Abnahme so schnell wie möglich hinter sich bringen möchte, ist Vorsicht geboten. In einem solchen Fall sollten Sie anbieten, den Termin abzubrechen und einen neuen Termin mit mehr Zeit zu vereinbaren. Dies ist problemlos möglich. Meistens hilft das, um Ruhe zu bekommen, es sei denn, der Unternehmer hat es wirklich eilig. Aber auch in diesem Fall können Sie natürlich eine Verschiebung anbieten.

Es ist wichtig, dass Sie zum Abnahmetermin den Kaufvertrag und die Baubeschreibung mit allen zusätzlichen Vereinbarungen zur Ausstattung dabeihaben, damit neben der

✓ Vollständiges Abnahmeprotokoll

enthält

- [ ] Bezeichnung des Objekts mit Adresse
- [ ] Datum, Ort, Namen der Teilnehmer
- [ ] Anschrift von Bauträger und Erwerber
- [ ] Beginn und Ende der Abnahme
- [ ] Datum des Kaufvertrags
- [ ] Baubeginn, Fertigstellung der Leistung
- [ ] Vereinbarter Fertigstellungstermin
- [ ] Ggf. genaue Terminüberschreitung
- [ ] Vorbehalt vereinbarter Vertragsstrafe, sofern vereinbart
- [ ] Übergabe von Unterlagen (z. B. Pläne, Berechnungen, Betriebsanleitungen), Schlüsseln
- [ ] Auflistung festgestellter Mängel und Schäden (genau beschreiben, ggf. Foto machen)
- [ ] Bei Mängeln: Höhe des Einbehalts bis zur Mängelbeseitigung
- [ ] Bei Mängeln: Frist zur Beseitigung der Mängel
- [ ] Termin für Fertigstellung eventueller Restarbeiten
- [ ] Erklärung der Abnahme oder Verweigerung der Abnahme
- [ ] Gewährleistungsdauer
- [ ] Unterschriften aller Beteiligten

‚Qualitätsprüfung der erbrachten Leistung die folgenden
Punkte kontrolliert werden können:

- Sind die vereinbarten Fristen eingehalten worden?
- Wurden die vereinbarten Materialien verwendet?
- Gibt es Mängel in der Ausführung?
- Wurde die Leistung vollständig erbracht?
- Wurden zusätzlich vereinbarte Leistungen erbracht?
- Wurden die vertraglich vereinbarten Dokumente (z. B. Betriebsanleitungen) und Sachmittel (z. B. Türschlüssel) übergeben?
- Wurden sämtliche zusätzlichen Vertragsbedingungen erfüllt (z. B. Durchführung eines Blower-Door-Tests)?

Wesentlicher Bestandteil einer förmlichen Abnahme ist das
Abnahmeprotokoll, das von allen Beteiligten unterzeichnet
wird und das jeder als Durchschlag erhält. Falls Sie zum Beispiel wegen Fristüberschreitungen des Unternehmers einen
Anspruch auf Zahlung einer Vertragsstrafe haben, müssen
dies und der Betrag im Protokoll
vorbehalten werden. Sie verlieren
sonst Ihren Anspruch hierauf. Das
Gleiche gilt für alle zum Zeitpunkt
der Abnahme sichtbaren Mängel.
Stehen diese nicht im Protokoll,
verlieren Sie möglicherweise den
Anspruch auf deren kostenfreie
Behebung. Bereiche, die nicht besichtigt werden können, sollten
im Protokoll benannt und von der
Abnahme ausgeklammert werden.

Es empfiehlt sich, die Abnahme
bei Tageslicht vorzunehmen.
Gehen Sie Raum für Raum sorgfältig durch. Es bietet sich an,
eine Reihenfolge festzulegen,
zum Beispiel vom Keller zum

Dach oder umgekehrt und vom jeweiligen Flur aus im Uhr-
zeigersinn durch alle Räume.

Richtiges Verhalten bei Mängeln

Bedenkt man das hohe Maß an Handarbeit beim Bauen, ist
es eigentlich nicht ungewöhnlich, wenn es hin und wieder zu
mangelhaft ausgeführten Arbeiten kommt. Nach dem BGB
liegt ein Mangel dann vor, wenn das Werk von der vereinbarten Beschaffenheit abweicht. Gibt es keine Vereinbarung
über eine bestimmte Beschaffenheit, bedeutet eine Ab-
weichung von dem, was erwartet werden kann und was bei
Werken gleicher Art üblich ist, einen Mangel. Außerdem liegt
dann ein Mangel vor, wenn ein anderes als das bestellte
Werk geliefert oder dieses in zu geringer Menge hergestellt
wurde (§ 633 BGB).

Beispiel: Das Fehlen einer vereinbarten Beschaffenheit liegt
dann vor, wenn vertraglich die Verlegung einer bestimmten
Fliese vereinbart wurde und der Fliesenleger eine andere
Fliese verlegt hat. Selbst wenn die Arbeit einwandfrei ausgeführt wurde, ist die Leistung mangelhaft.

Nicht immer besteht Einigkeit darüber, ob es sich um eine
mangelhafte Leistung handelt oder nicht. Bei handwerk-
lichen Ausführungsfehlern kann ein Blick in die entsprechenden DIN-Normen Klarheit bringen. Diese sind aber
bedauerlicherweise nur zu sehr hohen Preisen zu erwerben.
Außerdem ist es als Laie nicht ganz einfach, sich durchzufin-
den. Hier hilft nur, den Spieß umzudrehen, denn für Sie von
Vorteil ist die Regel, dass vor Abnahme der Bauträger, Generalübernehmer oder -unternehmer Ihnen beweisen muss,
dass es sich bei der Beanstandung nicht um einen Mangel
handelt. Nach der Abnahme kehrt sich die Beweislast um.
Dann müssen Sie beweisen, dass die Leistung mangelhaft
ist. Kommt es während einer Abnahme nicht zu einer Eini-

gung darüber, ob eine bestimmte Leistung mangelhaft ist
oder nicht, sollten Sie diesen Sachverhalt ins Abnahmeprotokoll aufnehmen und die Klärung,
inkl. Beschaffung der notwendigen
und aktuellen DIN-Normen, ganz klar
dem Bauträger aufgeben. Er sollte
sich dazu im Protokoll verbindlich
verpflichten, unabhängig von der
Beweislastumkehr.

Danach können Sie mit der Abnahme
fortfahren. Nicht jeder kleine Kratzer
und jede kleine Unebenheit stellt
gleich einen Mangel dar. Es gibt
gewisse Toleranzen beim Bauen, die
Sie als Erwerber hinnehmen müssen,
denn schließlich ist alles Handarbeit
und die erbrachte Leistung sollte mit
dem Augenmaß begutachtet werden, mit dem Sie später im
täglichen Gebrauch durch das Haus gehen.

> **i Beispielformulierung eines Mangelvorbehalts im Abnahmeprotokoll**
>
> „Folgende Leistung wird als mangelhaft beanstandet: (Beschreibung des Mangels). Der Auftragnehmer widerspricht mit folgender Begründung: (Stellungnahme des Bauträgers, Generalübernehmers oder -unternehmers). Der Auftragnehmer wird innerhalb von 5 Werktagen einen schriftlichen Nachweis der Mängelfreiheit erbringen und die dafür notwendigen und aktuellen DIN-Normen beschaffen und vorlegen. Der Mangel gilt so lange als vorbehalten, bis der Sachverhalt geklärt ist. Bis zur Klärung wird folgender Geldbetrag vom Auftraggeber einbehalten: (zweifache Summe der Kosten für die Mängelbeseitigung)."

Ob es sich um einen Mangel oder eine hinzunehmende
Unregelmäßigkeit handelt, kann neben der Prüfung, ob die
Leistungen nach den gültigen DIN-Normen und den anerkannten Regeln der Technik durchgeführt wurden, auch an
der Bedeutung für die Gebrauchstauglichkeit gemessen
werden oder am Grad der Beeinträchtigung der Funktionsfähigkeit. Die Bandbreite liegt damit zwischen einer Bagatelle,
die nicht einmal den Einbehalt von Geld erlaubt, und einem
Mangel, der unverzüglich eine Nachbesserung erforderlich
macht.

Eine undichte Rohrleitung ist sicherlich ein erheblicher
Mangel, der unverzüglich beseitigt werden muss, ein kleiner
Kratzer in der Glasscheibe, den man im Abstand von 50 cm
schon nicht mehr sehen kann, eher eine Bagatelle, wegen
der man die Scheibe nicht unbedingt auswechseln wird. Las-

sen Sie also bei der Abnahme die Lupe zu Hause und achten Sie auf die wirklich wichtigen Punkte. Und sollte der Bauträger, Generalübernehmer oder -unternehmer argumentieren, dass ein streitiger Mangel im Toleranzbereich liegt, so muss er Ihnen vor der Abnahme den Nachweis dafür erbringen.

Wenn Sie Zweifel an den Nachweisvorlagen des Bauträgers haben, dass es sich nicht um einen Mangel handelt, ist es sinnvoll, Fachleute (Adressen, Seite 250) einzuschalten, die die Nachweise genauer ansehen. Die Nachweise, dass es sich bei einem Mangel nicht um einen solchen handelt, sollte der Bauträger grundsätzlich schriftlich und unter Nachweis auf Normen und anerkannte Regeln der Technik erbringen. Ein paar flotte mündliche Sätze, dass das schon alles so in Ordnung sei, den DIN-Normen und den allgemein anerkannten Regeln der Technik entspreche, reichen selbstverständlich nicht. Auch kein blumiges Briefchen.

> ✖ **Tipp**
>
> Wenn Sie einen Mangel finden, überlegen Sie, ob Sie diesen Punkt auch in den vorherigen Räumen kontrolliert haben. Gehen Sie im Zweifelsfall nochmal zurück und prüfen Sie es.

Es empfiehlt sich, bereits bei der Abnahme zu vereinbaren, wie viel Geld bis zur Beseitigung der Mängel einbehalten wird, da alle Beteiligten anwesend sind. Die Höhe des Einbehalts sollte etwa das Zweifache der Kosten betragen, die zur Beseitigung der Mängel oder Schäden notwendig sind (§ 641 Abs. 3 BGB). Ist der Betrag zu gering, kann es passieren, dass Ihr Vertragspartner lieber auf das Geld verzichtet, um sich die Arbeit zu sparen. Sie haben dann den Ärger und den Aufwand, um die Dinge in Ordnung bringen zu lassen.

Kommt es wegen Mängeln zu Streit, kann es sinnvoll sein, die Abnahme ganz abzubrechen und unter Einschaltung eines Gutachters und ggf. Ihres Anwalts neu anzusetzen. Der Abbruch einer Abnahme ist möglich, wenn zum Beispiel direkt ein Folgetermin für eine Wiederholung der Abnahme vereinbart wird.

Typische sichtbare Mängel

Auf verdeckte Mängel, also Mängel, die bei der Abnahme nicht sichtbar sind, besteht generell eine 5-jährige Gewährleistungsfrist nach dem BGB bzw. eine 4-jährige Gewährleistungszeit nach VOB, die aus den schon erwähnten Gründen momentan für Verbraucher aber kritisch zu betrachten ist. Wichtig für die Abnahme sind jedoch die sichtbaren bzw. bekannten Mängel am Haus, denn wenn diese nicht im Abnahmeprotokoll schriftlich festgehalten werden, akzeptieren Sie damit diesen Mangel und verlieren den Anspruch auf eine kostenfreie Nachbesserung.

Es ist durchaus möglich, dass Sie bei der Begehung 20 und mehr Punkte finden, die nachgebessert werden müssen. Wenn es sich durchweg um Kleinigkeiten handelt, ist das nicht so schlimm. Wenn Sie aber das Gefühl haben, dass am Objekt einiges im Argen liegt und der Bauträger, Generalübernehmer oder -unternehmer sich uneinsichtig zeigt, brechen Sie den Termin besser ab, vereinbaren Sie einen neuen Termin und wiederholen die Abnahme gemeinsam mit einem Sachverständigen.

Anhand der Baubeschreibung müssen Sie kontrollieren, ob die beschriebenen und vereinbarten Leistungen ordnungsgemäß erbracht wurden: Wurde zum Beispiel jeweils das richtige Material oder Bauteil in der richtigen Farbe verwendet, und zwar von jeweils dem Hersteller, der in der Baubeschreibung festgelegt wurde?

Darüber hinaus gibt es eine Reihe von typischen Fehlern und Mängeln, die sehr häufig zu finden sind. Sehen Sie hier genau hin. Sollten Mängel vorliegen, nehmen Sie auch diese ins Abnahmeprotokoll auf und benennen Sie die Höhe des Geldeinbehalts, den Sie machen, bis der Mangel beseitigt ist.

Innentüren

Innentüren sind häufig nicht richtig justiert. Die Folge ist, dass die Tür entweder nach dem Öffnen von selbst wieder zuschlägt oder sich von selbst öffnet, wenn man sie nur anlehnt. Achten Sie darauf, dass die Tür nicht am Boden streift und der Türspalt zwischen Boden und Tür nicht zu groß ist. Üblich ist ca. 1 cm Luft. Prüfen Sie die Oberfläche und die Kanten auf Beschädigungen. Kontrollieren Sie auch, ob die Türen beim Schließen am Rahmen streifen und ob sie sich abschließen lassen.

Fenster

Auch Fenster sind oft nicht richtig justiert und schlagen von selbst wieder zu, nachdem man sie loslässt. Achten Sie auf Kratzer im Glas. Rahmen und Verglasung müssen frei von Farbresten sein. Ist das Fenster so schmutzig, dass es nicht auf Kratzer hin kontrolliert werden kann, muss dieser Umstand im Protokoll festgehalten werden.

Beispiel: Das Fensterglas konnte wegen Verschmutzung nicht auf Fehler geprüft werden. Schäden an der Verglasung werden vorbehalten.

Prüfen Sie die Gängigkeit jedes einzelnen Fensterflügels, achten Sie darauf, dass der Anschluss zwischen Rahmen und Fensterbank sowie den Leibungen innen und außen verfugt ist. Kontrollieren Sie außerdem, ob die Fensterflügel in die richtige Richtung aufschlagen.

Rollläden

Nicht immer lassen sich Rollläden komplett öffnen und schließen, sie haken oder bleiben sogar hängen. Das Rollladenband muss senkrecht vom Kasten zum Gurtwickler geführt werden. Ist es schief, wird das Band durch die Fehlbelastung frühzeitig zerstört.

Sanitärgegenstände

Der Boden der Dusche und der Badewanne sollte genau untersucht werden. Häufig gibt es hier Kratzer, weil der Installateur oder der Fliesenleger den Boden vor Beginn seiner Arbeiten nicht sorgfältig abgedeckt hat. Auch das Waschbecken ist auf der Innenseite oft beschädigt.

Elektroinstallation

Kaum zu glauben, aber nicht immer funktionieren alle Steckdosen und Schalter. Die Abnahme ist der richtige Zeitpunkt, dies zu prüfen. Nehmen Sie hierzu einen Stromprüfer zur Hand. Aber seien Sie vorsichtig und achten Sie darauf, nicht direkt mit Strom in Berührung zu kommen.

Heizungsinstallation und Warmwasserbereitung

An den Heizkörperflächen finden sich oftmals Lackschäden oder Beschädigungen der Abdeckungen. Die Heizung sollte bei der Abnahme in Betrieb sein, damit Sie prüfen können, ob die Heizkörper warm werden. Prüfen Sie außerdem, wie lange es dauert, bis warmes Wasser aus den Hähnen kommt.

Fliesen

Fliesen haben oftmals kleine Risse oder Abplatzungen an den Kanten. Bei Abmauerungen im Dusch- und Wannenbereich ist darauf zu achten, dass das Gefälle von der Wand wegführt, sonst steht ständig Wasser an der Wand. Nicht immer decken die Rosetten der Sanitärgegenstände die Aussparung ab, die der Fliesenleger in die Fliesen gebrochen hat. Prüfen Sie, ob alle Ecken und Wand-Bodenübergänge sowie die Anschlüsse der Sanitärgegenstände an den Fliesen dauerelastisch verfugt sind.

Parkettböden

Parkettböden haben mitunter ein unebenes Schliffbild, das Sie gut im Gegenlicht sehen können. Es kommt manchmal auch zu Beulungen oder gar Rissbildungen, zum Beispiel weil der Parkettleger unmittelbar nach dem Verlegen des Parketts die Heizung viel zu hoch gedreht hat und die hohe Raumtemperatur das Parkett „arbeiten" ließ. Häufig ist auch der Abstand des Parketts zur Wand zu gering gewählt, sodass keine ausreichende Bewegungsfuge bleibt. Vor allem im Fußpunktbereich von Türzargen lässt sich dies gut sehen. Hier muss zwischen Parkettboden und Türzarge zum Beispiel ein ausreichend dimensionierter Korkstreifen liegen, wenn die Türzarge nicht auf dem Parkett steht. Nicht selten kommt es auch vor, dass die umlaufende Bodenleiste sowohl an der Wand als auch am Parkett selbst montiert ist. Auch dies ist ungünstig, weil der Parkettboden nicht fest mit angrenzenden Wänden verbunden sein sollte. Er muss sich frei bewegen können.

Wandflächen

Achten Sie darauf, ob sich Tapeten an Stößen oder Ecken von der Wand lösen oder größere Luftblasen hinter der Tapete sind. Diese Bereiche finden Sie, indem Sie mit einer Lampe parallel zur Wand ein Streiflicht erzeugen. Nicht immer sind die Wände vollflächig gestrichen und es gibt unschöne Fehlstellen. Diese Bereiche kann man in der Regel nur bei Tageslicht erkennen.

Außenbereich

Bei sichtbaren und gestrichenen Sparren ist der Anstrich nicht immer vollständig. Prüfen Sie, ob alle sichtbaren Dachhölzer, vor allem auch außen, rundum sorgfältig gestrichen wurden. Die Überstände von Außenfensterbänken, Blechverwahrungen zum Beispiel am Garagendach und Abdeckungen

von Mauern haben nicht immer eine ausreichende Tropf-
kante (ca. 2 cm Überstand), sodass ablaufendes Wasser die
Wand verschmutzt. Bei Plattenbelägen im Außenbereich
kommt es vor, dass einzelne Platten beim Betreten wackeln.

Checklisten für die Abnahme

Die Checklisten in diesem Kapitel enthalten die Punkte, die
bei einer Abnahme zu kontrollieren sind. Bei der Abnahme
geht es nicht darum, rasch durchs Haus zu laufen und zu
sehen, ob einem dabei etwas auffällt. Es geht um sorgfältige Überprüfung der gelieferten Werkleistung, um mögliche
Mängelbeseitigungen und ggf. Geldeinbehalte, die Sie nach
dem Termin nicht mehr durchsetzen können.

Deshalb sollten Sie sich beim Durchsehen der Checklisten
ganz ehrlich die Frage stellen: Reicht das fachliche Wissen
aus, um die Mängelfreiheit aller Bereiche und Gewerke beurteilen zu können?

Wenn Sie nach dem Lesen der Checklisten daran Zweifel haben, brauchen Sie einen erfahrenen Fachmann, der Ihnen bei
der Abnahme zur Seite steht und alle Punkte für Sie prüft. Ein
erfahrener Bauleiter, Architekt oder Sachverständiger kann
Ihnen bei der Abnahme eine wertvolle Hilfe sein, u. a. bei der
Industrie- und Handelskammer (IHK) erhalten Sie eine Liste
von vereidigten Sachverständigen, zum Beispiel für Schäden
an Gebäuden, falls sich im Vorfeld bereits Schwierigkeiten abzeichnen. Auch der Bauherrenschutzbund und der
Verband privater Bauherren bieten eine Begleitung bei der
Abnahme an. Bestehen bei Ihnen Zweifel am Sachverständigen, kann es sinnvoll sein, sich Referenzen der bisherigen
Tätigkeit geben zu lassen, aus denen die Erfahrung des Sachverständigen hervorgeht. Treffen Sie vorher möglichst auch
klare Honorarvereinbarungen, z. B. zu einem Stundenhonorar
oder pauschal.

Die Checklisten helfen Ihnen bei der Übersicht, ob alle Stichpunkte kontrolliert wurden, indem Sie die einzelnen Punkte raumweise abhaken. Zudem können Sie diese Checklisten einem externen Fachmann mitgeben, wenn Sie ihm die fachliche Beurteilung der Leistung überlassen, damit von Anfang an klar ist, wie umfangreich sich die Abnahme gestaltet. Lassen Sie sich die einzelnen Punkte vor der Abnahme ggf. erläutern, um sich ein Bild von seiner fachlichen Qualifikation zu machen.

Durch den raum- und geschossweisen Aufbau der Checklisten müssen Sie nicht ständig blättern und behalten den Überblick über die zu prüfenden Punkte. Die Prüfpunkte sind bewusst stichwortartig gehalten, um übersichtlich zu bleiben. Ausgewählt wurden Prüfpunkte, bei denen häufig Mängel gefunden werden. Punkte, die Sie überprüft haben, haken Sie einfach ab. Wenn Sie Grundrisspläne dabeihaben, achten Sie auf Übereinstimmung zwischen den dort eingetragenen Raumbezeichnungen und den in den Prüflisten verwendeten Begriffen.

√ **Prüfpunkte für die Hausabnahme – Innen**

Keller

Raum: z. B. Flur

01 Kelleraußentür	Musterübereinstimmung Baubeschreibung						
	Schwenkradius						
	Öffnungsrichtung						
	Türhöhe/Türbreite						
	Schließmechanismus/Schlüssel						
	Beschläge						
	Wetterschenkel						
	dichtes Schließen/Türfalzdichtungen						
	Türblattoberfläche						
	Zargenoberfläche/Zargen-Wand-Anschluss						
	Türbänder/Befestigung						
	lotrechter Einbau						

02 Innentüren	Musterübereinstimmung Baubeschreibung						
	Schwenkradius						
	Öffnungsrichtung						
	Türhöhe/Türbreite						
	Schließmechanismus/Schlüssel						
	Beschläge						
	dichtes Schließen/Türfalzdichtungen						
	Türblattoberfläche						
	Zargenoberfläche/Zargen-Wand-Anschluss						
	Türbänder/Befestigung						
	lotrechter Einbau						

03 Fenster	Musterübereinstimmung Baubeschreibung						
	Schwenkradius						
	Öffnungsrichtung						
	Schließmechanismus						
	Beschläge						
	dichtes Schließen						
	Glasoberfläche						
	Befestigung						
	Wandanschluss						
	lotrechter Einbau						

✓ Prüfpunkte für die Hausabnahme – Innen

Keller Fortsetzung

Raum: z. B. Flur

04 Fensterbänke	Musterübereinstimmung Baubeschreibung	☐	☐	☐	☐	☐	☐
	Oberfläche (Kratzer, Risse, Sprünge)	☐	☐	☐	☐	☐	☐
	waagerechter Einbau	☐	☐	☐	☐	☐	☐
	Wandanschluss	☐	☐	☐	☐	☐	☐
05 Rollläden	Musterübereinstimmung Baubeschreibung	☐	☐	☐	☐	☐	☐
	Gangbarkeit	☐	☐	☐	☐	☐	☐
	Rollladenband lotrecht	☐	☐	☐	☐	☐	☐
	Verschmutzung	☐	☐	☐	☐	☐	☐
	Verdunkelung	☐	☐	☐	☐	☐	☐
	Befestigung Rollladenklappe	☐	☐	☐	☐	☐	☐
06 Wandflächen							
Tapeten	Musterübereinstimmung Baubeschreibung	☐	☐	☐	☐	☐	☐
	Ebenheit	☐	☐	☐	☐	☐	☐
	Anstrich	☐	☐	☐	☐	☐	☐
	Nähte bei Tapeten, Anschlüsse, Stöße	☐	☐	☐	☐	☐	☐
Putz	Musterübereinstimmung Baubeschreibung	☐	☐	☐	☐	☐	☐
	Oberflächenstruktur	☐	☐	☐	☐	☐	☐
	Gleichmäßigkeit	☐	☐	☐	☐	☐	☐
	Ebenheit	☐	☐	☐	☐	☐	☐
	Anstrich, Anschlüsse	☐	☐	☐	☐	☐	☐
Wandfliesen	Musterübereinstimmung Baubeschreibung	☐	☐	☐	☐	☐	☐
	Ebenheit	☐	☐	☐	☐	☐	☐
	Fugenbreite/Fugenverlauf	☐	☐	☐	☐	☐	☐
	Sprünge	☐	☐	☐	☐	☐	☐
	Durchstoßpunkte Sanitärinstallation	☐	☐	☐	☐	☐	☐
	Bordüren	☐	☐	☐	☐	☐	☐
	Ablagen mit Gefälle zum Raum	☐	☐	☐	☐	☐	☐
	Übergänge zu Anschlussbauteilen (Tür etc.)	☐	☐	☐	☐	☐	☐
	Befestigungen (Klopftest)	☐	☐	☐	☐	☐	☐
Vorwand-installation	Musterübereinstimmung Baubeschreibung	☐	☐	☐	☐	☐	☐
	Befestigung	☐	☐	☐	☐	☐	☐
	Übergänge zu Anschlusswänden	☐	☐	☐	☐	☐	☐
	Revisionsöffnungen	☐	☐	☐	☐	☐	☐

✓ Prüfpunkte für die Hausabnahme – Innen

Keller Fortsetzung

Raum: z. B. Flur

Sockelleisten	Musterübereinstimmung Baubeschreibung	
	waagerechter Einbau	
	Oberfläche	
	Wand-/Bodenanschluss	
	Stöße	

07 Deckenuntersichten

Tapeten	Musterübereinstimmung Baubeschreibung	
	Ebenheit	
	Anstrich	
	Nähte bei Tapeten, Anschlüsse, Stöße	
	Deckenauslässe (Elektro)	
Putz	Musterübereinstimmung Baubeschreibung	
	Oberflächenstruktur	
	Gleichmäßigkeit	
	Ebenheit	
	Anstrich, Anschlüsse	
	Deckenauslässe (Elektro)	

08 Bodenbeläge

Teppich bzw. Linoleum	Musterübereinstimmung Baubeschreibung	
	Ebenheit	
	Schadenfreiheit	
	Fußleisten	
Bodenfliesen	Musterübereinstimmung Baubeschreibung	
	Ebenheit	
	Fugenbreite/Fugenverlauf	
	Beschädigungen	
	Durchstoßpunkte Sanitärinstallation	
	falls vorhanden: Bodenabläufe	
	Messingabschlussleisten/Übergänge	

09 Elektro-installation

	Musterübereinstimmung Baubeschreibung	
	Schalter, Anzahl und Lage	
	Steckdosen, Anzahl und Lage	
	Schalterprogramm	
	Funktionsfähigkeit	
	Lichtauslässe, Anzahl und Lage	
	Herdanschluss	
	Zugerscheinung an Steckdosen	

Prüfpunkte für die Hausabnahme – Innen Fortsetzung

Keller Fortsetzung

Raum: z. B. Flur

10 Heizungs-installation		
Musterübereinstimmung Baubeschreibung		☐☐☐☐☐☐☐
Heizkörper/Dichtigkeit		
Heizkörper/Oberfläche		
Abnahme Schornsteinfeger		
falls vorhanden: Entlüftung		
Befestigung		
Heizkörper, Lage, Anzahl, Größe		
Funktionsfähigkeit/Dosierung/Thermostat		

11 Sanitär-installation

Musterübereinstimmung Baubeschreibung
Armaturen, Musterübereinstimmung
Objekte, Musterübereinstimmung
Befestigung
Einbauhöhe
Silikondichtungen
Funktionsfähigkeit
waagerechte Montage
Duschtrennwände
Bad-/WC-Accessoires vollständig?

12 Treppen

Musterübereinstimmung Baubeschreibung
identische Antrittshöhen
Befestigung Geländer
Geländerhöhen
Handläufe, Befestigung
Handläufe, Oberfläche
Kopfhöhen

13 Heizungsanlage

Heizungsraum

Musterübereinstimmung Baubeschreibung
Raumbelüftung (Zuluft/Abluft)
Heizungsraumtür/Feuerschutz notwendig?

Kamin

Musterübereinstimmung Baubeschreibung
Abnahme Schornsteinfeger
Wandanschluss/Montage
Funktionsfähigkeit
Zuluft
Rauchabzug, Anschluss an Brenner

✓ Prüfpunkte für die Hausabnahme – Innen

Keller Fortsetzung

Raum: z. B. Flur

		Raum: z. B. Flur						
Brenner	Musterübereinstimmung Baubeschreibung	☐	☐	☐	☐	☐	☐	☐
	Funktionsfähigkeit	☐	☐	☐	☐	☐	☐	☐
	Laufruhe	☐	☐	☐	☐	☐	☐	☐
	Steuerung/Regulierung	☐	☐	☐	☐	☐	☐	☐
	Montage/Befestigung	☐	☐	☐	☐	☐	☐	☐
Kessel	Musterübereinstimmung Baubeschreibung	☐	☐	☐	☐	☐	☐	☐
	Funktionsfähigkeit	☐	☐	☐	☐	☐	☐	☐
	Laufruhe	☐	☐	☐	☐	☐	☐	☐
	Steuerung/Regulierung	☐	☐	☐	☐	☐	☐	☐
	Montage/Befestigung	☐	☐	☐	☐	☐	☐	☐
Pumpen	Musterübereinstimmung Baubeschreibung	☐	☐	☐	☐	☐	☐	☐
	Funktionsfähigkeit	☐	☐	☐	☐	☐	☐	☐
	Laufruhe	☐	☐	☐	☐	☐	☐	☐
	Steuerung/Regulierung	☐	☐	☐	☐	☐	☐	☐
	Montage/Befestigung	☐	☐	☐	☐	☐	☐	☐
Rohre/Ventile	Musterübereinstimmung Baubeschreibung	☐	☐	☐	☐	☐	☐	☐
	Funktionsfähigkeit	☐	☐	☐	☐	☐	☐	☐
	Dichtigkeit	☐	☐	☐	☐	☐	☐	☐
	Wärmedämmung nach EnEV	☐	☐	☐	☐	☐	☐	☐
	Schallisolierung der Befestigungen	☐	☐	☐	☐	☐	☐	☐
	Montage/Befestigung	☐	☐	☐	☐	☐	☐	☐
Ausdehnungs-gefäß	Musterübereinstimmung Baubeschreibung	☐	☐	☐	☐	☐	☐	☐
	Funktionsfähigkeit	☐	☐	☐	☐	☐	☐	☐
	Dichtigkeit	☐	☐	☐	☐	☐	☐	☐
	Sicherheitsventile	☐	☐	☐	☐	☐	☐	☐
	Montage/Befestigung	☐	☐	☐	☐	☐	☐	☐
Öltank	Musterübereinstimmung Baubeschreibung	☐	☐	☐	☐	☐	☐	☐
	Dichtigkeit	☐	☐	☐	☐	☐	☐	☐
	Funktionsfähigkeit Öluhr	☐	☐	☐	☐	☐	☐	☐
	Zulauf	☐	☐	☐	☐	☐	☐	☐
	Ablauf	☐	☐	☐	☐	☐	☐	☐
	Überlauf	☐	☐	☐	☐	☐	☐	☐
	Montage/Befestigung	☐	☐	☐	☐	☐	☐	☐
Gasheiztherme	Musterübereinstimmung Baubeschreibung	☐	☐	☐	☐	☐	☐	☐
	Funktionsfähigkeit	☐	☐	☐	☐	☐	☐	☐
	Laufruhe	☐	☐	☐	☐	☐	☐	☐
	Steuerung/Regulierung	☐	☐	☐	☐	☐	☐	☐
	Montage/Befestigung	☐	☐	☐	☐	☐	☐	☐

✔ Prüfpunkte für die Hausabnahme – Innen Fortsetzung

Keller Fortsetzung

Raum: z. B. Flur

Fernwärme-übergabestation	Musterübereinstimmung Baubeschreibung	☐	☐	☐	☐	☐	☐	☐
	Funktionsfähigkeit	☐	☐	☐	☐	☐	☐	☐
	Laufruhe	☐	☐	☐	☐	☐	☐	☐
	Steuerung/Regulierung	☐	☐	☐	☐	☐	☐	☐
	Montage/Befestigung	☐	☐	☐	☐	☐	☐	☐

14 Hausanschluss

Wasser-anschluss	Musterübereinstimmung Baubeschreibung	☐	☐	☐	☐	☐	☐	☐
	Zulauf	☐	☐	☐	☐	☐	☐	☐
	Wanddurchstoßpunkte	☐	☐	☐	☐	☐	☐	☐
	Zähleruhren (Stadtwerke)	☐	☐	☐	☐	☐	☐	☐
	Dichtigkeit	☐	☐	☐	☐	☐	☐	☐
	Ventile/Funktionsfähigkeit	☐	☐	☐	☐	☐	☐	☐
	Montage/Befestigung	☐	☐	☐	☐	☐	☐	☐
Elektro-anschluss	Musterübereinstimmung Baubeschreibung	☐	☐	☐	☐	☐	☐	☐
	Zuführung	☐	☐	☐	☐	☐	☐	☐
	Wanddurchstoßpunkte	☐	☐	☐	☐	☐	☐	☐
	Zähleruhren (Stadtwerke)	☐	☐	☐	☐	☐	☐	☐
	Isolierungen	☐	☐	☐	☐	☐	☐	☐
	Sicherungen/Funktionsfähigkeit	☐	☐	☐	☐	☐	☐	☐
	Montage/Befestigung	☐	☐	☐	☐	☐	☐	☐
Gasanschluss	Musterübereinstimmung Baubeschreibung	☐	☐	☐	☐	☐	☐	☐
	Zustrom	☐	☐	☐	☐	☐	☐	☐
	Wanddurchstoßpunkte	☐	☐	☐	☐	☐	☐	☐
	Zähleruhren (Stadtwerke)	☐	☐	☐	☐	☐	☐	☐
	Dichtigkeit	☐	☐	☐	☐	☐	☐	☐
	Ventile/Funktionsfähigkeit	☐	☐	☐	☐	☐	☐	☐
	Montage/Befestigung	☐	☐	☐	☐	☐	☐	☐
Fernwärme-anschluss	Musterübereinstimmung Baubeschreibung	☐	☐	☐	☐	☐	☐	☐
	Zustrom	☐	☐	☐	☐	☐	☐	☐
	Wanddurchstoßpunkte	☐	☐	☐	☐	☐	☐	☐
	Zähleruhren (Stadtwerke)	☐	☐	☐	☐	☐	☐	☐
	Dichtigkeit	☐	☐	☐	☐	☐	☐	☐
	Ventile/Funktionsfähigkeit	☐	☐	☐	☐	☐	☐	☐
	Montage/Befestigung	☐	☐	☐	☐	☐	☐	☐

✓ **Prüfpunkte für die Hausabnahme – Innen**

Erdgeschoss und Obergeschoss

Raum: z. B. Flur

01 Haustür
- Musterübereinstimmung Baubeschreibung
- Schwenkradius und Öffnungsrichtung
- Türhöhe/Türbreite
- Schließmechanismus/Schlüssel
- Beschläge und Wetterschenkel
- dichtes Schließen/Türfalzdichtungen
- Türblattoberfläche
- Zargenoberfläche/Zargen-Wand-Anschluss
- Türbänder/Befestigung
- lotrechter Einbau

02 Innentüren
- Musterübereinstimmung Baubeschreibung
- Schwenkradius und Öffnungsrichtung
- Türhöhe/Türbreite
- Schließmechanismus/Schlüssel
- Beschläge
- dichtes Schließen/Türfalzdichtungen
- Türblattoberfläche
- Zargenoberfläche/Zargen-Wand-Anschluss
- Türbänder/Befestigung
- lotrechter Einbau

03 Fenster
(auch von außen prüfen!)
- Musterübereinstimmung Baubeschreibung
- Schwenkradius und Öffnungsrichtung
- Schließmechanismus, Beschläge
- dichtes Schließen
- Glasoberfläche
- Befestigung, lotrechter Einbau
- Wandanschluss innen und außen
- Anschluss Rollladenschienen, Kasten
- bei Holzfenstern: Anstrich, Haftung, Farbton

04 Fensterbänke
- Musterübereinstimmung Baubeschreibung
- Oberfläche (Kratzer, Risse, Sprünge)
- waagerechter Einbau
- Wandanschluss

✔ Prüfpunkte für die Hausabnahme – Innen

Erdgeschoss und Obergeschoss Fortsetzung

Raum: z. B. Flur

05 Rollläden (auch von außen prüfen!)

	Raum: z. B. Flur					
Musterübereinstimmung Baubeschreibung	☐	☐	☐	☐	☐	☐
Gangbarkeit	☐	☐	☐	☐	☐	☐
Rollladenband lotrecht	☐	☐	☐	☐	☐	☐
Verschmutzung	☐	☐	☐	☐	☐	☐
Verdunkelung	☐	☐	☐	☐	☐	☐
Befestigung Rollladenklappe	☐	☐	☐	☐	☐	☐

06 Wandflächen

Tapeten

Musterübereinstimmung Baubeschreibung	☐	☐	☐	☐	☐	☐
Ebenheit	☐	☐	☐	☐	☐	☐
Anstrich	☐	☐	☐	☐	☐	☐
Nähte bei Tapeten, Anschlüsse, Stöße	☐	☐	☐	☐	☐	☐

Putz

Musterübereinstimmung Baubeschreibung	☐	☐	☐	☐	☐	☐
Oberflächenstruktur	☐	☐	☐	☐	☐	☐
Gleichmäßigkeit	☐	☐	☐	☐	☐	☐
Ebenheit	☐	☐	☐	☐	☐	☐
Anstrich, Anschlüsse	☐	☐	☐	☐	☐	☐

Wandfliesen

Musterübereinstimmung Baubeschreibung	☐	☐	☐	☐	☐	☐
Ebenheit	☐	☐	☐	☐	☐	☐
Fugenbreite/Fugenverlauf	☐	☐	☐	☐	☐	☐
Sprünge	☐	☐	☐	☐	☐	☐
Durchstoßpunkte Sanitärinstallation	☐	☐	☐	☐	☐	☐
Bordüren	☐	☐	☐	☐	☐	☐
Ablagen mit Gefälle zum Raum	☐	☐	☐	☐	☐	☐
Übergänge zu Anschlussbauteilen (Tür etc.)	☐	☐	☐	☐	☐	☐
Haftung am Untergrund (Klopftest)	☐	☐	☐	☐	☐	☐

Vorwand-installation

Musterübereinstimmung Baubeschreibung	☐	☐	☐	☐	☐	☐
Befestigung	☐	☐	☐	☐	☐	☐
Übergänge zu Anschlusswänden	☐	☐	☐	☐	☐	☐
Revisionsöffnungen	☐	☐	☐	☐	☐	☐

Sockelleisten

Musterübereinstimmung Baubeschreibung	☐	☐	☐	☐	☐	☐
waagerechter Einbau	☐	☐	☐	☐	☐	☐
Oberfläche	☐	☐	☐	☐	☐	☐
Wand-/Bodenanschluss	☐	☐	☐	☐	☐	☐
Stöße	☐	☐	☐	☐	☐	☐

✔ Prüfpunkte für die Hausabnahme – Innen

Erdgeschoss und Obergeschoss Fortsetzung

Raum: z. B. Flur

07 Deckenuntersichten

Tapeten
- Musterübereinstimmung Baubeschreibung
- Ebenheit
- Anstrich
- Nähte bei Tapeten, Anschlüsse, Stöße
- Deckenauslässe (Elektro)

Putz
- Musterübereinstimmung Baubeschreibung
- Oberflächenstruktur
- Gleichmäßigkeit
- Ebenheit
- Anstrich, Anschlüsse
- Deckenauslässe (Elektro)

Holz
- Musterübereinstimmung Baubeschreibung
- Montagelaufrichtung
- Stöße
- Randabschluss
- Randleisten
- Befestigung
- Deckenauslässe (Elektro)

08 Bodenbeläge

Teppich bzw. Linoleum
- Musterübereinstimmung Baubeschreibung
- Ebenheit
- Schadenfreiheit
- Fußleisten

Bodenfliesen
- Musterübereinstimmung Baubeschreibung
- Ebenheit
- Fugenbreite/Fugenverlauf
- Sprünge
- Durchstoßpunkte Sanitärinstallation
- Falls vorhanden: Bodenabläufe
- Messingabschlussleisten/Übergänge

Parkett
- Musterübereinstimmung Baubeschreibung
- Ebenheit/Schliffbild
- Verlegemuster/Verlegerichtung
- Riss- oder Fugenbildung
- Randabstände zur Wand
- Eingelegte Korkstreifen
- Messingabschlussleisten/Übergänge
- Befestigung

✓ Prüfpunkte für die Hausabnahme – Innen

Erdgeschoss und Obergeschoss Fortsetzung

Raum: z. B. Flur

09 Elektro-installation	Musterübereinstimmung Baubeschreibung	☐	☐	☐	☐	☐	☐
	Schalter, Anzahl und Lage	☐	☐	☐	☐	☐	☐
	Steckdosen, Anzahl und Lage	☐	☐	☐	☐	☐	☐
	Schalterprogramm	☐	☐	☐	☐	☐	☐
	Funktionsfähigkeit	☐	☐	☐	☐	☐	☐
	Lichtauslässe, Anzahl und Lage	☐	☐	☐	☐	☐	☐
	Herdanschluss	☐	☐	☐	☐	☐	☐
	Zugerscheinung an Steckdosen	☐	☐	☐	☐	☐	☐
10 Heizungs-installation	Musterübereinstimmung Baubeschreibung	☐	☐	☐	☐	☐	☐
	Heizkörper, Dichtigkeit	☐	☐	☐	☐	☐	☐
	Heizkörper, Oberfläche	☐	☐	☐	☐	☐	☐
	Funktionsfähigkeit/Dosierung/Thermostat	☐	☐	☐	☐	☐	☐
	Falls vorhanden: Entlüftung	☐	☐	☐	☐	☐	☐
	Befestigung	☐	☐	☐	☐	☐	☐
	Heizkörper, Lage, Anzahl, Größe	☐	☐	☐	☐	☐	☐
11 Sanitär-installation	Musterübereinstimmung Baubeschreibung	☐	☐	☐	☐	☐	☐
	Armaturen	☐	☐	☐	☐	☐	☐
	Befestigung	☐	☐	☐	☐	☐	☐
	Einbauhöhe	☐	☐	☐	☐	☐	☐
	Silikondichtungen	☐	☐	☐	☐	☐	☐
	Funktionsfähigkeit	☐	☐	☐	☐	☐	☐
	waagerechte Montage	☐	☐	☐	☐	☐	☐
	Duschtrennwände	☐	☐	☐	☐	☐	☐
	Bad-/WC-Accessoires vollständig?	☐	☐	☐	☐	☐	☐
12 Treppen	Musterübereinstimmung Baubeschreibung	☐	☐	☐	☐	☐	☐
	identische Antrittshöhen	☐	☐	☐	☐	☐	☐
	Befestigung Geländer, Geländerhöhen	☐	☐	☐	☐	☐	☐
	Handläufe, Befestigung	☐	☐	☐	☐	☐	☐
	Handläufe, Oberfläche	☐	☐	☐	☐	☐	☐
	Kopfhöhen	☐	☐	☐	☐	☐	☐
13 Kamine/Öfen	Musterübereinstimmung Baubeschreibung	☐	☐	☐	☐	☐	☐
	Wandanschluss/Montage	☐	☐	☐	☐	☐	☐
	Funktionsfähigkeit	☐	☐	☐	☐	☐	☐
	Zuluft und Rauchabzug	☐	☐	☐	☐	☐	☐
	Steuerung/Regulierung	☐	☐	☐	☐	☐	☐

✓ **Prüfpunkte für die Hausabnahme – Innen**

Erdgeschoss und Obergeschoss Fortsetzung

Raum: z. B. Flur

14 Terrassentür		Raum: z. B. Flur						
	Musterübereinstimmung Baubeschreibung	☐	☐	☐	☐	☐	☐	☐
	Schwenkradius und Öffnungsrichtung	☐	☐	☐	☐	☐	☐	☐
	Glasoberfläche	☐	☐	☐	☐	☐	☐	☐
	Türhöhe/Türbreite	☐	☐	☐	☐	☐	☐	☐
	Schließmechanismus/Schlüssel	☐	☐	☐	☐	☐	☐	☐
	Beschläge, Wetterschenkel	☐	☐	☐	☐	☐	☐	☐
	dichtes Schließen/Türfalzdichtungen	☐	☐	☐	☐	☐	☐	☐
	Zargenoberfläche/Zargen-Wand-Anschluss	☐	☐	☐	☐	☐	☐	☐
	Türbänder/Befestigung	☐	☐	☐	☐	☐	☐	☐
	lotrechter Einbau	☐	☐	☐	☐	☐	☐	☐

✓ **Prüfpunkte für die Hausabnahme – Innen**

Dachgeschoss

Raum: z. B. Flur

01 Innentüren		Raum: z. B. Flur						
	Musterübereinstimmung Baubeschreibung	☐	☐	☐	☐	☐	☐	☐
	Schwenkradius	☐	☐	☐	☐	☐	☐	☐
	Öffnungsrichtung	☐	☐	☐	☐	☐	☐	☐
	Türhöhe/Türbreite	☐	☐	☐	☐	☐	☐	☐
	Schließmechanismus/Schlüssel	☐	☐	☐	☐	☐	☐	☐
	Beschläge	☐	☐	☐	☐	☐	☐	☐
	dichtes Schließen/Türfalzdichtungen	☐	☐	☐	☐	☐	☐	☐
	Türblattoberfläche	☐	☐	☐	☐	☐	☐	☐
	Zargenoberfläche/Zargen-Wand-Anschluss	☐	☐	☐	☐	☐	☐	☐
	Türbänder/Befestigung	☐	☐	☐	☐	☐	☐	☐
	lotrechter Einbau	☐	☐	☐	☐	☐	☐	☐

✓ Prüfpunkte für die Hausabnahme – Innen

Dachgeschoss Fortsetzung

Raum: z. B. Flur

		1	2	3	4	5
02 Balkon-außentüren	Musterübereinstimmung Baubeschreibung	☐	☐	☐	☐	☐
	Schwenkradius	☐	☐	☐	☐	☐
	Öffnungsrichtung	☐	☐	☐	☐	☐
	Türhöhe/Türbreite	☐	☐	☐	☐	☐
	Schließmechanismus/Schlüssel	☐	☐	☐	☐	☐
	Beschläge	☐	☐	☐	☐	☐
	Wetterschenkel	☐	☐	☐	☐	☐
	dichtes Schließen/Türfalzdichtungen	☐	☐	☐	☐	☐
	Türblattoberfläche	☐	☐	☐	☐	☐
	Zargenoberfläche/Zargen-Wand-Anschluss	☐	☐	☐	☐	☐
	Türbänder/Befestigung	☐	☐	☐	☐	☐
	lotrechter Einbau	☐	☐	☐	☐	☐
03 Fenster (auch von außen prüfen!)	Musterübereinstimmung Baubeschreibung	☐	☐	☐	☐	☐
	Schwenkradius und Öffnungsrichtung	☐	☐	☐	☐	☐
	Schließmechanismus, Beschläge	☐	☐	☐	☐	☐
	dichtes Schließen	☐	☐	☐	☐	☐
	Glasoberfläche	☐	☐	☐	☐	☐
	Befestigung	☐	☐	☐	☐	☐
	Wandanschluss innen und außen	☐	☐	☐	☐	☐
	Anschluss Rollladenschienen, Kasten	☐	☐	☐	☐	☐
	bei Holzfenstern: Anstrich, Haftung, Farbton	☐	☐	☐	☐	☐
	lotrechter Einbau	☐	☐	☐	☐	☐
04 Fensterbänke	Musterübereinstimmung Baubeschreibung	☐	☐	☐	☐	☐
	Oberfläche (Kratzer, Risse, Sprünge)	☐	☐	☐	☐	☐
	waagerechter Einbau	☐	☐	☐	☐	☐
	Wandanschluss	☐	☐	☐	☐	☐
05 Rollläden (auch von außen prüfen!)	Musterübereinstimmung Baubeschreibung	☐	☐	☐	☐	☐
	Gangbarkeit	☐	☐	☐	☐	☐
	Rollladenband lotrecht	☐	☐	☐	☐	☐
	Verschmutzung	☐	☐	☐	☐	☐
	Verdunkelung	☐	☐	☐	☐	☐
	Befestigung Rollladenklappe	☐	☐	☐	☐	☐

✓ **Prüfpunkte für die Hausabnahme – Innen**

Dachgeschoss Fortsetzung

Raum: z. B. Flur

06 Wandflächen

Tapeten	Musterübereinstimmung Baubeschreibung	☐ ☐ ☐ ☐ ☐ ☐ ☐ ☐
	Ebenheit	☐ ☐ ☐ ☐ ☐ ☐ ☐ ☐
	Anstrich	☐ ☐ ☐ ☐ ☐ ☐ ☐ ☐
	Nähte bei Tapeten, Anschlüsse, Stöße	☐ ☐ ☐ ☐ ☐ ☐ ☐ ☐
Putz	Musterübereinstimmung Baubeschreibung	☐ ☐ ☐ ☐ ☐ ☐ ☐ ☐
	Oberflächenstruktur	☐ ☐ ☐ ☐ ☐ ☐ ☐ ☐
	Gleichmäßigkeit	☐ ☐ ☐ ☐ ☐ ☐ ☐ ☐
	Ebenheit	☐ ☐ ☐ ☐ ☐ ☐ ☐ ☐
	Anstrich, Anschlüsse	☐ ☐ ☐ ☐ ☐ ☐ ☐ ☐
Wandfliesen	Musterübereinstimmung Baubeschreibung	☐ ☐ ☐ ☐ ☐ ☐ ☐ ☐
	Ebenheit	☐ ☐ ☐ ☐ ☐ ☐ ☐ ☐
	Fugenbreite/Fugenverlauf	☐ ☐ ☐ ☐ ☐ ☐ ☐ ☐
	Sprünge	☐ ☐ ☐ ☐ ☐ ☐ ☐ ☐
	Durchstoßpunkte Sanitärinstallation	☐ ☐ ☐ ☐ ☐ ☐ ☐ ☐
	Bordüren	☐ ☐ ☐ ☐ ☐ ☐ ☐ ☐
	Ablagen mit Gefälle zum Raum	☐ ☐ ☐ ☐ ☐ ☐ ☐ ☐
	Übergänge zu Anschlussbauteilen (Tür etc.)	☐ ☐ ☐ ☐ ☐ ☐ ☐ ☐
	Befestigungen (Klopftest)	☐ ☐ ☐ ☐ ☐ ☐ ☐ ☐
Vorwand-installation	Musterübereinstimmung Baubeschreibung	☐ ☐ ☐ ☐ ☐ ☐ ☐ ☐
	Befestigung	☐ ☐ ☐ ☐ ☐ ☐ ☐ ☐
	Übergänge zu Anschlusswänden	☐ ☐ ☐ ☐ ☐ ☐ ☐ ☐
	Revisionsöffnungen	☐ ☐ ☐ ☐ ☐ ☐ ☐ ☐
Sockelleisten	Musterübereinstimmung Baubeschreibung	☐ ☐ ☐ ☐ ☐ ☐ ☐ ☐
	waagerechter Einbau	☐ ☐ ☐ ☐ ☐ ☐ ☐ ☐
	Oberfläche	☐ ☐ ☐ ☐ ☐ ☐ ☐ ☐
	Wand-/Bodenanschluss	☐ ☐ ☐ ☐ ☐ ☐ ☐ ☐
	Stöße	☐ ☐ ☐ ☐ ☐ ☐ ☐ ☐

07 Deckenuntersichten

Tapeten	Musterübereinstimmung Baubeschreibung	☐ ☐ ☐ ☐ ☐ ☐ ☐ ☐
	Ebenheit	☐ ☐ ☐ ☐ ☐ ☐ ☐ ☐
	Anstrich	☐ ☐ ☐ ☐ ☐ ☐ ☐ ☐
	Nähte bei Tapeten, Anschlüsse, Stöße	☐ ☐ ☐ ☐ ☐ ☐ ☐ ☐
	Deckenauslässe (Elektro)	☐ ☐ ☐ ☐ ☐ ☐ ☐ ☐

✓ **Prüfpunkte für die Hausabnahme – Innen**

Dachgeschoss Fortsetzung

Raum: z. B. Flur

Putz	Musterübereinstimmung Baubeschreibung	
	Oberflächenstruktur	
	Gleichmäßigkeit	
	Ebenheit	
	Anstrich, Anschlüsse	
	Deckenauslässe (Elektro)	
Holz	Musterübereinstimmung Baubeschreibung	
	Montagelaufrichtung	
	Stöße	
	Randabschluss	
	Randleisten	
	Befestigung	
	Deckenauslässe (Elektro)	

08 Bodenbeläge

Teppich bzw. Linoleum	Musterübereinstimmung Baubeschreibung	
	Ebenheit	
	Schadenfreiheit	
	Fußleisten	
Bodenfliesen	Musterübereinstimmung Baubeschreibung	
	Ebenheit	
	Fugenbreite/Fugenverlauf	
	Sprünge	
	Durchstoßpunkte Sanitärinstallation	
	falls vorhanden: Bodenabläufe	
	Messingabschlussleisten/Übergänge	
Parkett	Musterübereinstimmung Baubeschreibung	
	Ebenheit	
	Schliffbild	
	Verlegemuster/Verlegerichtung	
	Riss- oder Fugenbildung	
	Randabstände zur Wand	
	eingelegte Korkstreifen	
	Messingabschlussleisten/Übergänge	
	Befestigung	

√ **Prüfpunkte für die Hausabnahme – Innen**

Dachgeschoss Fortsetzung

Raum: z. B. Flur

09 Elektro-installation								
Musterübereinstimmung Baubeschreibung	☐	☐	☐	☐	☐	☐	☐
Schalter, Anzahl und Lage	☐	☐	☐	☐	☐	☐	☐
Steckdosen, Anzahl und Lage	☐	☐	☐	☐	☐	☐	☐
Schalterprogramm	☐	☐	☐	☐	☐	☐	☐
Funktionsfähigkeit	☐	☐	☐	☐	☐	☐	☐
Lichtauslässe, Anzahl und Lage	☐	☐	☐	☐	☐	☐	☐
Herdanschluss	☐	☐	☐	☐	☐	☐	☐
Zugerscheinung an Steckdosen	☐	☐	☐	☐	☐	☐	☐

09 Elektro-installation
- Musterübereinstimmung Baubeschreibung
- Schalter, Anzahl und Lage
- Steckdosen, Anzahl und Lage
- Schalterprogramm
- Funktionsfähigkeit
- Lichtauslässe, Anzahl und Lage
- Herdanschluss
- Zugerscheinung an Steckdosen

10 Heizungs-installation
- Musterübereinstimmung Baubeschreibung
- Heizkörper/Dichtigkeit
- Heizkörper/Oberfläche
- Funktionsfähigkeit/Dosierung/Thermostat
- falls vorhanden: Entlüftung
- Befestigung
- Heizkörper, Lage, Anzahl, Größe
- Standrost am Kamin

11 Sanitär-installation
- Musterübereinstimmung Baubeschreibung
- Armaturen
- Objekte
- Befestigung
- Einbauhöhe
- Silikondichtungen
- Funktionsfähigkeit
- waagerechte Montage
- Duschtrennwände
- Bad-/WC-Accessoires vollständig?

12 Treppen
- Musterübereinstimmung Baubeschreibung
- identische Antrittshöhen
- Befestigung Geländer
- Geländerhöhen
- Handläufe, Befestigung
- Handläufe, Oberfläche
- Kopfhöhen
- Einschubtreppe, Funktion
- Einschubtreppe, Musterübereinstimmung

✔ **Prüfpunkte für die Hausabnahme – Innen**

Dachgeschoss Fortsetzung

Raum: z. B. Flur

13 Dachfenster		
	Musterübereinstimmung Baubeschreibung	
	Wandanschlüsse	
	Funktionsfähigkeit	
	Feststellen zum Putzen möglich	
	höher als umgebende Dachfläche montiert	
	Falzdichtung des Fensters	

✔ **Prüfpunkte für die Hausabnahme – Außen**

Fassade

Raum: z. B. Flur

01 Drainage		
	Musterübereinstimmung Baubeschreibung	
	evtl. Kiesstreifen	
	Übergang zu Haussockel	
	Übergang zu Grundstück/Einfassung	
	Anschüttung an Kellerlichtschächte	

02 Lichtschächte

Gitterroste	Musterübereinstimmung Baubeschreibung
	Korrosion
	Montage/Befestigung
	Öffenbarkeit/Einbruchsicherung
Kunststoff-schacht	Musterübereinstimmung Baubeschreibung
	Oberfläche
	Anarbeitung an Hauswand/Dichtigkeit
	Wasserabführung
	Zugänglichkeit
	lotrechter Einbau
Betonschacht	Musterübereinstimmung Baubeschreibung
	Oberfläche
	Anarbeitung an Hauswand/Dichtigkeit
	Wasserabführung
	Zugänglichkeit
	lotrechter Einbau

✓ Prüfpunkte für die Hausabnahme – Außen

Fassade Fortsetzung

Raum: z. B. Flur

03 Sockel

Beton
- Musterübereinstimmung Baubeschreibung
- Oberfläche
- Ebenheit
- Gleichmäßigkeit
- Eckausführungen
- Übergang Sockelfußpunkt
- Übergang zu Hausfassade
- Anarbeitung an Lichtschächte, Fenster, Tür

Putz
- Musterübereinstimmung Baubeschreibung
- Putzmusterung
- Ebenheit
- Gleichmäßigkeit
- Eckausführungen/Putzleisten
- Übergang Sockelfußpunkt
- Übergang zu Hausfassade
- Anarbeitung an Lichtschächte, Fenster, Tür
- Putzhaftung (Klopftest)

Klinker/
Plättchen
- Musterübereinstimmung Baubeschreibung
- Sprünge
- Ebenheit
- Fugenbreite/Fugenverlauf
- Eckausführungen
- Übergang Sockelfußpunkt
- Übergang zu Hausfassade
- Anarbeitung an Lichtschächte, Fenster, Tür
- Montage/Befestigung (Klopftest)

04 Fassade

Klinker
- Musterübereinstimmung Baubeschreibung
- bei Hinterlüftung: Lüftungsschlitze
- Risse/Sprünge
- Ebenheit
- Fugenbreite/Fugenverlauf
- Eckausführungen
- Anarbeitung an First und Ortgang
- Anarbeitung an Fenster und Türen
- Montage/Befestigung
- Fensterstürze gemäß Muster?
- Farbton

✔ **Prüfpunkte für die Hausabnahme – Außen**

Fassade Fortsetzung

Raum: z. B. Flur

		Raum: z. B. Flur							
Putz/ Wärmedämm- verbundsystem	Musterübereinstimmung Baubeschreibung		☐	☐	☐	☐	☐	☐	☐
	absolute Dichtigkeit an Anschlusspunkten		☐	☐	☐	☐	☐	☐	☐
	abs. Dicht. des Wärmedämmverbundsyst.		☐	☐	☐	☐	☐	☐	☐
	Ebenheit		☐	☐	☐	☐	☐	☐	☐
	Risse/Materialübergänge		☐	☐	☐	☐	☐	☐	☐
	Gleichmäßigkeit		☐	☐	☐	☐	☐	☐	☐
	Eckausführungen/Putzleisten		☐	☐	☐	☐	☐	☐	☐
	Anarbeitung an First und Ortgang		☐	☐	☐	☐	☐	☐	☐
	Anarbeitung an Fenster und Türen		☐	☐	☐	☐	☐	☐	☐
	Putzhaftung		☐	☐	☐	☐	☐	☐	☐
	Farbton		☐	☐	☐	☐	☐	☐	☐
Holz	Musterübereinstimmung Baubeschreibung		☐	☐	☐	☐	☐	☐	☐
	absolute Dichtigkeit am Sockelanschluss		☐	☐	☐	☐	☐	☐	☐
	aber: Verschalung zur Hinterlüftung offen		☐	☐	☐	☐	☐	☐	☐
	Gitterschutz am Lufteintritt		☐	☐	☐	☐	☐	☐	☐
	Ablaufblech mit Tropfkante unter Lufteintritt	☐	☐	☐	☐	☐	☐	☐
	Verschalungsmuster		☐	☐	☐	☐	☐	☐	☐
	Lattenstöße		☐	☐	☐	☐	☐	☐	☐
	Eckausführungen		☐	☐	☐	☐	☐	☐	☐
	Anarbeitung an First und Ortgang		☐	☐	☐	☐	☐	☐	☐
	Anarbeitung an Fenster und Türen		☐	☐	☐	☐	☐	☐	☐
	Montage/Befestigung		☐	☐	☐	☐	☐	☐	☐
	Farbton		☐	☐	☐	☐	☐	☐	☐
05 Fensterbänke	Musterübereinstimmung Baubeschreibung		☐	☐	☐	☐	☐	☐	☐
	Oberfläche (Kratzer, Sprünge, Risse)		☐	☐	☐	☐	☐	☐	☐
	waagerechter Einbau		☐	☐	☐	☐	☐	☐	☐
	Gefälle vom Haus weg		☐	☐	☐	☐	☐	☐	☐
	Fassadenanschluss		☐	☐	☐	☐	☐	☐	☐
	Rollladenschienenanschluss		☐	☐	☐	☐	☐	☐	☐
	seitliche Einfassung		☐	☐	☐	☐	☐	☐	☐
	ausreichender Überstand zur Fassade		☐	☐	☐	☐	☐	☐	☐
	Tropfkante an Vorderseite		☐	☐	☐	☐	☐	☐	☐

✓ Prüfpunkte für die Hausabnahme – Außen

Fassade Fortsetzung

Raum: z. B. Flur

06 Rollläden
Musterübereinstimmung Baubeschreibung ☐☐☐☐☐☐☐
vollständiges Aufrollen im Kasten ☐☐☐☐☐☐☐
Mit Stoppern versehen? ☐☐☐☐☐☐☐
Alle Lamellen waagerecht? ☐☐☐☐☐☐☐
Farbton ☐☐☐☐☐☐☐
Rollladenschienen lotrecht? ☐☐☐☐☐☐☐
Anarbeitung Rollladenschienen oben/unten ☐☐☐☐☐☐☐

07 Außentreppen
Musterübereinstimmung Baubeschreibung ☐☐☐☐☐☐☐
identische Antrittshöhen ☐☐☐☐☐☐☐
Ebenheit ☐☐☐☐☐☐☐
Kopfhöhen ☐☐☐☐☐☐☐
Entwässerung/Bodenabläufe ☐☐☐☐☐☐☐
Anschlüsse Fassade, Sockel, Terrasse ☐☐☐☐☐☐☐
bei Kellertreppen: Umfassungsmauern ☐☐☐☐☐☐☐
Übergänge Bodenbeläge ☐☐☐☐☐☐☐
eingelegte Gitterroste ☐☐☐☐☐☐☐

Geländer
Musterübereinstimmung Baubeschreibung ☐☐☐☐☐☐☐
Korrosion Geländer ☐☐☐☐☐☐☐
Befestigung Geländer ☐☐☐☐☐☐☐
Geländerhöhen ☐☐☐☐☐☐☐
Handläufe, Befestigung ☐☐☐☐☐☐☐
Handläufe, Oberfläche ☐☐☐☐☐☐☐

Geflieste Treppen
Musterübereinstimmung Baubeschreibung ☐☐☐☐☐☐☐
Verlegemuster/Verlegerichtung ☐☐☐☐☐☐☐
Fugenausbildung und Verlauf ☐☐☐☐☐☐☐
Randsockel ☐☐☐☐☐☐☐
Riffelungen gegen Rutschgefahr ☐☐☐☐☐☐☐
Anarbeitungen an Bodenabläufe, Gitterroste ☐☐☐☐☐☐☐
Farbton/Fliesenqualität ☐☐☐☐☐☐☐
Montage/Befestigung (Klopftest) ☐☐☐☐☐☐☐

08 Terrassen
Musterübereinstimmung Baubeschreibung ☐☐☐☐☐☐☐
Ebenheit/leichtes Gefälle vom Haus weg ☐☐☐☐☐☐☐
Entwässerung/Bodenabläufe ☐☐☐☐☐☐☐
Anschlüsse Fassade, Sockel, Treppen ☐☐☐☐☐☐☐
Übergänge Bodenbeläge ☐☐☐☐☐☐☐
Anmodellierung Erdreich ☐☐☐☐☐☐☐
eingelegte Gitterroste ☐☐☐☐☐☐☐

✓ Prüfpunkte für die Hausabnahme – Außen

Fassade Fortsetzung

Raum: z. B. Flur

Geländer	Musterübereinstimmung Baubeschreibung	☐	☐	☐	☐	☐	☐	☐
	Befestigung Geländer	☐	☐	☐	☐	☐	☐	☐
	Korrosion Geländer	☐	☐	☐	☐	☐	☐	☐
	Geländerhöhen	☐	☐	☐	☐	☐	☐	☐
	Handläufe, Befestigung	☐	☐	☐	☐	☐	☐	☐
	Handläufe, Oberfläche	☐	☐	☐	☐	☐	☐	☐
Geflieste Terrassen	Musterübereinstimmung Baubeschreibung	☐	☐	☐	☐	☐	☐	☐
	Verlegemuster/Verlegerichtung	☐	☐	☐	☐	☐	☐	☐
	Fugenausbildung und Verlauf	☐	☐	☐	☐	☐	☐	☐
	Randsockel	☐	☐	☐	☐	☐	☐	☐
	Riffelungen gegen Rutschgefahr	☐	☐	☐	☐	☐	☐	☐
	Anarbeitungen an Bodenabläufe, Gitterroste	☐	☐	☐	☐	☐	☐	☐
	Farbton/Fliesenqualität	☐	☐	☐	☐	☐	☐	☐
	Montage/Befestigung (Klopftest)	☐	☐	☐	☐	☐	☐	☐
Holzbohlen-terrasse	Musterübereinstimmung Baubeschreibung	☐	☐	☐	☐	☐	☐	☐
	Bohlenstärke	☐	☐	☐	☐	☐	☐	☐
	Bohlenmontage/Befestigung	☐	☐	☐	☐	☐	☐	☐
	Bohlenhinterlüftung	☐	☐	☐	☐	☐	☐	☐
	Bohlenverlegerichtung	☐	☐	☐	☐	☐	☐	☐
	Ebenheit	☐	☐	☐	☐	☐	☐	☐
	Holzschutzbehandlung	☐	☐	☐	☐	☐	☐	☐
09 Balkone	Musterübereinstimmung Baubeschreibung	☐	☐	☐	☐	☐	☐	☐
	Ebenheit/leichtes Gefälle vom Haus weg	☐	☐	☐	☐	☐	☐	☐
	Entwässerung/Bodenabläufe	☐	☐	☐	☐	☐	☐	☐
	Anschlüsse Fassade	☐	☐	☐	☐	☐	☐	☐
	Übergänge Bodenbeläge	☐	☐	☐	☐	☐	☐	☐
	eingelegte Gitterroste	☐	☐	☐	☐	☐	☐	☐
Geländer	Musterübereinstimmung Baubeschreibung	☐	☐	☐	☐	☐	☐	☐
	Befestigung Geländer	☐	☐	☐	☐	☐	☐	☐
	Korrosion Geländer	☐	☐	☐	☐	☐	☐	☐
	Verzinkungen/Farbanstriche	☐	☐	☐	☐	☐	☐	☐
	Geländerhöhen	☐	☐	☐	☐	☐	☐	☐
	Handläufe, Befestigung	☐	☐	☐	☐	☐	☐	☐
	Handläufe, Oberfläche	☐	☐	☐	☐	☐	☐	☐

✔ **Prüfpunkte für die Hausabnahme – Außen**

Fassade Fortsetzung

Raum: z. B. Flur

Gefliese Balkone	Musterübereinstimmung Baubeschreibung	☐	☐	☐	☐	☐	☐
	Verlegemuster/Verlegerichtung	☐	☐	☐	☐	☐	☐
	Fugenausbildung und Verlauf	☐	☐	☐	☐	☐	☐
	Randsockel	☐	☐	☐	☐	☐	☐
	Riffelungen gegen Rutschgefahr	☐	☐	☐	☐	☐	☐
	Anarbeitungen an Bodenabläufe, Gitterroste	☐	☐	☐	☐	☐	☐
	Farbton/Fliesenqualität	☐	☐	☐	☐	☐	☐
	Montage/Befestigung (Klopftest)	☐	☐	☐	☐	☐	☐
Holzbohlen-balkone	Musterübereinstimmung Baubeschreibung	☐	☐	☐	☐	☐	☐
	Bohlenstärke	☐	☐	☐	☐	☐	☐
	Bohlenmontage/Befestigung	☐	☐	☐	☐	☐	☐
	Bohlenhinterlüftung	☐	☐	☐	☐	☐	☐
	Bohlenverlegerichtung	☐	☐	☐	☐	☐	☐
	Ebenheit	☐	☐	☐	☐	☐	☐
	Holzschutzbehandlung	☐	☐	☐	☐	☐	☐
10 Rinnen/ Fallrohre	Musterübereinstimmung Baubeschreibung	☐	☐	☐	☐	☐	☐
	leichter Gefälleverlauf der Traufrinnen	☐	☐	☐	☐	☐	☐
	lotrechter Verlauf der Fallrohre	☐	☐	☐	☐	☐	☐
	Metall: Korrosion/Abplatzungen	☐	☐	☐	☐	☐	☐
	Kunststoff: Risse/Sprünge	☐	☐	☐	☐	☐	☐
	Montage/Befestigung (Rütteltest)	☐	☐	☐	☐	☐	☐
	Dehnungsausgleich der Rinnen	☐	☐	☐	☐	☐	☐
	Unterspannbahn/Traufblech bis in Rinne	☐	☐	☐	☐	☐	☐
	Montagepunkte der Rohre an Fassade	☐	☐	☐	☐	☐	☐
	gute Abdichtung Montagepunkte	☐	☐	☐	☐	☐	☐
	Anschluss Rohre an Sockel-Fallrohr	☐	☐	☐	☐	☐	☐
	Schutz Sockel-Fallrohr gegen Rammung	☐	☐	☐	☐	☐	☐
	Rinnenvorderkante tiefer als Rückkante	☐	☐	☐	☐	☐	☐
	durchgängig nur ein Metall verwandt	☐	☐	☐	☐	☐	☐

√ **Prüfpunkte für die Hausabnahme – Außen**

Fassade Fortsetzung

Raum: z. B. Flur

11 Steildach

Traufkante
- Musterübereinstimmung Baubeschreibung
- falls vorhanden: Traufverschalung
- Dichtigkeit aller Anschlusspunkte
- Montage/Befestigung Traufverschalung
- falls sichtbar: Sparren-Enden (Sitz, Risse)
- Auskleidung Sparrenzwischenräume
- Montage/Befestigung Sparren-Enden
- bei hinterlüftetem Dach: Lufteintrittsöffnung
- Unterspannbahn
- Traufblech (Montage, Sitz, Korrosion)
- Dachüberstand wie geplant? (Messen)
- Anarbeitung Hausfassade an Traufe
- Schneefanggitter (Montage, Sitz, Korrosion)

Ortgang
- Musterübereinstimmung Baubeschreibung
- falls vorhanden: Ortgangblech
- Dichtigkeit aller Anschlusspunkte
- Zustand Ortgangziegel
- Montage/Befestigung Pfettenköpfe
- falls sichtbar: Pfettenköpfe (Sitz, Risse)
- Anarbeitung Hausfassade an Pfettenköpfe
- Dachüberstand wie geplant? (Messen)
- Anarbeitung Hausfassade an Ortgang

First
- Musterübereinstimmung Baubeschreibung
- gradliniger Verlauf? (kein Durchhängen)
- bei Ziegeldeckung: Firstziegelbefestigung
- Blitzschutz montiert an höchstem Punkt?
- bei Blechdeckung: kein Stoßpunkt am First

Dachdeckung
- Musterübereinstimmung Baubeschreibung
- gleichmäßige Verlegung
- saubere Abschlüsse, kein Flickwerk
- fester Sitz der Ziegel
- Trittstufen für Schornsteinfeger
- zusätzliche Ziegel für Reparatur vorhanden

✓ Prüfpunkte für die Hausabnahme – Außen

Fassade Fortsetzung

Raum: z. B. Flur

Entlüftungen	Musterübereinstimmung Baubeschreibung	
	rundum dichte Einbindung	
	Rohroberfläche (Kratzer, Risse)	
	Korrosion	
	durchgängig ein Metall verwandt	
	Hutschutz auf dem Rohrkopf	
	Montage stabil	
Schornstein	Musterübereinstimmung Baubeschreibung	
	Anarbeitung an Dachfläche	
	bei Mauerung: Fugenstärke und -verlauf	
	bei hohen Schornsteinen: Sicherungsanker	
	falls vorhanden: Schutzdach Schornstein	
	lotrechter Verlauf	
	evtl. Kamindurchmesser	

12 Flachdach

Attika	Musterübereinstimmung Baubeschreibung	
	Oberfläche (Kratzer, Risse)	
	Korrosion	
	durchgängig ein Metall verwandt	
	Blechverkleidung mit Abstand zu Hauswand	
	Verkleidung außen mit Tropfkante	
	Verkleidung mit Gefälle zum Flachdach	
	dichter Anschluss an Dachbahnen innen	
	Vorstoß- u. Abdeckblech fest ineinander	
	Montage stabil gegen Wind etc.	
	Ecken und Kanten dicht u. überlappt	
	Stöße dicht	
	Attikahöhe innen ausreichend (15–20 cm)	
	Durchstoßpunkte Rinnen absolut dicht	
Dachbelag	Musterübereinstimmung Baubeschreibung	
	Kiesschüttung Kieselmaterial	
	Kiesschüttung Kieselgröße	
	Kiesschüttung Höhe	
	Kiesschüttung gleichmäßige Verteilung	
	bei Substratschüttung Kornsubstanz	
	bei Substratschüttung Korngröße	
	bei Substratschüttung Höhe	
	bei Substratschüttung gleichm. Verteilung	
	Substratsubstanz	

✓ **Prüfpunkte für die Hausabnahme – Außen**

Fassade Fortsetzung

Raum: z. B. Flur

Dacheinläufe	Musterübereinstimmung Baubeschreibung	☐	☐	☐	☐	☐	☐	☐
	rundum dichte Einbindung	☐	☐	☐	☐	☐	☐	☐
	frei von Schmutz	☐	☐	☐	☐	☐	☐	☐
	ohne Beschädigungen	☐	☐	☐	☐	☐	☐	☐
	Montage stabil	☐	☐	☐	☐	☐	☐	☐
	Gefälleausbildung rundum	☐	☐	☐	☐	☐	☐	☐
Entlüftungen	Musterübereinstimmung Baubeschreibung	☐	☐	☐	☐	☐	☐	☐
	rundum dichte Einbindung	☐	☐	☐	☐	☐	☐	☐
	Rohroberfläche (Kratzer, Risse)	☐	☐	☐	☐	☐	☐	☐
	Korrosion	☐	☐	☐	☐	☐	☐	☐
	durchgängig ein Metall verwandt	☐	☐	☐	☐	☐	☐	☐
	Hutschutz auf dem Rohrkopf	☐	☐	☐	☐	☐	☐	☐
	Montage stabil	☐	☐	☐	☐	☐	☐	☐
Schornstein	Musterübereinstimmung Baubeschreibung	☐	☐	☐	☐	☐	☐	☐
	Anarbeitung an Dachfläche	☐	☐	☐	☐	☐	☐	☐
	bei Mauerung: Fugenstärke und -verlauf	☐	☐	☐	☐	☐	☐	☐
	bei hohen Schornsteinen: Sicherungsanker	☐	☐	☐	☐	☐	☐	☐
	falls vorhanden: Schutzdach Schornstein	☐	☐	☐	☐	☐	☐	☐
	lotrechter Verlauf	☐	☐	☐	☐	☐	☐	☐
	evtl. Kamindurchmesser	☐	☐	☐	☐	☐	☐	☐
Oberlichter	Musterübereinstimmung Baubeschreibung	☐	☐	☐	☐	☐	☐	☐
	rundum dichte Einbindung	☐	☐	☐	☐	☐	☐	☐
	höher als umgebende Dachfläche montiert	☐	☐	☐	☐	☐	☐	☐
	Öffnungsmechanismus	☐	☐	☐	☐	☐	☐	☐
	Oberfläche (Kratzer)	☐	☐	☐	☐	☐	☐	☐
	Glaseinfassung	☐	☐	☐	☐	☐	☐	☐
	Falzdichtung bei beweglichem Oberlicht	☐	☐	☐	☐	☐	☐	☐
	Feststellungsmechanismus	☐	☐	☐	☐	☐	☐	☐
Dachterrassen	Musterübereinstimmung Baubeschreibung	☐	☐	☐	☐	☐	☐	☐
	keine Durchstoßpunkte durch Dachhaut	☐	☐	☐	☐	☐	☐	☐
	Dachhaut an allen Anschlusspunkten dicht	☐	☐	☐	☐	☐	☐	☐
	Boden mit Gefälle und mit Wasserabläufen	☐	☐	☐	☐	☐	☐	☐
	Notablauf	☐	☐	☐	☐	☐	☐	☐
	Dachterrassenbelag Musterübereinstimmung	☐	☐	☐	☐	☐	☐	☐
	Dachterrassenbelag (Sprünge, Korrosion)	☐	☐	☐	☐	☐	☐	☐
	Geländermontage nicht durch Dachhaut	☐	☐	☐	☐	☐	☐	☐
	Geländermontage stabil	☐	☐	☐	☐	☐	☐	☐
	Geländer Korrosion	☐	☐	☐	☐	☐	☐	☐

Was bedeutet Gewährleistungszeit?

Nachdem die Abnahme des Gebäudes durchgeführt wurde, beginnt die Gewährleistungszeit. Darunter versteht man den Zeitraum nach der Abnahme, in dem der Bauträger, Generalübernehmer oder -unternehmer dann auftretende Mängel mindestens anerkennen und möglichst auch bereits kostenfrei beseitigen muss. Zur Mängelbeseitigung gehört nicht nur die Behebung des Mangels, sondern dazu gehören auch alle damit verbundenen notwendigen Arbeiten.

Beispiel: Die Kaltwasserzuführung zum Bad im Obergeschoss wird ein halbes Jahr nach der Abnahme unterhalb des Estrichs undicht. Die Bewohner stellen dies fest, weil im Sockelbereich der Innenwände die Tapete feucht wird und sich ablöst. Zunächst muss das Leck mithilfe einer Fachfirma gesucht werden. Dann wird der Oberbelag in diesem Bereich entfernt und der Estrich geöffnet. Das Leck in der Zuführungsleitung kann dann abgedichtet und der Estrich wieder geschlossen werden. Danach wird der gesamte Estrich im Obergeschoss mit Trocknungsmaschinen ein bis zwei Wochen getrocknet. Nachdem durch Messungen sichergestellt ist, dass die Feuchtigkeit unterhalb des Estrichs und in den angrenzenden Wänden beseitigt ist, wird der Oberbelag wieder aufgebracht. Abschließend tapeziert und streicht der Maler die betroffenen Wände. Sämtliche mit dieser Mängelbeseitigung verbundenen Kosten müssen vom Unternehmer getragen werden.

Die Gewährleistungszeit hängt von der Vertragsform ab. Bei Bauträgerkaufverträgen gelten üblicherweise die Regelungen des BGB und damit eine Gewährleistungszeit von 5 Jahren, gerechnet vom Tag der Abnahme. Wurde bei Verträgen mit Generalübernehmern oder -unternehmern das BGB vereinbart, endet die Gewährleistungszeit ebenfalls 5 Jahre nach erfolgter Abnahme.

Wurde die Vergabe- und Vertragsordnung (VOB) vereinbart, mit dem bereits aufgezeigten Risiko für Verbraucher, endet die Gewährleistungszeit nach 4 Jahren. Inwieweit diese Reduzierung der Gewährleistungszeit durch die VOB gegenüber Verbrauchern zulässig ist, muss gerichtlich noch geklärt werden. Ausnahme: Die Vertragsparteien haben davon abweichend eine andere Gewährleistungszeit vereinbart.

Mängel im Gewährleistungszeitraum

Ihre Rechte und die Vorgehensweise bei Mängeln sind je nach abgeschlossener Vertragsform, also BGB-Vertrag oder VOB-Vertrag, unterschiedlich.

Bei Verträgen nach dem BGB haben Sie folgende Rechte:
- Nacherfüllung (§ 635 BGB)
- Selbstvornahme und Aufwendungsersatzanspruch (§ 637 BGB)
- Vergütungsminderung (§ 638 BGB)
- Rücktritt vom Vertrag (§ 636, § 323 und § 326 Abs. 5 BGB)
- Schadensersatz bei Verschulden (§§ 636, 280, 281, 283, 311a BGB)

Bei Verträgen nach der VOB haben Sie folgende Rechte:
- Mangelbeseitigung nach Abnahme (§ 13 Nr. 5 VOB/B)
- Ersatzvornahme (§ 13 Nr. 5 VOB/B)
- Minderung (§ 13 Nr. 6 VOB/B)
- Schadensersatzanspruch (§ 13 Nr. 7 VOB/B)

Tritt ein Mangel nach der Abnahme auf, müssen Sie dem Unternehmer nachweisen, dass er ihn verursacht hat. Ihre Vorgehensweise im Fall eines auftretenden Mangels sollte von Beginn an formal korrekt sein, da Sie sonst Gewährleistungsansprüche verlieren können.

Der übliche Verfahrensablauf im Fall eines Mangels besteht darin, den Bauträger, Generalübernehmer oder -unternehmer zunächst schriftlich über den Mangel zu informieren und ihm eine angemessene Frist zur Mängelbeseitigung zu setzen. Die Frist muss je nach Mangel so bemessen sein, dass zum Beispiel eine Ersatzteilbeschaffung möglich ist oder eine ausreichende Reparaturzeit zur Verfügung steht.

In der Regel kommt es nach der schriftlichen Information zu einem gemeinsamen Ortstermin, bei dem der Unternehmer Stellung zum Mangel nimmt und einer Mangelbeseitigung entweder zustimmt oder diese ablehnt. Ideal ist ein Protokoll dieses Ortstermins, in dem der Unternehmer der Mangelbeseitigung im Rahmen seiner Gewährleistungspflicht zustimmt und bereits ein verbindlicher Termin hierfür vereinbart wird.

Lässt der Unternehmer die Frist zur Mängelbeseitigung verstreichen, sollte ihm eine Nachfrist gesetzt werden, verbunden mit der Ankündigung, nach Ablauf dieser Frist ein anderes Unternehmen auf seine Kosten mit der Beseitigung des Mangels zu beauftragen.

Schwierig wird es, wenn der Unternehmer den Mangel nicht anerkennt oder erst gar nicht auf die Mangelanzeige reagiert. Lassen Sie in diesem Fall den Mangel von einem anderen Unternehmen beseitigen und weigert sich der Bauträger, Generalübernehmer oder -unternehmer, diese Kosten zu tragen, müssen Sie eine gerichtliche Regelung herbeiführen. Das Beweismittel, also den Mangel selbst, hätten Sie in dem beschriebenen Fall jedoch schon beseitigt. In einem solchen Fall bleibt Ihnen meist nichts anderes übrig, als ein selbstständiges Beweisverfahren (früher Beweissicherungsverfahren) einzuleiten, bevor Sie den Mangel beseitigen lassen. Solche Beweisverfahren können jedoch eine gewisse Zeit in Anspruch nehmen.

Tauchen Mängel erst gegen Ende der Gewährleistungszeit auf, kann es eng werden. Der Grund: Bei BGB-Verträgen wird die Gewährleistungszeit nur unterbrochen bzw. gehemmt, wenn der Unternehmer den Mangel anerkennt oder durch Sie ein selbstständiges Beweisverfahren eingeleitet wird. Eine Unterbrechung bewirkt rechtlich einen Neubeginn der vertraglich vereinbarten Gewährleistung. Bei einer Hemmung hingegen wird der Gewährleistungszeitraum nur um den Zeitraum der Hemmung verlängert. Eine Hemmung hat also eher die Wirkung einer zeitlichen Aussetzung der sonst einfach weiter ablaufenden Gewährleistungszeit. Natürlich können Sie auch mit einer Klageerhebung die Hemmungswirkung erreichen.

Aber Vorsicht mit allzu schnellen Klagen im Baubereich. Keine Rechtsschutzversicherung trägt diese Kosten und Risiken. Die Verfahren sind häufig lang und teuer aufgrund eines meist eher hohen Streitwerts und der Sachverständigenkosten. Es kann daher zunächst sinnvoller sein, noch einen außergerichtlichen Einigungsversuch zu unternehmen, unterstützt durch einen Fachanwalt für Bau- und Architektenrecht. Gelingt es dem Unternehmer, eine Anerkenntnis des Mangels bis zum Ende der Gewährleistungszeit hinauszuzögern und haben Sie kein gerichtliches Beweisverfahren oder andere Schritte zur Hemmung der Verjährung eingeleitet, muss er den Mangel nicht mehr kostenfrei nachbessern. Anders bei VOB-Verträgen: Hier genügt die schriftliche Mängelrüge (am besten per Einschreiben/Rückschein), um die Gewährleistungszeit zu unterbrechen, bis geklärt ist, ob ein Mangelbeseitigungsanspruch besteht.

Die Sicherstellung Ihrer Gewährleistungsansprüche kann also sehr schnell kompliziert werden und fundierte Rechtskenntnisse erfordern. Es ist daher zu empfehlen, einen Fachanwalt für Bau- und Architektenrecht einzuschalten, wenn sich erste Probleme abzeichnen, also der Bauträger, Generalübernehmer oder -unternehmer zum Beispiel nicht auf Ihren Wunsch nach Mängelbeseitigung reagiert oder diesen ablehnt. Gegen Ende der Gewährleistungszeit sollten Sie sich möglicherweise sogar zunächst mit einem Anwalt besprechen, bevor Sie an den Unternehmer herantreten, um keine Zeit zu verlieren.

Mängel nach Ablauf der Gewährleistungszeit

Stellen Sie einen Mangel erst nach Ablauf der Gewähr-leistungszeit fest, bleiben Sie in der Regel auf den Kosten sitzen. Der Unternehmer muss den Mangel nicht mehr kostenfrei beseitigen. Einzige Ausnahme: Sie können dem Unternehmer Arglist nachweisen. Dies ist zum Beispiel dann der Fall, wenn er Kenntnis vom Mangel hatte und er diesen Ihnen gegenüber verschwiegen hat.

Beispiel: Kurz vor dem Betonieren der Balkonplatte stellt der Unternehmer fest, dass die Abstandshalter der unteren Be-wehrung fehlen und die Eisen direkt auf der Schalung liegen. Er lässt trotzdem betonieren, sodass die Betonüberdeckung der unteren Bewehrungsmatten nur wenige Millimeter be-trägt. Sechs Jahre nach Abnahme des Gebäudes kommt es zu Rissen in der Balkonuntersicht und in der Folge zu Abplat-zungen des Betons, sodass die Bewehrungseisen sichtbar werden. Der Schaden tritt damit nach Ablauf der Gewährlei-stungszeit ein. Können Sie nun beweisen, dass der Unter-nehmer Kenntnis von der fehlerhaften Verlegung der Eisen hatte, haben Sie gute Chancen, die Kosten für die Sanierung erstattet zu bekommen.

Sie sehen an diesem Beispiel aber auch, wie schwer ein sol-cher Nachweis sein kann. Trotzdem: Bei größeren Schäden sollte auf jeden Fall ein Fachmann zu Rate gezogen werden, der begutachtet, ob das Schadensbild Rückschlüsse auf eine Arglist des Unternehmers oder mangelhafte Baustellenorga-nisation zulässt (Adressen, ⇢ Seite 250).

Arglist kann auch dann anzunehmen sein, wenn der Unternehmer seinen Betrieb so einrichtet, dass eine laufende Kontrolle der Leistung nicht stattfindet, sodass er sich dadurch unwissend hält.

Anhang

Musterbaubeschreibung

Baubeschreibungen sollten bestimmte Mindestangaben enthalten. Was nicht fehlen darf, finden Sie in der Musterbaubeschreibung auf den folgenden Seiten, die Ihnen auch ein Beispiel dafür gibt, wie exakt die einzelnen Leistungen beschrieben sein sollten. Denn nur mit einer vollständigen Baubeschreibung können Sie sich als Kaufinteressent/in ein Bild über das Preis-Leistungs-Verhältnis des Angebots machen und es mit anderen Angeboten vergleichen. Außerdem haben Sie beim Hauskauf nur einen Rechtsanspruch auf diejenigen Leistungen, die in der Baubeschreibung zweifelsfrei aufgeführt und Vertragsbestandteil sind.

Aus Gründen der Anbieterneutralität wurden in der Musterbaubeschreibung Begriffe wie „Hersteller" oder „Produkt" an den Stellen verwendet, an denen jeweils genaue Bezeichnungen des Herstellers oder des Produkts notwendig sind.

Gliederung

Teil 1: Allgemeine Angaben zu Grundstück und Gebäude

Teil 2: Leistungsbeschreibung der Gewerke

01 Baustelleneinrichtung
02 Erdarbeiten
03 Gründung und Bodenplatte
04 Kellerwände und Abdichtung gegen nicht drückendes Wasser
05 Drainage
06 Kellerfenster und Lichtschächte
07 Außenwände allgemein
08 Decken
09 Innenwände in Erdgeschoss, Obergeschoss und Dachgeschoss
10 Innentreppe
11 Dachkonstruktion
12 Balkon
13 Klempner- bzw. Blechnerarbeiten
14 Fenster und Fenstertüren, Fensterbänke
15 Rollladenkästen, Rollläden
16 Hauseingangsbereich
17 Telefon, Antenne, Klingelanlage
18 Elektroinstallation
19 Heizungsinstallation
20 Warmwasserbereitung
21 Sanitärinstallation
22 Sanitärgegenstände
23 Innenputz
24 Estrich
25 Trockenbau
26 Innentüren
27 Fliesenarbeiten
28 Parkettarbeiten
29 Malerarbeiten, innen und außen
30 Teppicharbeiten
31 Terrasse
32 Wintergarten
33 Außenanlage

Teil 1: Angaben zum Gebäude

Bei dem Bauvorhaben handelt es sich um die Errichtung einer Doppelhaushälfte in Musterhausen, Gemarkung Musterheim, Flur 9, Flurstück 301–311. Die Bebaubarkeit des Grundstücks ist gegeben, ein genehmigter Bauantrag liegt vor und ist Bestandteil des Kaufvertrags. Eine Baugrunduntersuchung wurde durchgeführt und ist ebenfalls Bestandteil des Kaufvertrags. Der Baugrund ist ausreichend tragfähig (Bodenklasse 3) und nicht von Schadstoffen belastet. Der Grundwasserspiegel liegt ca. 4 Meter unter dem durchschnittlichen Geländeniveau.

Das Gebäude wird in Massivbauweise errichtet und ist voll unterkellert. Die Ausführung erfolgt schlüsselfertig mit allen nachfolgend beschriebenen Leistungen. Eigenleistungen sind bei den Malerarbeiten möglich (siehe Malerarbeiten).

Die Gebäudeabmessungen, Raumhöhen sowie die Zusammenstellung der Wohnflächen sind aus den Bauantragsplänen ersichtlich, die Bestandteil des Kaufvertrags sind. Die Wohnflächenberechnung inklusive des Rechenwegs nach der Wohnflächenverordnung (WoFlV) ist ebenfalls Bestandteil des Kaufvertrags.

Das Gebäude wird nach den Vorgaben der Energieeinsparverordnung EnEV errichtet. Zwei Wochen vor Baubeginn wird dem Erwerber ein Energiebedarfsausweis gemäß AVV inklusive der Berechnung übergeben. Da Teile des Kellers zu Wohnzwecken genutzt werden und als Wohnfläche ausgewiesen sind, erfolgt die Dämmung der Gebäudehülle an den Außenwänden des kompletten Kellergeschosses und unterhalb der Bodenplatte.

Hinsichtlich des Schallschutzes gegen Außenlärm weist der Bebauungsplan keine besonderen Vorgaben aus. Es werden die Mindestvorgaben nach DIN eingehalten. Der Schallschutz innerhalb des Gebäudes entspricht den Empfehlungen für erhöhten Schallschutz des Beiblattes 2 zur DIN 4109 vom November 1989.

Die baurechtlichen Mindestanforderungen an den Brandschutz sind eingehalten.

Die Entwässerung des Regenwassers erfolgt über das städtische Kanalnetz.

Bestandteil der Leistungen ist die Messung der Luftdichtigkeit mit einem Blower-Door-Test. Die vereinbarte maximale Luftwechselrate liegt unterhalb eines Wertes von $nfa \leq 1,0 \ 1/h$. Die Messung wird vor Abnahme durchgeführt und gehört zum Leistungsumfang.

In den Leistungen sind alle notwendigen Planungsleistungen durch Architekten, Fachingenieure und Vermessungsingenieure enthalten sowie sämtliche Gebühren für behördliche Genehmigungen und Abnahmen. Die Protokolle erhält der Erwerber bei Übergabe des Bauwerks.

Spätestens 14 Tage vor Beginn der Erdarbeiten erhält der Käufer einen aktuellen Satz sämtlicher Ausführungspläne sowie die statischen Berechnungen und Statikpläne.

Sämtliche Erschließungsgebühren des Grundstücks seitens der Kommune für Straßen, Wege, Beleuchtung, Kanal usw. sind bereits vollständig bezahlt. Die Erschließung des Grundstücks mit Gas, Wasser, Strom, Telefon, Abwasser gehört zum Leistungsumfang. Die Verlegung der Hausanschlüsse für Gas, Wasser, Strom, Telefon, Abwasser gehört ebenfalls zum Leistungsumfang.

Teil 2: Leistungsbeschreibung der Gewerke

Die folgende Leistungsbeschreibung ist Vertragsbestandteil des Angebots der Firma Mustermann Bauträger GmbH, Musterhausen, nachfolgend Verkäufer genannt. Der Verkäufer verpflichtet sich, die nachfolgenden Leistungen zu dem im Kaufvertrag vereinbarten Festpreis zu erbringen.

1   Baustelleneinrichtung
Sämtliche Leistungen, die die Baustelleneinrichtung betreffen, sind im Festpreis enthalten.

Hierzu gehören – soweit notwendig – insbesondere:

- alle in diesem Zusammenhang notwendigen Anträge bei Behörden,
- alle Sicherungsmaßnahmen wie Zäune, Absperrungen, Beleuchtung usw.,
- Aufstellen eines Krans inklusive Vorbereitung des Kranaufstellplatzes,
- Sicherstellung einer Baustellenzufahrt,
- Aufstellen und Unterhalt eines Chemie-WCs während der gesamten Bauzeit,
- Tagesunterkünfte während des Rohbaus,
- Beantragung, Aufstellung, Vorhaltung und Demontage eines Baustromanschlusses inklusive aller Verbrauchskosten während der Bauzeit,
- Beantragung, Aufstellung, Vorhaltung und Demontage eines Bauwasseranschlusses inklusive aller Verbrauchskosten während der Bauzeit,
- Baumschutzmaßnahmen für alle Bäume auf dem Grundstück,
- Beseitigung von anfallendem Bauschutt.

2   Erdarbeiten

Folgende Leistungen sind im Festpreis enthalten:

- Grob- und Feinabsteckung der Baugrube,
- eventuell notwendige Sicherungsmaßnahmen an benachbarten Bäumen und Gebäuden,
- Abtragen des Oberbodens und seitliche Lagerung,
- Ausheben der Baugrube und seitliche Lagerung von Aushubmaterial, soweit es zur späteren Wiederverfüllung geeignet ist,
- Abtransport des Aushubmaterials zur Deponie inklusive Deponiegebühren,
- Verfüllen der Baugrube mit geeignetem Material inklusive Zulieferung von eventuell notwendigem Material,
- Verteilung des gelagerten Oberbodens und Abfuhr überschüssigen Materials inklusive eventueller Gebühren,
- Beseitigung von möglichen Bodenbelastungen, die trotz Baugrunduntersuchung festgestellt werden.

3   Gründung und Bodenplatte

Die Gründung des Gebäudes wird wie folgt ausgeführt:

- Kapillarbrechende Schicht unter der Bodenplatte aus Kies mit einer Dicke von 10 cm,
- darüber Wärmedämmung aus Polyurethan-Hartschaumplatten, WLG 040, d = 15 cm, darüber Abdeckung mit PE-Folie,
- Bodenplatte aus Stahlbeton in Ortbeton B 25 mit einer Dicke von 30 cm gemäß Statik. Die Stirnseiten der Bodenplatte werden ebenfalls gedämmt mit Wärmedämmung aus Polyurethan-Hartschaumplatten, WLG 040, d = 15 cm,
- Fundamenterder unterhalb der Kelleraußenwände. Die Fahne des Fundamenterders wird im Hausanschlussraum ca. 1,5 m über Rohboden nach oben geführt.

4   Kellerwände und Abdichtung gegen nicht drückendes Wasser

Die Ausführung der Kelleraußenwände erfolgt aus vorgefertigten Wandelementen aus Stahlbeton, d = 20 cm nach Statik, die mit Ortbeton B 25 ausgegossen werden. Abdichtung der Kelleraußenwände mit Bitumendickbeschichtung (Hersteller/Produkt).

Außenseitig umlaufende Wärmedämmung aus Polyurethan-Hartschaumplatten, WLG 040, d = 15 cm.

Sichtbare Kelleraußenwandflächen werden mit Zementputz verputzt. Im Sockelbereich umlaufend Kiesbett 30 cm breit, außer in den gepflasterten Bereichen.

Die Ausführung tragender Kellerinnenwände erfolgt ebenfalls aus vorgefertigten Wandelementen aus Stahlbeton, d = 20 cm nach Statik, die mit Ortbeton ausgegossen werden. Nichttragende Kellerinnenwände werden in Kalksandstein, d = 11,5 cm, aufgemauert.

5   Drainage

Ringdrainage in Höhe der Bodenplatte. Vor den Kelleraußenwänden werden Sickerplatten mit Filterflies zur Abführung von Wasser gestellt. Die Ringdrainage hat folgenden Aufbau:

- Drainleitung aus geschlitzten, flexiblen Kunststoff-Rippenrohren,
- Sickerpackung aus Kies,
- Filtervlies,
- sickerfähige Baugrubenverfüllung,
- an den Gebäudeecken senkrechte Kontroll- und Spülrohre in DN-300.

6   Kellerfenster und Lichtschächte

Im Bereich nicht beheizter Räume werden folgende Kellerfenster und Lichtschächte eingebaut:

- Kellerfenster mit Isolierverglasung, U-Wert des Fensterelements 1,7 W/m²K und Drehkipp-Beschlag, Kunststoff, weiß, Größe ca. 80 × 60 cm, (Hersteller/Produkt), Lichtschacht aus glasfaserverstärktem Kunststoff (GFK), weiß mit verzinktem Gitterrost und Rostsicherung, Größe ca. 100 × 100 cm (Hersteller/Produkt).

Im Bereich beheizter Räume werden die technisch identischen Fensterelemente eingesetzt, die auch im EG, OG und DG zur Ausführung kommen.

7   Außenwände allgemein

Außenwände als Massivwand mit außenseitigem Wärmedämmverbundsystem (Hersteller/Produkt). Notwendige Bauteile aus Beton werden zusätzlich von außen wärmegedämmt. Der U-Wert der Außenwand beträgt 0,24 W/m²K. Die Gesamtdicke der Außenwand beträgt 36 cm und setzt sich wie folgt zusammen (von innen nach außen):

- Innenputz als Gipsputz, d = 1,5 cm,
- tragendes Mauerwerk aus Kalksandstein, d = 17,5 cm,
- Wärmedämmung aus Polystyrol-Hartschaumplatten WLG 040, d = 15 cm,
- Außenputz als durchgefärbter Kunstharzputz, d = 2 cm als Rauputz oder Kratzputz nach Wahl des Auftraggebers.

8   Decken

Die Decken über Kellergeschoss, Erdgeschoss und Obergeschoss werden als Stahlbeton-Halbfertigteildecken ausgeführt, deren Oberseite

nach Verlegung mit Ortbeton überdeckt wird, Gesamtdicke d = 18 cm.

Die Decke zwischen Dachgeschoss und Spitzboden wird zusammen mit dem Dachstuhl als Holzkonstruktion (Kehlbalkenlage) erstellt. Oberhalb der Kehlbalkenlage werden Spanplatten, d = 22 mm in Nut und Feder, verleimt verlegt. Zwischen Kehlbalken und Spanplattenlage werden Filzstreifen gelegt. Die Spanplatten werden auf die Kehlbalken geschraubt.

9   Innenwände in Erdgeschoss, Obergeschoss und Dachgeschoss

Tragende Innenwände im Erdgeschoss, Obergeschoss und Dachgeschoss aus Kalksandstein, d = 17,5 cm, nicht tragende Innenwände im Erdgeschoss, Obergeschoss und Dachgeschoss aus Gipsdielen, d = 10 cm.

10   Innentreppe

Die Treppe (UG-EG-OG-DG) wird durchgängig mit Betonfertigteilen ausgeführt, Steigung 18 cm, Auftritt 28 cm. Die Treppenläufe werden schallentkoppelt auf die Geschossdecken oder Zwischenpodeste aufgelegt und mit Randstreifen zu den Treppenhauswänden hin schallentkoppelt. Auf den Zwischenpodesten kommt ein schwimmender Estrich zur Ausführung. Der Oberbelag der Treppe wird in Fliesen ausgeführt (→ 27 Fliesenarbeiten).

Das Geländer wird als Stahlgeländer, Flachstahl, gestrichen ausgeführt; Handlauf in Massivholz aus Buche.

Als Zugang in den Spitzboden wird eine Einschubtreppe vorgesehen, Größe 130 × 70 cm, als dreiteilige Bodentreppe mit gedämmtem Futterdeckel (Dämmung aus Polystyrol-Hartschaum WLG 040, d = 12 cm), und Abdichtung der Einbaufuge zwischen Futterkasten und Balkenlage (Hersteller/Produkt).

11   Dachkonstruktion

Dachkonstruktion als zimmermannsmäßiger Pfettendachstuhl in Holzkonstruktion, Fichte Güteklasse II, holzschutzimprägniert. Die Dachneigung beträgt 45°. Die Mittelpfetten werden als Leimbinder ausgeführt. Im Bereich der Dachüberstände werden sie profiliert, um die außen sichtbaren Holzquerschnitte einander anzupassen. Der Dachüberstand im Giebelbereich beträgt 50 cm, im Bereich der Traufe 60 cm. Die sichtbaren Sparren im Giebelbereich sowie die sichtbaren Sparrenköpfe im Traufbereich sind gehobelt und hell lasiert, oberseitig liegt im Bereich der Dachüberstände eine Nut- und Federschalung aus Fichte, hell lasiert als Dachuntersicht. Die Dachgauben als Schleppgauben werden ebenfalls als Holzkonstruktion ausgeführt. Seitlicher Dachüberstand bei den Gauben umlaufend 30 cm. Die Querschnitte der Sparren und Pfetten erfolgen nach statischer Berechnung.

Dachdämmung: Dämmung mit Mineralwolledämmung WLG 040, d = 20 cm zwischen den Sparren. U-Wert des Dachs: 0,2 W/m²K. Soweit der Sparrenquerschnitt nicht ausreicht, um die Dämmung in der erforderlichen Dicke aufzunehmen, erfolgt eine zusätzliche Lattung und Dämmung unterhalb der Sparren. Raumseitig unterhalb der Dämmung wird eine Dampfbremse verlegt (Hersteller/Produkt).

Raumseitige Innenverkleidung der Dachschrägen: Raumseitig unterhalb der Dampfsperre wird eine Installationsebene mittels Lattung hergestellt, Tiefe ca. 25 mm, darauf Innenverkleidung aus Gipskartonplatten, d = 12,5 mm.

Dachdeckung: Die Dachdeckung erfolgt auf Konterlattung und Lattung aus Dachlatten 2,5 × 4,0 cm mittels Betondachsteinen (Hersteller/Produkt), Farbe braun, inklusive aller notwendigen Sondersteine wie Ortgänge, First, Lüfterziegel. Unterhalb der Konterlattung liegt eine diffusionsoffene Unterspannbahn (Hersteller/Produkt).

Dachzubehör: Zum Dachzubehör gehören verzinkte Schneefanggitter im Traufbereich, notwendige verzinkte Sicherheitstritte und verzinkte Standroste für den Schornsteinfeger sowie ein Ausstiegsfenster mit Isolierverglasung (Hersteller/Produkt).

Dachflächenfenster: Im Kinderzimmer und Bad im Dachgeschoss wird je ein Dachflächenfenster (Hersteller/Produkt) eingebaut, Breite 94 cm, Höhe 118 cm, mit Wärmeschutzverglasung, U-Wert Fensterelement 1,7, Schallschutzwert der Verglasung 35 dB, Außenabdeckung Titanzink.

12 Balkon

Balkon auf der Südseite als Kragplatte mit thermischer Entkopplung in Stahlbeton. Die thermische Trennung erfolgt mit Profilen (Hersteller/Produkt). Die Abdichtung des Balkons erfolgt mit Bitumenbahnen, darauf als Oberbelag Betonwerksteinplatten 40 × 40 cm auf Kunststoff-Stelzfüßen mit offenen Fugen. Die Entwässerung erfolgt über zwei seitliche Speier aus verzinktem Stahlblech. Das Balkongeländer wird in verzinktem Stahl-Rechteckrohr gemäß Darstellung in den Ansichtsplänen ausgeführt.

13 Klempner- bzw. Blechnerarbeiten

Sämtliche Klempnerarbeiten wie Montage der Dachrinnen, Fallrohre und Kehlbleche werden in Zinkblech ausgeführt, ebenso die seitlichen Verkleidungen der Gauben. An den Anschlüssen der Regenfallrohre zu den Grundleitungen kommen Standrohre aus Gussrohr zum Einsatz. Alle Befestigungsmittel (Schrauben und Nägel) sind aus Edelstahl.

14 Fenster und Fenstertüren, Fensterbänke

Die Fenster und Fenstertüren im Erd- und Dachgeschoss sowie die Fenster von Wohnräumen im Keller werden in Kunststoff (Weiß) ausgeführt (Hersteller/Produkt). Wandöffnungsmaße gemäß den Rohbaumaßen aus dem Bauantrag. Alle Fenster haben einen Dreh-Kippbeschlag. Die Aufschlagrichtung wird raumweise gemeinsam mit dem Erwerber festgelegt. Die Befestigung des Rahmens erfolgt mit thermisch getrennten Ankern (Hersteller/Produkt), die Zwischenräume zwischen Rahmen und Mauerwerk werden mit Mineralwolle ausgefüllt. Die Fuge zwischen Rahmen und Mauerwerk wird innen und außen mit speziellen Anputzprofilen luft- und winddicht geschlossen (Hersteller/Produkt).

U-Wert des Fensterelements (Verglasung und Rahmen): 1,1 W/m²K.

Schalldämm-Maß R'w 35 dB, Schallschutz-klasse II.

Die Griffe an den Fenstern und Fenstertüren sind weiß mit abschließbaren Oliven (Hersteller/Produkt). Verriegelung durch Pilzzapfen.

Die Fensterbänke außen sind aus Aluminium, weiß, akustisch entkoppelt.

Die Fensterbänke innen sind aus Naturstein (genaue Steinbezeichnung), Dicke 22 mm, Tiefe 20 cm, Kanten gefast.

15 Rollladenkästen, Rollläden
Die Rollladenkästen als Kunststoff-Fertigelemente werden gemeinsam mit den Fenstern und Fenstertüren gesetzt (Hersteller/Produkt), U-Wert: 0,85 W/m²K.

Rollläden befinden sich an allen Fenstern im Erd- und Obergeschoss sowie an den Fenstern der Giebelwände im Dachgeschoss und den Fenstern beheizter Räume im Keller. Als Rollläden kommen Kunststoffrollläden, lichtgrau mit Miniprofilen zum Einsatz. Die Rollläden haben eine Sicherung gegen Aufschieben. Die Bedienung erfolgt manuell mit einer Handkurbel. Elektrische Ausführung auf Wunsch, Mehrpreis pro Element 300 Euro inkl. MwSt.

Außenmarkisen sind im Leistungsangebot nicht enthalten.

16 Hauseingangsbereich
Zum Hauseingangsbereich gehören Hauseingangstür, Klingelanlage, Briefkasten, Hausnummer, Beleuchtung, Vordach und Eingangspodest.

Hauseingangtürelement aus Aluminium, weiß, einbrennlackiert. U-Wert: 1,7 W/m²K (Hersteller/Produkt). Lichtausschnitte aus Wärmeschutzverglasung, Beschläge als Sicherheitsbeschlag mit dreifacher Verriegelung, Bodendichtung, Griffstange außen in Edelstahl, Länge 50 cm. Türgriff innen weiß. Vom Auftragnehmer wird ein einfacher Schließzylinder gestellt, der nach Übergabe des Objekts durch eine Schließanlage des Erwerbers ersetzt werden kann.

Briefkasten, Hausnummer, Klingelanlage mit Namensschild und Außenbeleuchtung an der Außenwand neben der Haustür können vom Erwerber ausgesucht werden, Materialwert bis 300 Euro inkl. MwSt., ein eventueller Mehrpreis wird vom Erwerber getragen, die Montage erfolgt kostenfrei.

Das Vordach besteht aus einer Glas-Stahl-konstruktion. Stahlkonstruktion verzinkt, mit oberseitiger Verbundglasplatte, 120 × 200 cm mit matter Zwischenlage aus Kunststofffolie.

17 Telefon, Antenne, Klingelanlage
Telefonanschluss: Je ein Telefonanschluss befindet sich im Wohnzimmer, im Flurbereich im Erdgeschoss, im Flurbereich im Obergeschoss sowie im Elternschlafzimmer gemäß Raumbezeichnungen in den Grundrissplänen des Bauantrags.

Antennenanschluss: Je ein Antennenanschluss befindet sich im Wohnzimmer, Elternschlafzimmer, Kinderzimmer, Hobbyraum im Keller.

Klingelanlage: Klingelanlage als Wechselsprechanlage mit zwei Annahmestellen im Haus (Hersteller/Produkt). Je ein Anschluss für die Klingelanlage im Flurbereich Erdgeschoss und Obergeschoss.

18 Elektroinstallation
Elektroinstallation in verputzten Räumen als Stegleitungen unter Putz, in unverputzten Räumen als Mantelleitungen in Leerrohren. Der Aufstellort des Verteilerschranks ist im Hausanschlussraum im Kellergeschoss. Es erfolgt eine raumweise Absicherung, Herdanschluss und Heizung werden separat abgesichert. Das Bad, die Kinderzimmer und die Außensteckdosen erhalten zusätzlich einen FI-Schutzschalter.

Im Preis enthalten sind insgesamt 60 Steckdosen, zusätzlich zwei abschaltbare Außensteckdosen für die Terrasse und den Balkon, Lage nach Wahl des Erwerbers, sowie für jede

Brennstelle ein Schalter, in den Fluren Taster-
schaltung. Die genaue Lage der Schalter und
Steckdosen wird vor Beginn der Elektroinstallation gemeinsam mit dem Erwerber festgelegt.

Jeder Raum erhält eine Deckenbrennstelle, im
Wohnzimmer zusätzlich zwei Wandanschlüsse
für Wandleuchten, in der Küche zusätzlich Anschlüsse für Kühlschrank, Dunstabzugshaube,
Geschirrspüler, Mikrowelle, im Bad zusätzlich
zwei Wandanschlüsse im Waschbeckenbereich
für Wandleuchten, im WC zusätzlich einen
Wandanschluss im Waschbeckenbereich für
Wandleuchten.

Mehrpreis für jede zusätzliche Steckdose inklusive Montage: 30 Euro inklusive MwSt.

Mehrpreis für jeden zusätzlichen Schalter inklusive Montage: 26 Euro inklusive MwSt.

Mehrpreis für jede zusätzliche Deckenbrennstelle: 28 Euro inklusive MwSt. Mehrpreis für
jede zusätzliche Wandbrennstelle: 28 Euro
inklusive MwSt.

Schalter und Steckdosen in Kunststoff, weiß,
Ausführung als Unterputz-Modell (Hersteller/
Produkt). In unverputzten Räumen als Aufputz-
element, lichtgrau (Hersteller/Produkt).

19 Heizungsinstallation
Zum Einsatz kommt ein Gas-Wandheizgerät
in Brennwertausführung (Hersteller/Produkt),
Nennwärmeleistung 18 KW, aufgestellt im
Kellergeschoss mit Anschluss an einen FU-
Schornstein, mit nebengestelltem Speicher-
wassererwärmer. Die Luftzufuhr erfolgt
raumluftunabhängig. Regelung in Abhängigkeit
von der Außentemperatur und der Temperatur
im Wohnzimmer.

Leitungen zu den Heizkörpern als Kupfer-Instal-
lationsrohr, wärmegedämmt nach Energieeinsparverordnung (EnEV). Dämmung erfolgt durch
Dämmschläuche, Befestigung mit schallentkoppelten Rohrschellen.

Die Heizflächen sind entsprechend der Wärme-
bedarfsberechnung mit Systemtemperaturen

70/50° ausgelegt. Bei den Heizkörpern handelt
es sich um Ventilheizkörper als fertig lackierte
Plattenheizkörper, wandhängend mit Fuß und
Thermostatventil (Hersteller/Produkt). Der
Anschluss erfolgt auf Putz.

20 Warmwasserbereitung
Gas-Speicherwassererwärmer als Systempaket
(Hersteller/Produkt), Inhalt 400 Liter, aufgestellt im Kellergeschoss. Zur Unterstützung der
Brauchwassererwärmung wird eine thermische
Solaranlage mit 7,5-m² Kollektorfläche installiert (Hersteller/Produkt). Die Warmwasserbereitung erfolgt dezentral im Hausanschlussraum.

21 Sanitärinstallation
Hausentwässerung: Abflussrohre aus
Kunststoff (Hersteller/Produkt), Montage mit
schallentkoppelten Rohrschellen. Kunststoff-
Abwasserleitung für das Kesselkondensat aus
Kunststoff. Bodeneinlauf in der Waschküche.

Wasserversorgung: Warm- und Kaltwasserleitungen aus diffusionsdichtem 5-Schicht-Ver-
bundrohr (Hersteller/Produkt). Rohrdämmung
gemäß Energieeinsparverordnung (EnEV),
Dämmung auch der Kaltwasserleitungen, schal-
lentkoppelte Leitungsbefestigung.

Warmwasserleitungen als Zirkulationsleitung,
Steuerung der Zirkulationsleitung mit einer
Zeitschaltuhr. Die Leitungen werden in den Kel-
lerräumen auf Putz, in den Wohnräumen unter
Putz bzw. unter dem Estrich verlegt. Auf der
Südseite wird eine Kaltwasser-Außenzapfstelle
als frostsichere Außenarmatur mit Rückfluss-
verhinderer und Entleerungsmöglichkeit im
Hausanschlussraum installiert.

22 Sanitärgegenstände
Gäste-WC:
- Ein Wandhänge-WC als Tiefspüler aus Porzel-
  lan, weiß (Hersteller/Serie)
- Ein WC-Tragelement mit Unterputzspülkasten
  6 – 9 Liter (Hersteller/Serie)
- Ein Klosettsitz mit Deckel, weiß (Hersteller/
  Serie)

- Ein Toilettenpapierhalter, verchromt (Hersteller/Serie)
- Ein Waschbecken aus Porzellan, 50 × 38 cm, weiß (Hersteller/Serie)
- Eine Einhand-Waschtischbatterie, verchromt (Hersteller/Serie)
- Ein Handtuchhalter, verchromt (Hersteller/Serie)
- Eine Ablage aus Porzellan über dem Waschtisch, weiß (Hersteller/Serie)
- Ein Kristallspiegel, Kanten geschliffen, Größe ca. 60 × 60 cm einschließlich Spiegelbefestigung (Hersteller/Serie)

Badezimmer:
- Ein Wandhänge-WC als Flachspüler aus Porzellan, weiß (Hersteller/Serie)
- Ein WC-Tragelement mit Unterputzspülkasten 6 – 9 Liter (Hersteller/Serie)
- Ein Klosettsitz mit Deckel, weiß (Hersteller/Serie)
- Ein Toilettenpapierhalter, verchromt (Hersteller/Serie)
- Ein Waschbecken aus Porzellan, 60 × 48, weiß (Hersteller/Serie)
- Eine Einhand-Waschtischbatterie, verchromt (Hersteller/Serie)
- Ein Handtuchhalter, verchromt (Hersteller/Serie)
- Eine Ablage aus Porzellan über dem Waschtisch, weiß (Hersteller/Serie)
- Ein Kristallspiegel, Kanten geschliffen, Größe ca. 80 × 120 cm einschließlich Spiegelbefestigung (Hersteller/Serie)
- Eine Stahl-Einbau-Badewanne 175 × 75 cm (Hersteller/Serie)
- Eine Ablaufgarnitur, verchromt (Hersteller/Serie)
- Eine Einhebel-Wannenfüll- und Brausebatterie (Hersteller/Serie)
- Eine Handbrause mit Halter, Brauseschlauch (Hersteller/Serie)
- Ein Badetuchhalter, 80 cm (Hersteller/Serie)
- Eine Stahl-Einbau-Duschwanne, 90 × 75 cm (Hersteller/Serie)
- Eine UP-Einhand-Brausebatterie (Hersteller/Serie)

- Eine Handbrause mit Brauseschlauch (Hersteller/Serie)
- Eine Brausestange, verchromt (Hersteller/Serie)

Küche:
- Ein Anschluss für Geschirrspülmaschine und Spüle

Waschküche:
- Ein Ausgussbecken aus Stahlblech, weiß emailliert, ca. 50 × 50 cm mit Alu-Klapprost (Hersteller/Serie)
- Eine Einhand-Spültisch-Wandbatterie mit schwenkbarem Rohrauslauf für Warm- und Kaltwasser (Hersteller/Serie)
- Ein Kaltwasseranschluss für Waschmaschine

23 Innenputz
In beheizten Räumen werden alle gemauerten Kalksandsteinwände und die Unterseiten der Decken mit einlagigem Gipsputz (d = 1,5 cm im Mittel) verputzt, als Untergrund für Tapeten und Fliesenbeläge. Kellerräume bleiben unverputzt. Gipsdielenwände werden gespachtelt und tapezierfertig vorbereitet.

24 Estrich
In beheizten Räumen Zementestrich als schwimmender Estrich, Estrichdicke inklusive Dämmung 12 cm. In den Kellerräumen Zementestrich auf Trennlage (d = 4 cm). Zwischen beheizten und unbeheizten Räumen im Kellergeschoss entsteht dadurch ein kleiner Höhenversatz. Mehrpreis für Ausgleich im Rohboden oder für schwimmenden Estrich im gesamten Kellergeschoss ca. 500 Euro netto.

25 Trockenbau
Sämtliche Dachschrägen im Dachgeschoss werden einlagig mit Gipskartonplatten (d = 12,5 mm) verkleidet, Verkleidungen von Installationsschächten und Leitungen erfolgen ebenfalls mit Gipskartonplatten. Die Plattenstöße der Gipskartonplatten werden malerfertig verspachtelt.

26 Innentüren

Alle Räume im EG, OG und DG sowie in Wohn-
räumen im KG erhalten Fertigtürelemente,
hygrothermische Beanspruchungsgruppe I,
Innentüren mit Röhrenspaneinlage, furniert,
Esche weiß lackiert, Zargen als Umfassungs-
zarge mit Gummilippendichtung, Holz furniert,
Esche weiß lackiert, Schalldämmung Rw des
Türblatts 32 dB (Hersteller/Serie).

Türen zur Waschküche, zu Kellerräumen und zum
Heizraum werden aufgrund der höheren Bean-
spruchung zwischen beheizten und unbeheizten
Räumen in der hygrothermischen Beanspruchungsgruppe II ausgeführt (Hersteller/Serie).

Die Türen erhalten eine Drückergarnitur aus
Kunststoff, weiß (Hersteller/Serie), und ein
Buntbartschloss.

27 Fliesenarbeiten

Bodenfliesen werden im Dünnbett in folgenden
Räumen verlegt: alle Kellerräume einschließlich
KG-Flur, Eingangsbereich, EG-Flur, EG-WC, Abstellraum, OG-Bad, Treppenläufe und Treppen-
podeste. Werden die dazugehörigen Wandflächen nicht gefliest, erhalten die Fliesenbeläge
einen Fliesensockel, geschnitten aus dem
Fliesenmaterial.

Wandfliesen werden im Dünnbett in folgenden
Räumen verlegt: Waschküche um das Waschbecken, in WC und Bad umlaufend jeweils auf 2 m
Höhe. In der Küche Fliesenspiegel, Höhe Unterkante ca. 85 cm, ca. 70 cm hoch auf einer Länge
von 5 m. Im Duschbereich und an den Stellen
um die Badewanne, die mit Feuchtigkeit in
Berührung kommen, wird zusätzlich eine Feuchtigkeitsabdichtung auf die Wand aufgebracht.
Revisionstüren an Dusche und Badewanne.

Für die Fliesen wird ein Materialpreis von
25 Euro/m² inklusive MwSt. angesetzt. Die
Fliesen können in jedem Fachgeschäft ausgesucht werden, bei höherem Preis zahlt der
Erwerber den Differenzbetrag, ein Minderpreis
wird vergütet. Die wählbaren Fliesengrößen
liegen zwischen 10 und 40 cm Kantenlänge.
Die Verlegung kleinerer oder größerer Fliesen

erfolgt gegen Mehrpreis bei der Verlegung. Die
Ausführung erfolgt erst nach schriftlicher Bestä-
tigung des Mehr- oder Minderpreises durch den
Erwerber. Die Kosten für die Verlegung trägt der
Verkäufer. Die Verlegung von Fliesenmustern
erfolgt gegen Aufpreis.

28 Parkettarbeiten

Parkettboden als Fertigparkett nach Wahl des
Erwerbers, verklebt mit dem Estrich. Der Materialpreis wird mit 60 Euro/m² inklusive MwSt.
angesetzt. Sucht sich der Erwerber Parkett zu
einem höheren Materialpreis aus, trägt der
Erwerber den Differenzbetrag, ein Minderpreis
wird vergütet. Die Kosten für die Verlegung
trägt der Verkäufer. Randabschluss mit Holzsockelleisten, an der Wand befestigt, nach Wahl
des Erwerbers, Materialpreis 12 Euro/m inklusive MwSt. Sucht sich der Erwerber Sockelleisten
zu einem höheren Materialpreis aus, trägt der
Erwerber den Differenzbetrag, ein Minderpreis
wird vergütet. Die Kosten für die Verlegung
trägt der Verkäufer.

Die Verlegung erfolgt in folgenden, gemäß
Plänen des Bauantrags gekennzeichneten
Räumen: im EG im Wohnzimmer, im OG im Flur,
in den Kinderzimmern und im Schlafzimmer.

29 Malerarbeiten, innen und außen

Die Malerarbeiten im Innenbereich beinhalten
die Vorbereitung des Untergrunds wie z. B.
das Spachteln der Stoßfugen der Deckenplat-
ten und die Reinigung des Untergrunds. Alle
verputzten Wandflächen, die nicht gefliest sind,
sowie alle verputzten Deckenflächen werden
mit Raufaser, Struktur nach Wahl des Erwerbers, tapeziert.

Alle tapezierten Wandflächen und Deckenflächen
erhalten anschließend einen Anstrich mit Dis-
persionsfarbe, altweiß (Hersteller/Produkt).

Die Malerarbeiten im Innenbereich inklusive aller Vorarbeiten können vom Erwerber
in Eigenregie nach Abnahme des Gebäudes
durchgeführt werden. Hierfür werden pauschal
4 500 Euro netto vergütet.

Im Außenbereich wird die Deckenuntersicht des Balkons mit wetterfester Farbe, altweiß, gestrichen. Die Unterseiten der Dachüberstände erhalten eine Holzlasur in Weiß (Hersteller/Produkt).

30 Teppicharbeiten
Teppichboden wird nach Wahl des Erwerbers auf alle Wohnflächen, die nicht mit Fliesen oder Parkett belegt werden, verlegt und mit dem Estrich verklebt. Die Teppichböden können vom Auftraggeber in jedem Fachgeschäft frei ausgesucht werden. Der Materialpreis wird mit 30 Euro/m² inklusive MwSt. angesetzt, bei Materialmehrpreis trägt der Erwerber den Differenzbetrag, ein Minderpreis wird vergütet. Die Kosten für die Verlegung trägt der Auftragnehmer. Randabschluss mit Holzsockelleisten, an der Wand befestigt, nach Wahl des Erwerbers, Materialpreis 12 Euro/m² inklusive MwSt., bei Materialmehrpreis trägt der Erwerber den Differenzbetrag, ein Minderpreis wird vergütet. Am Materialübergang zu anderen Bodenbelägen werden Messingleisten gesetzt. Die Kosten für die Verlegung trägt der Verkäufer.

31 Terrasse
Eine Terrasse in der Größe von insgesamt 16 m² auf der Südseite gehört zum Leistungsumfang.

Der Unterbau der Terrasse besteht aus verdichteter Schotterlage (d = 30 cm), darauf ein Feinsplittbett (d = 10 cm), in das Betonwerksteinplatten mit offenen Fugen verlegt werden. Für die Betonwerksteinplatten wird ein Materialpreis von 20 Euro/m² inkl. MwSt. angesetzt. Die Betonwerksteinplatten können vom Auftraggeber in jedem Fachgeschäft ausgesucht werden, bei höherem Preis zahlt der Erwerber den Differenzbetrag, ein Minderpreis wird vergütet. Die Kosten für die Verlegung trägt der Verkäufer.

32 Wintergarten
Eine Wintergartenerweiterung mit einer Grundfläche von 2,5 × 4,0 m (Tiefe × Breite) auf der Ostseite des Gebäudes ist gemäß Bebauungsplan möglich, im Angebot jedoch nicht berücksichtigt. Eine Genehmigung zur Errichtung eines Wintergartens liegt vor. Der Erwerber kann den Wintergarten zu einem späteren Zeitpunkt errichten.

33 Außenanlage
Der Zugang zum Hauseingang und ein Stellplatz mit Zufahrt gehören zum Leistungsumfang. Ausführung mit Betonsteinpflaster mit sandgefüllten Fugen auf verdichteter Schotterlage im Sandbett. Folgendes Material wird verlegt: (Hersteller/Serie). Die gepflasterten Flächen sind im Lageplan und Erdgeschossplan des Bauantrags dargestellt.

Eine Garage gehört nicht zum Leistungsumfang. Wenn der Erwerber eine Garage möchte, werden als Ersatz für die nicht benötigten Pflasterflächen des Stellplatzbereichs die erforderlichen Fundamente erstellt. Mehrkosten oder Erstattungen entstehen dafür nicht.

Nicht zum Leistungsumfang gehören Geländemodellierung, Begrünung und Bepflanzung der restlichen Grundstücksflächen sowie eine Einfriedung des Grundstücks mit Zäunen oder Sträuchern.

Aufgestellt: Musterhausen, den (Datum)

Tipp

Ein noch umfangreicheres Muster samt vielen Erläuterungen finden Sie in dem Ratgeber „Die Muster-Baubeschreibung" der Verbraucherzentralen, Seite 256.

Was ist der U-Wert?

Beim U-Wert (früher k-Wert) handelt es sich um den Wärmedurchgangskoeffizienten eines Bauteils, zum Beispiel einer Außenwand oder eines Dachs. Der U-Wert gibt den Wärmedurchgang durch dieses Bauteil an. Je kleiner der U-Wert für ein Bauteil ist, desto besser ist seine Dämmung und umso geringer sind die Energieverluste.

Bei der Berechnung des U-Werts werden drei physikalische Vorgänge berücksichtigt:
- der Wärmeübergang vom beheizten Innenraum in das Außenbauteil,
- der Wärmedurchgang durch das Außenbauteil,
- der Wärmeübergang vom Außenbauteil in den kühlen Außenbereich.

Während für die Wärmeübergänge vom Innenraum in das Bauteil und vom Bauteil in den kühlen Außenbereich feste Rechengrößen angesetzt werden, hängt der Wärmedurchgang durch das Bauteil von der Wärmeleitfähigkeit und Dicke der einzelnen Schichten ab.

In der DIN 4108 „Wärmeschutz im Hochbau" sind im Teil 4 standardisierte Rechengrößen für die Wärmeleitfähigkeit einzelner Baustoffe ausgewiesen. Anhand dieser Rechengrößen und der Schichtdicke des jeweiligen Baustoffs lässt sich in einem einfachen Rechenverfahren der U-Wert eines Bauteils nach folgender Formel ermitteln:

$$U = 1/[1/\alpha_i + s/\lambda + 1/\alpha_a]$$

Besteht ein Bauteil aus mehreren Schichten wie im folgenden Beispiel, werden die einzelnen Schichten gesondert errechnet.

i　Erläuterung

$1/\alpha_i$　kennzeichnet den Wärmeübergabewiderstand an der Innenseite des Bauteils und wird mit einer festen Rechengröße von 0,13 angesetzt.

$1/\alpha_a$　kennzeichnet den Wärmeübergabewiderstand an der Außenseite des Bauteils und wird mit einer festen Rechengröße von 0,04 angesetzt.

s　kennzeichnet die Dicke des Bauteils.

λ　kennzeichnet die Wärmeleitfähigkeit des Bauteils.

» Beispiel: Ermittlung des U-Werts für eine Außenwand

Schichtaufbau (von innen nach außen):

Innenputz:	2 cm
Mauerwerk Kalksandstein:	17,5 cm
Dämmung WLG 0,40:	14,0 cm
Außenputz:	1,5 cm

Außenbereich   **Innenbereich**

Innenputz 2 cm
Mauerwerk 17,5 cm
Dämmung 14 cm
Außenputz 1,5 cm

Nach DIN 4108 „Wärmeschutz im Hochbau", Teil 4 sind für die einzelnen Baustoffe dieses Beispiels folgende Rechenwerte für die Wärmeleitfähigkeit ausgewiesen:

Innenputz	$\lambda = 0{,}35$ W/(m × K)
Mauerwerk Kalksandstein	$\lambda = 0{,}99$ W/(m × K)
Dämmung WLG 0,40	$\lambda = 0{,}04$ W/(m × K)
Außenputz	$\lambda = 0{,}35$ W/(m × K)

(WLG = Wärmeleitgruppe, K = Kelvin)

U-Wert-Berechnung: Bauteil Außenwand

Nr.	Schicht	s (in m)	λ	s/λ
1	Innenputz	0,02	0,35	0,06
2	Kalksandsteinmauerwerk	0,175	0,99	0,18
3	Dämmung	0,14	0,04	3,5
4	Außenputz	0,015	0,35	0,04
	Wärmedurchlasswiderstand Bauteil Σ (s/λ)			3,78 (Summe)
	Wärmeübergangswiderstand innen $1/\alpha_i$			0,13
	Wärmeübergangswiderstand außen $1/\alpha_a$			0,04
				3,95 (Gesamt)
	Wärmedurchgangskoeffizient (U-Wert) = $1/[1/\alpha_i + s/\lambda + 1/\alpha_a]$			0,25

Die Außenwand hat in diesem Beispiel einen U-Wert von 0,25, der somit unter dem maximal zulässigen U-Wert nach der EnEV liegt (⇢ Tabelle, Seite 150). Ein solcher Außenwandaufbau wäre nach der EnEV möglich.

Der Energiebedarfsausweis

Nach § 16 der Energieeinsparverordnung (EnEV) muss Ihnen ein Energieausweis als Energiebedarfsausweis nach dem Muster der EnEV ausgestellt werden. Am sinnvollsten ist es, wenn der Ausweis direkt Bestandteil des notariellen Kaufvertrags wird. Weisen Sie Ihren Notar darauf hin.

Der Ausweis muss Ihnen eine Aussage geben, wie viel Energie Sie voraussichtlich verbrauchen werden. Nachfolgend sehen Sie das Ausweis-Muster aus der EnEV.

ENERGIEAUSWEIS für Wohngebäude
gemäß den §§ 16 ff. Energieeinsparverordnung (EnEV)

Gültig bis: 1

Gebäude

Gebäudetyp		
Adresse		
Gebäudeteil		Gebäudefoto (freiwillig)
Baujahr Gebäude		
Baujahr Anlagentechnik[1])		
Anzahl Wohnungen		
Gebäudenutzfläche (A_N)		
Erneuerbare Energien		
Lüftung		
Anlass der Ausstellung des Energieausweises	☐ Neubau ☐ Modernisierung ☐ Sonstiges (freiwillig) ☐ Vermietung / Verkauf (Änderung / Erweiterung)	

Hinweise zu den Angaben über die energetische Qualität des Gebäudes

Die energetische Qualität eines Gebäudes kann durch die Berechnung des **Energiebedarfs** unter standardisierten Randbedingungen oder durch die Auswertung des **Energieverbrauchs** ermittelt werden. Als Bezugsfläche dient die energetische Gebäudenutzfläche nach der EnEV, die sich in der Regel von den allgemeinen Wohnflächenangaben unterscheidet. Die angegebenen Vergleichswerte sollen überschlägige Vergleiche ermöglichen (**Erläuterungen – siehe Seite 4**).

☐   Der Energieausweis wurde auf der Grundlage von Berechnungen des **Energiebedarfs** erstellt. Die Ergebnisse sind auf **Seite 2** dargestellt. Zusätzliche Informationen zum Verbrauch sind freiwillig.

☐   Der Energieausweis wurde auf der Grundlage von Auswertungen des **Energieverbrauchs** erstellt. Die Ergebnisse sind auf **Seite 3** dargestellt.

Datenerhebung Bedarf/Verbrauch durch   ☐ Eigentümer   ☐ Aussteller

☐   Dem Energieausweis sind zusätzliche Informationen zur energetischen Qualität beigefügt (freiwillige Angabe).

Hinweise zur Verwendung des Energieausweises

Der Energieausweis dient lediglich der Information. Die Angaben im Energieausweis beziehen sich auf das gesamte Wohngebäude oder den oben bezeichneten Gebäudeteil. Der Energieausweis ist lediglich dafür gedacht, einen überschlägigen Vergleich von Gebäuden zu ermöglichen.

Aussteller

....
Datum   Unterschrift des Ausstellers

[1]) Mehrfachangaben möglich

Der Energiebedarf wird angegeben in Kilowattstunden pro Quadratmeter und Jahr. Als Formel: kWh/(m² × a). Dieser Bedarf wird im Energiebedarfsausweis auf einem Farbbalken sichtbar gemacht. Standard bei Neubauten ist ein Energiebedarf von 30 – 50 Kilowattstunden, Passivhäuser aber z. B. dürfen maximal 15 Kilowattstunden verbrauchen. Mit einer klassischen Ölheizung entspräche das etwa einem Verbrauch von 1,5 Liter Öl pro Quadratmeter und Jahr.

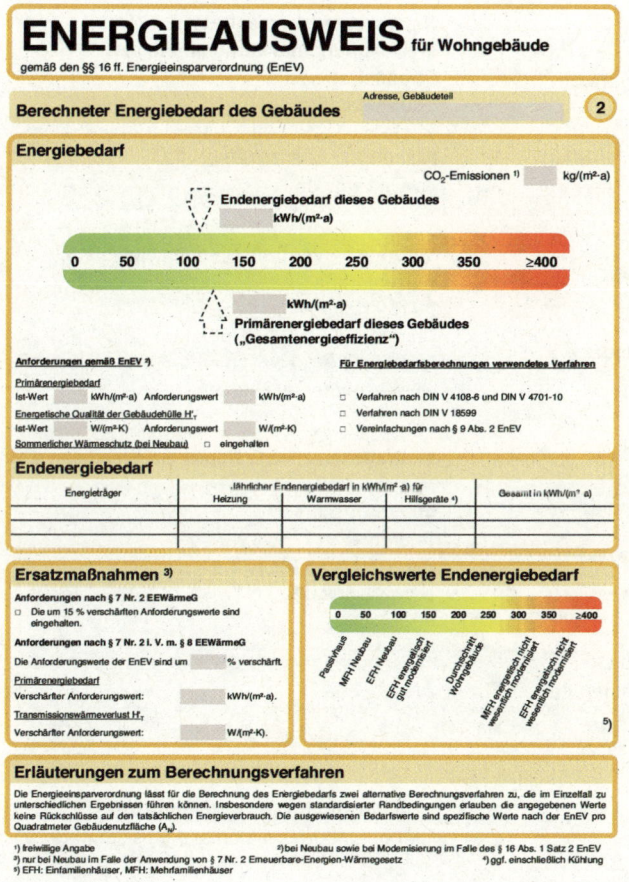

Adressen

Verbraucherzentralen

Verbraucherzentrale Baden-Württemberg e. V.
Paulinenstraße 47
70178 Stuttgart
Telefon: 07 11/66 91-10
Fax: 07 11/66 91-50
www.vz-bawue.de

Verbraucherzentrale Bayern e. V.
Mozartstraße 9
80336 München
Telefon: 0 89/53 98 70
Fax: 0 89/53 75 53
www.verbraucherzentrale-bayern.de

Verbraucherzentrale Berlin e. V.
Hardenbergplatz 2
10623 Berlin
Telefon: 0 30/21 48 50
Fax: 0 30/2 11 72 01
www.vz-berlin.de

Verbraucherzentrale Brandenburg e. V.
Templiner Straße 21
14473 Potsdam
Telefon: 03 31/29 87-10
Fax: 03 31/29 87-177
www.vzb.de

Verbraucherzentrale Bremen e. V.
Altenweg 4
28195 Bremen
Telefon: 04 21/16 07-77
Fax: 04 21/16 07-780
www.verbraucherzentrale-bremen.de

Verbraucherzentrale Hamburg e. V.
Kirchenallee 22
20099 Hamburg
Telefon: 0 40/2 48 32-0
Fax: 0 40/2 48 32-2 90
www.vzhh.de

Verbraucherzentrale Hessen e. V.
Große Friedberger Straße 13 – 17
60313 Frankfurt am Main
Telefon: 0 18 05/97 20 10 *
Fax: 0 69/97 20 10-50
www.verbraucher.de

Neue Verbraucherzentrale in Mecklenburg und Vorpommern e. V.
Strandstraße 98
18055 Rostock
Telefon: 03 81/2 08 70-50
Fax: 03 81/2 08 70-30
www.nvzmv.de

Verbraucherzentrale Niedersachsen e. V.
Herrenstraße 14
30159 Hannover
Telefon: 05 11/9 11 96-0
Fax: 05 11/9 11 96-10
www.vzniedersachsen.de

Verbraucherzentrale Nordrhein-Westfalen e. V.
Mintropstraße 27
40215 Düsseldorf
Telefon: 02 11/38 09-0
Fax: 02 11/38 09-172
www.vz-nrw.de

* Festnetzpreis 0,14 €/Minute;
  Mobilfunkpreis maximal 0,42 €/Minute

Verbraucherzentrale Rheinland-Pfalz e.V.
Seppel-Glückert-Passage 10
55116 Mainz
Telefon: 0 61 31/28 48-0
Fax: 0 61 31/28 48-66
www.vz-rlp.de

Verbraucherzentrale des Saarlandes e.V.
Trierer Straße 22
66111 Saarbrücken
Telefon: 06 81/5 00 89-0
Fax: 06 81/5 00 89-22
www.vz-saar.de

Verbraucherzentrale Sachsen e.V.
Brühl 34 – 38
04109 Leipzig
Telefon: 03 41/69 62 90
Fax: 03 41/6 89 28 26
www.vzs.de

Verbraucherzentrale Sachsen-Anhalt e.V.
Steinbockgasse 1
06108 Halle
Telefon: 03 45/2 98 03-29
Fax: 03 45/2 98 03-26
www.vzsa.de

Verbraucherzentrale Schleswig-Holstein e.V.
Andreas-Gayk-Straße 15
24103 Kiel
Telefon: 04 31/5 90 99-0
Fax: 04 31/5 90 99-77
www.verbraucherzentrale-sh.de

Verbraucherzentrale Thüringen e.V.
Eugen-Richter-Straße 45
99085 Erfurt
Telefon: 03 61/5 55 14-0
Fax: 03 61/5 55 14-40
www.vzth.de

Verbraucher allgemein

Stiftung Warentest
Lützowplatz 11–13
10785 Berlin
Telefon: 0 30/26 31-0
Telefax: 0 30/26 31-27 27
email@stiftung-warentest.de
www.test.de

Verbraucherzentrale Bundesverband e.V. (vzbv)
Markgrafenstraße 66
10969 Berlin
Telefon: 0 30/2 58 00-0
Telefax: 0 30/2 58 00-2 18
info@vzbv.de
www.vzbv.de

Bauberatung und -information

Bauherren-Schutzbund e.V.
Kleine Alexanderstraße 9/10
10178 Berlin
Telefon: 0 30/3 12 80 01
Fax: 0 30/31 50 72 11
www.bsb-ev.de

Institut Bauen und Wohnen
Wippertstraße 2
79100 Freiburg
Telefon: 07 61/1 56 24 00
Fax: 07 61/15 62 47 90
www.institut-bauen-und-wohnen.de

Das Institut bietet bundesweit die Prüfung
von Baubeschreibungen an.

Verband privater Bauherren e.V.
Chausseestraße 8
10115 Berlin
Telefon: 0 30/2 78 90 10
Fax: 0 30/27 89 01 11
www.vpb.de

Wohnen im Eigentum.
Die Wohneigentümer e.V.
Martinsplatz 2 a
53113 Bonn
Telefon: 02 28/7 21 58 61
Fax: 02 28/7 21 58 73
www.wohnen-im-eigentum.de

Der Verein bietet die Prüfung von Baubeschreibungen, baubegleitende Qualitäts-
kontrollen und Vor-Ort-Bauberatungen an.

Arbeitgebergemeinschaft für Bau- und Immobilienrecht im Deutschen Anwaltverein (DAV) e.V.
Littenstraße 1
10179 Berlin
Telefon: 0 30/72 61 52-0
Fax: 0 30/72 61 52-190
www.arge-baurecht.de

Die ARGE Baurecht bietet Hilfe bei der Suche
geeigneter Anwälte und bei Bauschlichtungen.

Stichwortverzeichnis

A

Abnahme 37, 69, 189, 190, 191, 192, 193
Abnahmeprotokoll 193
Abriss 10
Absicherung (Bank) 32
Abteilungen (Grundbuch) 31
Abweichungen (von der Baubeschreibung) 62
Adressen (Verbraucherzentralen) 248, 249
Allgemeine Geschäftsbedingungen (AGB) 34
Altlasten 10, 44
Anhydritestrich 105
Arglist 231, 232
Auflassung 70
Auflassungsvormerkung 44, 59
Ausführungsplanung 39, 130, 132, 133, 134, 135
Außenwände 94, 95
Außenanlage 121, 188, 200
Auszahlungsansprüche 58

B

Balkon 99
Bankbürgschaft 42
Bauablauf 182
Bauantrag 44, 129
Bauantragspläne 39, 130
Bauberatung 250
Bau- und Leistungsbeschreibung 79, 87
Baugenehmigung 11, 30
Baugewerke 92
Baugrunduntersuchung 44
Baukontrolle 176
Baulastenverzeichnis 38, 66
Baumangel 176
Baustellenbesichtigung 64, 176
Baustelleneinrichtung 182
Bautenstand 7, 40
Bauträgerkaufvertrag 15, 46, 49
Bauvertrag 34, 35, 84, 166
Bebaubarkeit (Grundstück) 65, 166
Belastungen 38, 66
Bemusterung (Vertragsanlage) 79
Beratung 250
Berufsunfähigkeitsversicherung 170
Beurkundungsgesetz 47

Beurkundungstermin 171
Beweislast (Umkehr) 69, 191
Bezugsfertigkeit 40, 64
Blechnerarbeiten 184
Blower-Door-Test 45, 178
Bodenbelastungen 10, 65
Bodenbelagsarbeiten 187
Bodenrichtwerte 168
Bürgerliches Gesetzbuch (BGB/Werkvertragsrecht) 36
Bürgschaft 42, 72

C

Carport 123
Checklisten (Abnahme) 201

D

Dach 98
Dachdeckerarbeiten 184
Decken 96
Dienstbarkeiten 66
DIN 4109 (Schallschutz) 61
DIN 277 137, 142
Drainage 183

E

Effizienzhaus 143
Eigenleistungen 45
Eigentümerversammlung 81
Eigentumsübertragung 30, 70
Eigentumsumschreibung 31, 70
Einbehalt 72
Einbruchschutz 103
Elektroinstallation 106, 185, 199
Energiebedarfsausweis 44, 143, 144, 246, 247
Energiebedarfsberechnung 44
Energieeinsparverordnung (EnEV) 143
Erbbaurecht 17
Erbauzins 17
Erdarbeiten 92, 182
Erneuerbare Energien Wärme Gesetz (EEWärmeG) 109, 143
Erschließungskosten 55
Estrich 105, 186
Exposé 130

F

Fälligkeit (der Kaufpreisraten) 41, 57
Fälligkeitsvoraussetzung 41
Fassadenarbeiten 186
Fenster 102, 184, 198
Fensterbänke 104
Fertigestrich 105
Fertigstellungsbürgschaft 42
Fertigstellungstermin 40
Festpreis 54, 127
Finanzierungsvertrag 167
Fliesen 114, 187, 199
Freistellung (von Grundpfandrechten) 31, 51
FSC-Siegel 103
Förmliche Abnahme 37, 69, 191
Fundamentarbeiten 182

G

Garage 122
Gebäudereinigung 187
Gebrauchsregeln 81
Geldeinbehalt 71
Gemeinschaftliches Eigentum 80
Gemeinschaftordnung 81
Geschosshöhe 131
Gewährleistungszeit 37, 41, 227, 228, 229,
    230, 231, 232
Gewährleistungsausschluss 41
Gewährleistungsfrist 37
Gipserarbeiten 186
Grobabsteckung 182
Gründung (Gebäude) 93
Grundbuch 31
Grundbuchblatt 31
Grundpfandrechte 30, 58
Grundstück 14
Grundwasserstand 11
Grundwasserstand 14
Grundstückskaufvertrag 166
Gutachterausschuss 168

H

Haftungsschnittpunkte 68
Handwerkerverträge 67
Hauseingang 120
Heizung 109, 185, 199

I

Information (und Beratung) 250
Innenputz 101
Innenwände 100
Insolvenz (des Bauträgers) 51

K

Kaufobjekt 38
Kaufpreiszahlung 41
Kaufvertrag 21, 166
Kaufvertragsanlagen 79
Kaufvertragsbeispiel 46, 49
Kaufvertragsprüfung 77
Keller 94
KfW-Darlehen 45
KfW-Effizienzhaus 143
Klempnerarbeiten 184
Klingel 107

L

Laminatboden 117
Leerrohre 107
Lichte Raumhöhe 131, 132
Luftdichtigkeit 178, 181

M

Makler- und Bauträgerverordnung (MaBV) 23
Malerarbeiten 119, 187
Mangel 176, 177, 194, 195, 196, 197, 198,
    199, 200, 201, 227, 228, 229, 230, 231, 232
Mangelausschlüsse 63
Mangelbeseitigung 177
Mangelvorbehalt 195
Miteigentum 16
Musterbaubeschreibung 234, 235, 236, 237,
    238, 239, 240, 241, 242, 243

N

Nacherfüllung 177
Notar 161

P

Passivhaus 144
Parkettboden 115, 200
Pläne 79, 129, 132, 133, 134, 135
Projektstand 7
Putzerarbeiten 186

Q
Qualitätskontrolle (Bauphase) 174
Qualitätssicherung (Baustelle) 173, 174

R
Rangstelle (Grundbuch) 32
Ratenzahlung 25, 41, 154
Raumhöhe 131
Realteilung 16
Rechtsmangel 65
Risikolebensversicherung 170
Risse 63
Rohbauarbeiten 183
Rohbauhöhe 131
Rollläden 104, 185, 198
Rücktritt (vom Vertrag) 20, 30, 33, 177, 178

S
Sachmangel 65
Sanitärausstattung 111, 199
Sanitärinstallation 185
Schadenersatz 177
Schallschutz 61
Schallschutznachweis 44
Schlosserarbeiten 186
Schlussbemerkungen (Baubeschreibung) 124
Schnurgerüst 182
Schreinerarbeiten 187
Selbstvornahme 177, 178
Silikonfugen
Speicher 110
Solarkollektoren 111
Sondernutzungsrecht 16, 83
Sonderwünsche 64, 67, 79
Sockelleisten 116
Steckdosen 106

T
Technische Begehung 176, 190
Teileigentum 80
Teilungserklärung 40, 79, 80
Teilungspläne 84
Teppichboden 118
Terrasse 121
Treppen 96
Türen 112, 184, 198

U
U-Wert 244, 245

V
Verbundenes Geschäft 35
Vergabe- und Vertragsordnung für
  Bauleistungen (VOB) 34
Versicherung 170
Vertrag 21, 166
Vertragsanlagen 79
Vertragsbeispiel 46, 49
Vertragsprüfung 77
Vertragspläne 129
Vertragsstrafen 191
VOB 34
Vorkaufsrecht 30
Vollmacht 72
Vormerkung 30

W
Wärmebrücke 145
Wandflächen 200
Wandstärke 131
Warmwasserbereitung 110, 199
Warmwasserversorgung 110, 199
Wartungsvertrag 64
Winddichtigkeit 178, 181
Wirtschaftsplan 82
Wohnfläche 137, 138
Wohnflächenberechnung 137, 138
Wohnflächenverordnung (WoFlV) 137, 138
Wohnungseigentum 80
Wohnungseigentumsgesetz 16, 80
Wohnungseigentumsverwalter 16, 85

Z
Zahlungsplan 151
Zahlungsraten 27, 55, 154
Zahlungsweise 41
Zementestrich 105
Zimmererarbeiten 184
Zirkulationsleitung 111
Zweite Berechnungsverordnung (II. BV) 137,
  140

Impressum

Herausgeber

Verbraucherzentrale Nordrhein-Westfalen e.V.
Mintropstraße 27, 40215 Düsseldorf
Telefon: 02 11/38 09-555, Telefax: 02 11/38 09-235
publikationen@vz-nrw.de
www.vz-nrw.de

Mitherausgeber

Verbraucherzentrale Bundesverband e.V.
Verbraucherzentrale Hamburg e.V.
Verbraucherzentrale Niedersachsen e.V.
(Adressen ⇢ Seite 248–249)

Text	Dipl.-Ing. Peter Burk
	Institut Bauen und Wohnen, Freiburg
	www.institut-bauen-und-wohnen.de
Lektorat	Ilse Mara Berzins,
	Dr. Mechthilde Vahsen
Gestaltungskonzept, Layout und Produktion	punkt 8, Berlin
Titelfoto	Nordphoto
Druck und Bindung	WAZ-Druck GmbH, Duisburg
	Gedruckt auf 100 % Recyclingpapier

Redaktionsschluss: 15. September 2011

verbraucherzentrale

Noch Fragen?
Die Beratung der Verbraucherzentralen

Unser Plus für Sie!

Hoffentlich haben Ihnen die Informationen in diesem Ratgeber weitergeholfen. Und wenn Sie noch Fragen haben ...

Die Expertinnen und Experten der Verbraucherzentrale beraten Sie individuell, kompetent und unabhängig:

- in Ihrer **Beratungsstelle** vor Ort,
- am **Telefon** oder
- im **Internet.**

! Wir beraten zum Beispiel zu:

- Banken und Geldanlagen
- Baufinanzierung
- Energie
- Ernährung
- Haushalt, Freizeit, Telekommunikation
- Kreditrecht, Schuldner- und Insolvenzverfahren
- Patientenrechte und Gesundheitsdienstleistungen
- Reiserecht
- Versicherungen

www.

Unter www.verbraucherzentrale.de finden Sie das vollständige Beratungsangebot in Ihrem Bundesland.

Oder Sie nehmen direkt Kontakt mit Ihrer Verbraucherzentrale auf: Die **Adressen** finden Sie auf Seite 248–249.

Nutzen Sie unser Beratungsangebot und treffen Sie mit unserer Unterstützung die richtigen Entscheidungen. **Wir sind für Sie da!**

Hier können wir Ihnen nur eine kleine Auswahl aus unserem umfangreichen Ratgeberprogramm vorstellen. Mehr als 100 aktuelle Titel halten wir für Sie bereit. Auf Wunsch senden wir Ihnen gern ein Gesamtverzeichnis zu. Zu den genannten Preisen (Stand: September 2011) kommen noch Porto und Versandkosten.

Richtig bauen: Ausführung |1|

Ob Neubau oder Umbau – der Traum von den eigenen vier Wänden kann für Bauherren schnell zum Albtraum werden: Behörden stellen sich quer, der Bauablauf verzögert sich, Kosten explodieren. Um solche Probleme zu vermeiden, begleitet der Ratgeber Bauherren von der Einrichtung der Baustelle bis zur Fertigstellung – Checklisten für alle Gewerke und zahlreiche Arbeitsvorlagen inklusive.

3. aktualisierte Auflage 2010, 264 Seiten, 19,90 €

Heizung und Warmwasser |2|

Klimawandel, steigende Energiekosten und Umweltbewusstsein lassen immer mehr Hausbesitzer über neue Heiztechniken nachdenken. Da ist es umso wichtiger, gut informiert über zukunftsfähige Heizmöglichkeiten zu sein. Der aktuelle Ratgeber gibt einen Überblick zu den wichtigsten Energieträgern und Heizungsanlagen und hilft Energiesparen. Das wird nicht nur die Umwelt sondern auch Ihr Portmonee freuen.

12. Auflage 2009, 160 Seiten, 9,90 Euro

Wenn das Mietverhältnis endet |3|

Bei einem Umzug oder Auszug ist Streit zwischen den Vermietern und Mietern oft vorprogrammiert – über unterschiedliche Vorstellungen von Schönheitsreparaturen, Rückbaupflichten oder Mietinvestitionen. Der Ratgeber zeigt, wie Sie Ihre Rechte durchsetzen und Auseinandersetzungen vermeiden.

2. Auflage 2011, 288 Seiten, 9,90 €

Die Baufinanzierung |4|

Den Traum von den eigenen vier Wänden zu verwirklichen, ist für viele Menschen ein wichtiges Lebensziel. In Zeiten einer weltweiten Finanzkrise und bröckelnder Rentenansprüche rückt aber auch die Funktion der eigenen Immobilie als Altersvorsorge immer mehr in den Mittelpunkt. Unser aktueller Ratgeber zeigt, wie die oft größte Investition im Leben finanziell zu schultern ist, und hilft mit Berechnungsbeispielen und Checklisten weiter.

4., aktualisierte Auflage 2011, 168 Seiten, 14,90 €

Richtig versichert |5|

Eine Menge Geld wird für überflüssige und zu teure Versicherungen verpulvert. Dieser Ratgeber informiert Sie, welche Versicherungen Sie wirklich brauchen - im Beruf und Privatleben, bei der Altersvorsorge, beim Immobilienbesitz oder auf Reisen - und welche Sie getrost kündigen können. Außerdem nennt er für jede Versicherungssparte empfehlenswerte Anbieter. Ein lohnendes Buch für alle, die Geld sparen wollen.

23. Auflage 2011, 216 Seiten, 9,90 €

Die Muster-Baubeschreibung |6|

Wer ein Haus baut, muss immer darauf achten, dass die Kosten nicht aus dem Ruder laufen und genau wissen, was gewollt ist und was angeboten wird. Im ersten Teil des Ratgebers werden die einzelnen Bauschritte erläutert - angefangen beim Grundstück, über den Gebäudetyp, alle Ausführungen vom Keller bis zum Dach, über die Haustechnik bis zur Innenaustattung. Im zweiten Teil finden Sie Formulare zu allen Gewerken, auch auf CD-ROM zum Ausfüllen – ein zuverlässiges Dokument für Ihr Bauvorhaben.

2. Auflage 2010, 236 Seiten, 19,90 €